東大の現代文

25カ年［第12版］

桑原　聡 編著

教学社

【序文】

ここ何年も、東大の現代文の問題ではほぼ同じ解答用紙が用いられている。問題文も違えば、設問も異なるのに、すべて十三・五cm×二行の解答欄と百二十字のマスと漢字の解答欄である。十三・五cmというのは、東大が作っているマス目の長さから判断すると十七文字分の長さである。ということは、十三・五cm×二行の解答欄の問題は、三十四文字以内で答えが出せる問題ということになる。

出版社や予備校が解答を発表しているが、そんな字数に収まったものを見たことは一度もない。かくいう本書も六十字程度まではよいとして解答を出している。近年は他の出版社や予備校の解答もそれくらいを限度として作成されているが、本書が出る以前は、平気で百字近い解答を発表していた。彼らを擁護するわけではないが、設問に対して完璧な解答を提示しようとすれば、百字でも字数が足りないと思うことは多々ある。

本書は、重要度の低い要素を切り捨てることで、六十字程度という字数以内に解答を収めてきた。そのため、あの要素が入っていない、この要素を抜かしているといった批判を受けることとなった。

そういった批判をする人たちが、必要なあらゆる要素を解答に含め、それでいて三十四文字以内の解答を提示していたのなら、本書は要らない。しかし、残念なことに彼らの解答は百字でも済まず、百二十字に及ぶこともあった。私は、彼らを否定しているのではない。彼らは設問に対して、とても誠実に解答を作ったのだから。解答用紙には不誠実であったが。

すべての要素を組み入れて百字で解答を作って、その上で、もしも七十字分を四文字以内の言葉で置き換えられたなら、設問にも解答用紙にも誠実な正解ができたということになるが、奇跡でも起きない限りそんなことは不可能だ。

奇跡は、限りなくマジックに似ている。それらしい解答を作り上げて、奇跡を演出することで好評を博していた予備校講師もいた。小難しい言葉を並べ、さもすべての要素がコンパクトにまとめられているかのごとき演出。二〇〇一年度と二〇〇二年度、東大は設問を「わかりやすく説明せよ」という形にした。それはなにやら小難しい言葉を使って、結局何をいいたいのかわからないという答案に対しての東大からのメッセージだと思う。

東大の国語の問題に、注意事項として「解答は、一行の枠内に二行以上書いてはいけません」が付されるようになって久しい。こんな注意書きを付けなければならないとは、東大の受験生は常識もないのかと思わせられる。

こういう注意書きをしなければならなかったのには背景がある。すべての要素を解答に組み入れるにはあまりに十三・五cm×二行の解答欄は小さすぎた。そのため、一行に二行書いてはいけないというルールはないなどと言い出した予備校講師が出現した。彼を非常識と切って捨てるわけにはいかない。設問に対して、とても誠実に解答を作ろうとしただけなのである。

この注意書きが付けられているということは、一行に二行書いた答案は、結果的に多くの要素を入れることに成功したということを意味する。それでは、字数を絞るために要素を切った答案が不利になるので、このような注意書きがなされることになったのであろう。もちろん、一行に二行書いた答案に対してペナルティが科せられたであろうことは想像に難くないが、ペナルティさえ科されなければこの方法こそが点数を稼ぐには最も有効な手段であるということを、しつこく書き続けられるこの注意書きは物語っている。

つまり、「一行に二行書き」が露呈させたことは、東大の現代文の問題は字数を気にせずに書いていいならばそれほど難しい問題ではないということである。

ぐだぐだと長く書いた解答のメリットは、二つある。まず、たくさんの要素を解答に組み込むことができるので、東大が正解に求める核心部分が入る可能性が高い。次に、短い字数にたくさんの要素を組み込もうとして、日本語がおかしくなったり、結局は何を言いたいのかがわからなくなったりするといった危険がない。

東大が求めている解答は、シンプルなものである。東京大学から発表されている「『国語』の出題の意図」で、毎年述べられている「簡潔に記述する表現力が試されます」という言葉が、それを明確に語っている。とはいえ、三十四文字以内で書けるとは思えない問題ばかりである。ただ、近年の問題に限って言えば、さほど重要でない要素をスパっと切り捨てれば三十四文字におさめられないわけではない。しかし解答例を出す者としては、さほど重要でないとしても、設問が要求している要素と思われるものを切り捨てることはできるだけ避けたい。とは言いつつ、本書ではこれまでもかなりの要素を割愛してきている。東大が求めている「簡潔に記述する表現力」の中に、それほど重要でない要素を切り捨てる力も含まれていると考えるからである。

東大の問題を解くのにテクニックは要らない。きちんと本文が読めて、正確に設問の意図が把握できれば正解は出せる。きちんと本文が読めるかどうかは教養の問題である。これまでの読書量がものを言う。過去問を解いたぐらいで身に付くものではない。これまで出た内容とまったく同じ内容のものは出ないからである。読書のほか、新聞なども読んで教養を身に付けてもらいたい。

問題となるのは設問の把握である。出題者の要望（ねらい）がうまくつかめるようになるためにはそれなりの訓練が必要である。本書ではそれをパターンという形で示している。ここに挙げたパターンにあてはまらない問題も出題されるかもしれないが、心配は要らない。ここに挙げたパターンにあてはまらない問題は間違いなく素直な問題である。設問の命ずるままに解答を作っていけばよい。

〔注意点〕で示したのは、実際に東大の受験生が間違った点や落とした点である。重要な点に気を取られすぎて、細部を落としている場合が大半である。もちろん合格するためには重要な点がおさえられてさえいればよい。しかし、少しでも高い点数を得られた方がよいと思われるので示しておいた。

東大の問題は確かに難しい。しかし、間違いなく良問である。採点もきちんとなされているということは、翌年に必ず前年の反省をふまえた問題が出されていることからもわかる。東大のそういった姿勢を本書は伝え続けてきた。その結果、徐々に受験生に浸透しつつあるのを最近は実感できるようになった。東大の受験生よ、出題者や採点官を信じて自分の思う解答を書いてほしい。

著者しるす

目次

【本書の利用法】

一　東大文科は国語重視―練習あるのみ

東大の二次試験（前期日程）における国語の配点は以下の通りである。

文科　一二〇／四四〇　　理科　八〇／四四〇

文科の場合は、配点の比率が高い国語の出来が合否を左右すると言っても過言ではない。文科では、国語の試験のなかでの現代文の割合が、二〇〇〇年度以降は二問／四問となっており、出題の半分を占めている。そういう意味では特に現代文の出来に合否がかかっているともいえる。

本書は、この重要な現代文を攻略してもらうために作られた。東大現代文の解き方にはパターンがある。できるだけ多くの実際の東大入試問題を解くことによって、解き方をマスターしてもらいたい。

二　時間を決めて解く

東大を受験しようと考えている人なら、時間さえかければそこそこの解答は出せるものである。よく「納得するまで考えないと気がすまない」と言う人がいるが、それでは東大には合格できない。いかに時間内で合格点をとれる（決して満点ではない）解答が出せるかが大切なのである。必ず時間を決めて問題演習をやってもらいたい。では、一問何分で解けばよいのだろうか。

二〇〇〇年度を境に、大問数が減ったことによって（次頁の**大問構成の変遷**参照）自動的に一問にかけられる時間が増えた。ただし、文章が長くなり、設問数・記述量も増えているため、そう楽になったわけではない。

現代文に関して言えば、一九九九年度までは一問二五分くらい、二〇〇〇年度以降は第一問が四五分〜五〇分、第四問が三〇分～三五分をめどに解いていけばよいのだが、それは入試本番での話である。練習のときは一九九九年度までは一問二〇分、二〇〇〇年度以降は第一問を四〇分、第四問を三〇分で解いてもらいたい。

三　自己採点

東大入試では小問ごとの配点は発表されておらず、本書でも予想配点を付けていないが、解答のポイントは示してある。設問によっては、あるポイントをはずしていればいくら他の部分が解答例に似ていても意味のない問題もあれば、ポイントが少しでも入っていれば得点になる問題もある。そのあたりも示してあるので、それに従って自己採点してほしい。合格ラインは六割くらいである。半分より少しできていればよいと思っておいてほしい。

一言一句解答例と同じでないと×にしてしまう人がいるが、内容がほぼ同じであればよいのであって表現の仕方はさまざまあると思っていただきたい。内容がほぼ同じであれば、そのポイントはできていたとして○を付けるべきである。

本書は他の問題集のように詳細な解説を付けていない。大雑把すぎると思うかもしれないが、簡単な解説から自分なりに考えてもらう方が東大受験生にはよいのではないかという考えからである。じっくりと考え、本質を理解するようにしてもらいたい。

●大問構成の変遷

理科

100分	一	二	三	四
～1999	現代文	作文	古文	漢文
2000～2023	現代文	古文	漢文	

文科

150分	一	二	三	四	五	六	七
～1999	現代文	作文	古文	漢文	現代文	古文	漢文
2000～2023	現代文	古文	漢文	現代文			

【東大現代文の対策】

さまざまな予備校や出版社の出している解答例は、明らかに練りに練った、到底試験時間内には出せないものとなっている。その予備校や出版社のメンツがかかっているのだからしようがないという面もある。

しかし、本書ではそういったメンツを一切捨てて、受験生が試験時間内に出せてなおかつ遺漏のない解答例を挙げた。しかも、自己採点がある程度可能になるように 解答ポイント を明示した。東大の問題の場合、ポイントがいくつかある設問と、ひとつの絶対的に必要なポイントがある設問とがある。後者の場合はたとえ解答がよく似ていても、そのポイントをおさえていないとほぼ0点になると考えてもらいたい。

注意点 というのは、実際に東大受験生を教えていて知った、彼らが間違えやすい点を挙げたものである。

1　文章内容

さすが東大という文章が出題されている。そのときの学問の最先端を行くような内容である。昔の問題は古くなるにつれて現在からみれば常識的な内容となるので、易しく感じられる。しかし、その当時では間違いなく難解であったにちがいない。したがって東大をめざす者は最先端の学問内容に触れておいた方がよいだろう。そのためには新聞のコラムが手っ取り早い。そのときどきの最先端の筆者の論説が掲載されており、文学や経済や社会、科学などさまざまなジャンルのものに触れられるので、興味のあるなしにかかわらず目を通し、わからない語があれば調べておくとよいだろう。手間を厭わず調べて、教科書レベルを超えた語彙力を身に付けてほしい。

2　解法

東大の現代文にはいくつかの神話があるが、その中でも最たるものが〝自分の言葉でまとめなければならない〟というものであろう。たしかにそのような条件が付されていた設問が過去には少なからず存在した。また、解答欄との関係でおのずとそうせねばならないよう追い込まれていくものもある。しかし、全問何が何でも自分の言葉で書かなければならないということはない。近年では、ほとんどの設問が本文中の言葉をベースに解答を作るようになっている。

問題はむしろ字数である。設問に字数制限がなくても、解答欄があり、そこからはみ出してはならない以上、書ける字数はおのずと決まってくる。また、「一行の枠内に二行以上書いてはいけない」という注意書きも付いている。くれぐれも一行の枠内に二行以上書くようなことはしないでもらいたい。

●パターンⅠ【圧縮型】

文字通り、圧縮していくパターンである。本文中に解答に用いるべき箇所があるのだが、その部分をほぼそのまま抜き出すような形で解答を作ると、明らかに解答欄からはみ出してしまうという場合である。こういった場合は、その部分を圧縮しなければならない。

こういうときの対処法として二つの方法がある。

①　ポイントだけを抽出してまとめる。

②　その内容を凝縮した表現を用いる。

①…たとえば問題が「このときの筆者の考えを書け」で、解答箇所が「余は少時好んで漢籍を学びたり。これを学ぶこと短きにもかかはらず、文学はかくの如きものなりとの定義を漠然と冥々裏に左国史漢より得たり。ひ

そかに思ふに英文学もまたかくの如きものなるべし、かくの如きものならば生涯を挙げてこれを学ぶも、あながちに悔ゆることなかるべし」である場合、もちろんこれをほぼこのまま書けるだけの解答スペースは与えられない。設問の要求に従って、必要な内容だけを書かなければならない。「文学はかくの如きものなりとの定義を漠然と冥々裏に左国史漢より得たり」という、なぜこのような考えに至ったのかという経緯や「ひそかに思ふに」というように現在の考えそのものではないものは省くことができる。このように無駄なものを省き必要なものだけをセレクトしてつなげて解答を作る方法である。

②…たとえば解答箇所が「私が私であること、私としての自らこれと人に示しうるもの」といった場合、これを「私のアイデンティティ」とすればかなり字数を減らすことができる。

●パターンⅡ【具体一般化型】

解答箇所は見つかっても、その部分が比喩であったりエピソードであったり具体例であったりする場合である。こういった場合はもちろんその部分を圧縮しても解答にはならない。一般的な表現に置き換える必要がある。この場合は必然的に自分の言葉で書くことになる。

●パターンⅢ【具体的説明型】

これはパターンⅡ【具体一般化型】の逆である。すなわち、傍線部が抽象的な表現である場合に、そこを具体的に説明していくというパターンである。

たとえば、傍線部が「大状況が日常性にいやおうなく浸透している」であり、「それはどういうことか。筆者の考えに即して、わかりやすく説明せよ」という問題の場合である。要するに出題者はここでいう「大状況」とは「戦争」を意味しており、それが「日常性に」「浸透している」とは「普通の生活ができなくなってゆき戦時下らしい生活をしなければならなくなっている」ということである、とわかっているかどうかを問うているのである。このパターンでは本文中に対応する言葉があることが多いので、対応する言葉がある場合にはそれで置き換えればよい。

●パターンⅣ【理由補塡型】

内容説明問題によくあるパターンである。内容説明問題は傍線部を言い換えていくというのが解答作成の基本だが、それだけでは済まず、理由を補っていかなくてはならない場合が多々ある。

たとえば「『強情さ』とあるが、この表現には筆者のどのような感情がこめられているか」という問題があった。「批判的な感情」がこめられていることはすぐにわかるのだが、もちろん解答欄の大きさからいっても「批判的な感情」だけでは解答として不十分である。なぜそのような「批判的な感情」を抱くようになったのかまで説明しないといけない。要するに、内容を説明しただけでは解答欄がすかすかになってしまうといった場合には、その理由の説明まで要求されているとみなして間違いないだろう。

近年増えてきた設問に、単に理由を書かせるものがある。問い方は内容説明であっても、実質は単純に理由を聞いているものも目立つ。こういった設問もこのパターンに分類している。

●パターンⅤ【指示語問題】

東大では指示語を含んだ部分や傍線部の直前に指示語がある部分を問題にすることが多い。そういった場合はまずは指示語をおさえるところから解答を考えていかなくてはならない。指示語が正しくおさえられていないと、点数は与えられないと考えてもよいくらいである。指示語があれば、まずは指示語問題であるという認識をもって設問にのぞむべきである。

●パターンⅥ【知識型】

たとえば「『人生の有為転変』とはどういうことをいうのか」という問題があった場合、「有為転変」という語の意味を知らなければ解答は書けない。こういった問題は逆に知識があれば簡単に正解が出せるが、東大の現代文では知識を前提にしてさらに突っ込んだ内容を書かされる設問の方が多い。

●パターンⅦ【要旨要約型】

二〇〇〇年度以降の「文章の論旨をふまえて、一〇〇字以上一二〇字以内で述べよ」という設問がこれに該当する。単純な要旨要約ではなく、傍線部の説明を要旨をふまえて行うというものである。「一〇〇字以上一二〇字以内で述べよ」という設問でも、必ずしも「文章の論旨をふまえて」という条件が付いているわけではなく、単にその部分の説明であることもあるが、その場合でも少なくともその傍線部付近の要約という形になっている。ただし、「文章の論旨をふまえて」という条件が付いていない場合は必ずしもこのパターンには分類していない。「一〇〇字以上一二〇字以内」といっても決して余裕のある字数ではない。いかにうまくまとめるか、実力の問われるところである。

●パターンⅧ【置換型】

パターンⅡやⅢに似ているが、自分の言葉で一般化したり具体化するのではなく、本文中の対応箇所を用いて言い換える場合である。また、具体的な部分を具体的な形で言い換えていくものも、このパターンに入れた。この場合は本文中に対応箇所はなく、自分の言葉で言い換えるのだが、それほど難しい言い換えは必要としない。たとえば「苦しくないことはない」を「少しつらい」と言い換えるレベルである。

解答・解説

第一問

二〇二三年度　文理共通

出典　吉田憲司「仮面と身体」（『學鐙』第一一八巻4号所収）

㈠　パターンⅤ　**【指示語問題】**

指示語「その意味」をおさえることから答えを考えていく問題。「その意味」が指しているのは直前の二文。二文前の「仮面の文化」が「随所に、地域や民族の違いを越えて、驚くほどよく似た習慣や信念がみとめられるという事実」（＝X）と、直前の文「相互に民族移動や文化の交流がおこったとは考えられない、遠く隔たった場所で酷似した現象がみとめられるというのは、やはり一定の条件のもとでの人類に普遍的な思考や行動のありかたのあらわれだと考えてよい」（＝Y）という前提のもとで、傍線部アが成立するという三段論法である。XとYを入れてなおかつ傍線部アの全要素を置き換えて説明するのは字数的に困難を極める。〔解答例〕ではYの後半の要素を飛ばすことにした。

解答ポイント　ポイントは二つ。①仮面の文化が交流もない遠く隔たった場所でも酷似している現象であること。「地域や民族の違いを越えて、驚くほど似た習慣や信念がみとめられる」という表現でも可。②傍線部ア内の「仮面の探求は、人間のなかにある普遍的なもの、根源的なものの探求につながる可能性をもっている」の言い換え。

注意点　「可能性をもっている」という表現内容をきちんと解答に含めること。

解答例

交流もない遠く隔たった場所でも酷似している仮面の文化の探求は、人類に普遍的な思考や行動の探求になりうるということ。

㈡　パターンⅢ＋Ⅳ　【具体的説明型】＋【理由補填型】

説明すべき内容をシンプルに言えば、もともと仮面は憑依を前提としていたが、やがてそうではなくなったということである。しかし、そう書いたところで傍線部の内容のトートロジーにしかならないことは火を見るより明らか。こういった場合に求められているのは、そう言える理由と、「そうではなくなった」というならどうなったかということの説明である。続く二つの段落に憑依を前提としない仮面についての説明があり、「顔が隠されることが要件であることは間違いない」とまとめられている。

解答ポイント　ポイントは二つ。①もともと仮面は憑依を前提としていたが、やがてそうではなくなったと言える理由。すなわち、直前の文の内容を書く。②どうなったかということの説明。「顔が隠される」という要件を満たすものという説明。

注意点　「しうる」という要素を落とさないこと。

解答例

憑依との結びつきがない仮面が出現したことから、仮面は憑依とは無関係に、顔を隠すものとしてのみで存続しうるということ。

㈢　パターンⅢ　【具体的説明型】

「境界」をどう説明するかという問題。「境界」というのは本来、たとえばAとBの境目という意味だが、ここでは「主体」や「人格」を分かれさせるものと捉え、「仮面」を通して、「他者」という「主体」「人格」と、「私」という「主体」「人格」が分かれ、それまでとは異なった「新たな」関係が生じるというところまで述べる必要がある。「新たな」関係が生じたのは「仮面」をつけたことによって「私」が新たな「主体」「人格」になったからであるので、そのことも解答に含める。

解答ポイント　ポイントは三つ。①主語が「仮面」であること。②「仮面」をつけたことによって

「私」が新たな「主体」「人格」になったこと。③「他者」と「私」との関係が、それまでとは異なった「新たな」関係になるということ。

注意点 「仮面」という主語を必ず補うこと。

解答例

私の素顔につけられた仮面は、他者がそれを通して私という存在を新たに認識し直し新たな関係を生じさせる要となる、ということ。

㈣ パターンⅢ＋Ⅶ【具体的説明型】＋【要旨要約型】

大枠としては、二つ。「異界」を可視的なかたちにすることと、自分自身を可視的なかたちにすることとの二つを説明する。「異界」に関しては、「『異界』の存在を表現」する（第三段落）か「異界からの来訪者を可視化する」（第四段落）しかできず、「異界」そのものを可視的にはできない。自分自身に関しては、自分自身にとって「もっとも不可知な部分」（第十一段落）であった顔が可視化されることを言えばよい。

解答ポイント ポイントは四つ。①「『異界』の存在を表現」するか「異界からの来訪者を可視化」する。②自分の顔の可視化。③「つかの間」の言い換え。④「つかみ取る」のニュアンスを込めること＝根源的な欲望がそこにあること。

注意点 「装置」も本当は言い換えなくてはならない。「装置」とは一般的には、特定の目的のために作られた機械や道具をいう。〔解答例〕では「道具」とし、特定の目的については「人間の普遍的で根源的な欲望をかなえる」として具体的に述べてあるが、単に「道具」と言い換えてしまうと、筆者が「装置」という語に込めた意味合いが失われる。そこにこだわると言い換える妥当な語がみつからなくなり解答不能になってしまうので、「装置」のままにするか、あっさりと「もの」としてしまってもよい。

解答例

仮面は、一時的にせよ、自らを「異界」からの一時的な来訪者にし、異界の力を見えるかたちにするものであるだけでなく、「私」にとって最も不可知な自分の顔を固定させ自分の目で見て確かめたいという人間の普遍的で根源的な欲望をかなえる道具だということ。（一二〇字）

(五)

【漢字】

解答

a　狩猟　b　遂　c　衝撃

二〇二三年度　文科　第四問

出典　長田弘『詩人であること』〈18　白味噌の雑煮〉

(一)　パターンⅡ　【具体一般化型】

比喩説明問題である。「錠剤」のイメージは、固まっているというものである。「観念」の説明としては、同じ文の「抽象的」を用いるとよいが、それだけでは不十分。「観念」という言葉を用いている意図は、「一人の経験の具体性の裏書き」がないというマイナスの意味を込めたかったからである。

解答ポイント　ポイントは三つ。①「錠剤」という比喩の説明。②「観念」の説明。③「定義されやすい」の置き換え。

注意点　「されやすい」という言葉のニュアンスもきちんと拾い上げること。

解答例　言葉が、個々人の特殊で具体的な経験を離れて、誰にも伝わらない抽象的なレベルでのみ、その意味が固定されがちだということ。

(二)　パターンⅢ　【具体的説明型】

「自律」の内容を具体的に説明する問題。それは「言葉にたいする」ものであり、第一段落に書かれている「それぞれのもつとりかえのきかない経験を、それぞれに固有なしかたで言葉化してゆく意味＝方向をもった努力」が該当する。それが「自律」であることを明確化するためには、逆の「他律」がどのようなものであり、「自律」がそれとははっきりと異なることを示した方がよい。「他律」は傍線部のある段落末の「言葉を社会の合言葉のようにかんがえるということ」である。

解答ポイント　ポイントは二つ。①「自律」の具体的説明。②「自律」と逆の「他律」の明示。

注意点　「自律」というのは態度や行動のあり方なので、そういった形で解答をまとめること。

解答例　社会の合言葉としての言葉ではなく、個人のとりかえのきかない経験を固有なしかたで言葉化することで獲得した言葉を用いること。

㈢　パターンⅢ　**【具体的説明型】**

「合言葉」というのが一種の比喩であり、それを説明することがメインの問題。「『公共』の言葉、『全体』の意見」というのもわかりやすく説明する必要がある。「口吻」もわかりやすく言い換える。

解答ポイント　ポイントは三つ。①「合言葉」の比喩説明＝「仲間内でしか通じない言葉」。②「『公共』の言葉、『全体』の意見」の説明。③「口吻」の説明。「口吻」とは「話しぶり、口ぶり」という意味。

注意点　比喩説明は、本文中に対応する〈比喩でない表現〉があるケースが少ないので、自分の言葉で言い換えるしかない。〈解答例〉のままでなくてもかまわない。

解答例　誰もが理解できる言葉でとか、みんなの意見とか言いつつ、実際は仲間内でしか通じない観念的な言葉で思考しているということ。

㈣　パターンⅢ　**【具体的説明型】**

「他者と出会う場所」という比喩的な表現を説明する問題。「一つの言葉」は文章冒頭の「それぞれに独自の、特殊な、具体的な経験の言葉」である。「出会う」は前々文の「ひつような他者を発見すること」を言い換えた表現であるが、その前提として、前文の「じぶんの限界をみいだす」がある。

解答ポイント　ポイントは三つ。①「一つの言葉」がどのような言葉を指しているのかの説明。②

「他者と出会う」の説明。③その前提である「じぶんの限界をみいだす」という要素。

注意点
本文で「ひつよう」と書かれているので〔解答例〕ではその通り書いたが、「必要」と「ひつよう」が本文で対比されているわけではないので、それを漢字表記しても減点されることはないだろう。

解答例
独自な経験に裏打ちされた自らの言葉と他者の言葉との差異を実感することで、自らの限界を知り、ひつような他者をみいだすこと。

二〇二二年度　文理共通　第一問

出典　鵜飼哲「ナショナリズム、その〈彼方〉への隘路」（大澤真幸・姜尚中編『ナショナリズム論・入門』所収）

㈠　パターンⅢ＋Ⅴ　【具体的説明型】＋【指示語問題】

まず、「その『甘さ』」の指示内容を明らかにし、次にカギカッコ付きの「日本人」の意味を具体的に説明する問題。「その『甘さ』」の指示内容は直前の二文。カギカッコ付きの「日本人」は次段落で「『甘えの構造』の『日本人』」と言い換えられている。注がつけられているので、その説明を使って説明する。加えて、国内では、「甘さ」は出ないことを述べる。この内容は三文前に書かれており、「国外」との対比になっている。

解答ポイント

ポイントは三つ。①「その『甘さ』」の指示内容＝他の日本人集団に距離をとらない。②カギカッコ付きの「日本人」の説明＝日本人特有の甘えの気持ちがある自分は日本人だと改めて自覚したこと。③国内なら他の日本人集団に距離をとること。

注意点

解答ポイントの③「国内なら他の日本人集団に距離をとること」は「国外では」という表現があれば、一応ニュアンス的に言及していることになるが、字数的に許されるならばきちんと述べておいた方がよい。

解答例

国内なら距離をとる他の日本人集団に、国外では日本人特有の甘えの気持ちから距離をとらない自分は日本人だと改めて自覚したこと。

(二) パターンⅢ＋Ⅴ【具体的説明型】＋【指示語問題】

まず「その残忍な顔」の指示内容を明らかにしなければならない。「残忍な顔」は比喩であるので同時にその比喩説明も行う。「排除する」姿勢を言えばよい。次に「〈外〉と〈内〉」は具体的に何を意味しているのかを説明する。「〈外〉」は「外国人」を意味し、「〈内〉」は日本人ということになるが、直前の文の内容から察するに、日本人の中で「階級」が異なる者を指していると考えられる。主語は「ナショナリズム」、それも正確に言えば「日本のナショナリズム」である。

解答ポイント ポイントは三つ。①主語＝「日本のナショナリズム」。②「残忍な顔」の説明＝排除。
③「〈外〉と〈内〉」の説明＝外国人と、階級の異なる日本人。

注意点 「見せ始めている」という言葉のニュアンスをきちんと解答に反映させること。

解答例

> 日本人のナショナリズムは、外国人を排除するだけでなく、階級の異なる日本国民の一部を排除し始めているということ。

(三) パターンⅢ【具体的説明型】

土地の問題に絞って解答を作るか、それとももっと広く自然界のすべての物についての解答を作るのか迷うところである。「どんな名も」とあるので、後者の方がよいだろう。「文字通りの『自然』」とは、人為が加わる前の自然を意味している。人間が出現する前の自然である。そのことが説明できていればよい。

解答ポイント ポイントは一つ。「文字通りの『自然』」の説明ができているかどうかだけ。あとの部分はもちろん言い換える必要はある。

注意点 難しく考えすぎて傍線部の説明から逸脱した解答にならないように注意したい。

解答例

名は後から人間がつけたものであり、自然として存在していた物事には元来名などというものは付けられていないということ。

㈣　パターンⅣ＋Ⅶ　【理由補塡型】＋【要旨要約型】

一見、内容説明問題に見えるが、実は理由を説明させる問題となっている。直前の「だから」が受けている、最後の二段落（傍線部を除く）の内容をまとめる。もちろん、形式としては内容説明問題なので、「日本人であること」の意味をきちんと説明する必要はある。それは、日本国民として認められていることを意味している。「安心はできない」に関しては、どういう点が不安なのかを説明する。

解答ポイント

ポイントは三つ。①「日本人であること」の意味＝日本国民として認められていること。②「安心はできない」の説明＝その不安内容の説明。③不安な理由＝ナショナリズムが主張する「生まれ」の「同一性」は制度なので、いつでも変更できること。

注意点

「誰も」という要素を入れ忘れないように。

解答例

あらゆるナショナリズムが主張する「生まれ」の「同一性」の自然的性格は仮構された制度なので、その制度はいつ自然でないと変更されるかもしれず、今、日本人だと認められていても、認められなくなったり、排除されたりする可能性が誰にもあるということ。（一一九字）

㈤　【漢字】

解　答

a　緩（弛）	b　滑稽	c　深長

第四問

二〇二二年度　文科

出典　武満徹「影絵《ワヤン・クリット》の鏡」（『武満徹著作集1』所収）

㈠　パターンⅣ　【理由補填型】

分類上【理由補填型】としたが、補填というよりも理由を説明する問題である。直前の「あの沈黙に支配された時空とそのなかに在った自分」の状態を述べており、その原因をつくったのは二文前の「巨大な火口」である。それが傍線部の後にある「意識それ自体を超える大いなるもの」であり、「意識の彼方《かなた》からやって来るもの」であることをおさえる。それを第二段落では「眼《め》には感知しえない仕組」と呼んでいる。

解答ポイント　ポイントは三つ。①「巨大な火口」。②「意識それ自体を超える大いなるもの」に「私の意識」が「とらえられてい」ること。③「意識それ自体を超える大いなるもの」とは何かの説明。「眼《め》には感知しえない仕組」＝「宇宙の法則」。

注意点　直後に「働かなかったのではなく」とあるので、「働かなかった」といった内容の言葉を解答に入れると減点になる可能性がある。

解答例

私の意識は、人間に感知しえない宇宙の仕組を象徴する巨大な火口に圧倒され、意識それ自体を超える世界にとらえられていたから。

㈡　パターンⅢ＋Ⅴ　【具体的説明型】＋【指示語問題】

「周囲の空気」とは何か。「かれ」とは誰か。「ちょっとした振動」という比喩は何を表しているのか。

これらを説明する問題。「周囲の空気」とは「地表にぽかっと空いたひとつの穴」を「気むずかしい表情で眺めている私たち」の様子である。「かれ」とはもちろん「作曲家のジョン・ケージ」であるが、彼の発したnonsense!という言葉が「振動」を与えたのである。問題は「ちょっとした振動」という比喩をどう説明するかだが、このことを言い換えた表現はなく、自分の言葉で言い換えるしかないので、〔解答例〕以外の表現が多々ありうる。

解答ポイント　ポイントは三つ。①「周囲の空気」＝「地表にぽかっと空いたひとつの穴」を「気むずかしい表情で眺めている私たち」の様子。②「かれ」の意味するところ＝ケージの発したnonsense!という言葉。③「ちょっとした振動」という比喩の説明＝私たちを現実に引き戻すきっかけ。

注意点　「ちょっとした」という言葉のニュアンスも必ず入れること。〔解答例〕では「きっかけ」という言葉でそのニュアンスを表現してある。

解答例

ケージの言葉は、巨大な火口に宇宙の法則を感じ取って圧倒され沈黙する私たちを
現実に引き戻すきっかけを与えてくれたということ。

㈢　パターンⅤ　**【指示語問題】**

ほぼ「かれら」と「これ」という指示語の説明問題である。「かれら」とはいうまでもなく「フランスの音楽家たち」であり、「かれらが示した反応」に関しては、直後の〈これは素晴らしい新資源《ニュー・ソース》だ〉と三文後の「異質の音源を自分たちの音楽表現の論理へ組みこむことにも熱中」に書かれている。もちろん直後の部分は傍線部内にあるので、ここを使って説明することはできない。「これ」はガムランを指している。

解答ポイント　ポイントは三つ。①指示語「かれら」の説明＝「フランスの音楽家たち」。②「かれらが示した反応」の説明＝「異質の音源を……熱中」。③指示語「これ」の説明＝ガムラン。

注意点　字数を減らすのに「フランスの音楽家たち」を「フランスの音楽家」としてもよい。そこにいた「フランスの音楽家」全員が該当するからである。

解答例

> ガムランを聞いたフランスの音楽家たちが未知の音源なので自分たちの音楽表現の論理へ組み込み新しい音楽を作れると喜んだこと。

㈣　パターンⅢ＋Ⅳ＋Ⅴ　**【具体的説明型】＋【理由補填型】＋【指示語問題】**

まずは「そこ」という指示語から考えていく問題。「そこ」は具体的には影絵のスクリーンを指しているが、私が「そこ」に見たものは、スクリーンそのものというよりは老人の言う「宇宙と会話《コレスポンデンス》」である。つぎに「何か」の説明だが、筆者が「何か」としか呼んでいないものをどう説明するのか。「小さなスクリーン」に「見出した」ものは、二文前の「意識の彼方からやってくるもの」と考えられるが、正確に言えば、「意識の彼方からやってくるもの」の「何か」ということになる。その「何か」とは「宇宙の法則」（第二段落）ということになるが、その実体に関してはあきらかにされておらず「何か」のままである。どう説明しようと「何か」とは「何か」という疑問は残る。それが「何か」と表現せざるをえないのは「意識それ自体を超える大いなるもの」（第五段落）だからである。したがって、この点を解答に入れたい。

解答に入れなければならないもう一つの要素としては、なぜスクリーンを見ると「何かをそこに見出」すことになるのか、その理由である。

解答ポイント

ポイントは三つ。①指示語「そこ」の説明＝「小さなスクリーン」。②「何か」の説明＝「意識それ自体を超える」もの。③なぜスクリーンを見ると「何かをそこに見出す」ことになるのか、その理由＝老人が宇宙と会話しているという影絵のスクリーンだから。

注意点

「何か」を、本文には直接書かれていないが、類推してたとえば「自分がこれから作曲する曲のヒント」などと書くのは危険である。

解答例

老人が宇宙と会話しているという影絵のスクリーンを見て、意識の彼方からやってくる意識を超えるものの存在を実感したということ。

第一問

二〇二一年度　文理共通

出典　松嶋健「ケアと共同性――個人主義を超えて」（松村圭一郎・中川理・石井美保編『文化人類学の思考法』所収）

㈠　パターンⅢ　【具体的説明型】

具体的に説明していくパターンの問題。まず、「ケアをする者……かたち」とはどのような「かたち」かを説明する。「ケアをする者」は「医療機関」（第三段落）と「家族」。「（ケアを）される者」は「患者」。そこにある「かたち」は「一元的」。「一元的」とは「ケアする者」がケア「される者」をケアし、その逆はないという意味。解答例では「一方的」と言い換えた。「異なったかたち」は「相互的なケア」（第四段落）で、それを行うのは「患者たち」。「ケアをとおした親密性」は「新たな命の友」（第四段落）と呼ばれていることから、「友情」や「仲間意識」のような「親密性」だとわかる。

解答ポイント

「異なったかたち」は何と何がどう異なっているのかを対比の形で述べていくこと。

「ケアをとおした親密性」を具体的に説明すること。

注意点

「患者」を「感染者」としないこと。それでは感染症の人だけに限定されてしまう。

解答例

患者が医療機関や家族によって一方的にケアされるのではなく、患者同士が相互的にケアを行うことで生じる仲間意識による親しさ。

㈡　パターンⅢ　【具体的説明型】

「『社会』を中心におく論理」（＝A）と「『人間』を中心におく論理」（＝B）とは具体的にどういう

ものか説明する問題。直前の「医療の名のもとで……支えようとするもの」がその具体的説明。

解答ポイント

AとBとの対比のポイントは次の三つ。

A ←→ B

① 社会中心＝社会を守ることが第一 ↕ 人間中心＝苦しみを抱える人のことが第一
② 精神障害をもつ人々を病院に収容 ↕ 苦しみを抱える人々を地域で支える
③ 社会から隔離する ↕ 集合的に支える

解答例

社会を守るために精神障害者を隔離・収容するという論理から、苦しむ人々を第一に地域で支え共に生きていくという論理に変化したこと。

㈢ パターンⅢ【具体的説明型】

「選択の論理」を具体的に説明し、「個人主義」を「選択の論理」との関係を踏まえて説明する。「選択の論理」の具体的な説明は傍線部に続く四つの文に書かれている。「個人主義」は同じ段落の「一人の個人……選択する」をベースにまとめる。

解答ポイント

ポイントは二つ。①「選択の論理」の具体的な説明＝患者が自由に医療を選択できるという考え。②「個人主義」の説明＝人は個人であり自己の責任で物事を選択・決定できるという思想。

解答例

患者が自由に医療を選択できるという考えの背景には、人は個人であり自己の責任で物事を決定できるという思想があるということ。

㈣ パターンⅤ＋Ⅲ＋Ⅶ【指示語問題】＋【具体的説明型】＋【要旨要約型】

「それ」という指示語の内容をおさえ、次に「人間だけを行為主体と見る世界像」（＝A）と「関係するあらゆるものに行為の力能を見出す生きた世界像」（＝B）を具体的に説明する問題。「本文全体の趣旨を踏まえて」という条件が付いているので、「ケアの論理」の観点から「関係するあらゆるものに行為の力能を見出す生きた世界像」を説明してゆく。

「それ」が指しているのは、最終段落の内容。Aの言い換えは本文中にはない。自分の言葉で言い換える。Bは最終段落に述べられている。

解答ポイント　ポイントは三つ。①「それ」の指示内容。②Aの言い換え。③Bの具体的説明。

注意点　AはBと対比が明確になるように説明する。Aを「個人主義」で説明するのは間違い。重なる部分はあるが、イコールではない。

解答例

患者の感覚や情動を大切にし、身体の養生にかかわるすべてを調整しつづけようとするケアの論理は、人間だけが主体的な行動をとりうるという考えではなく、相互に影響しあう他の人々や事物と共同的で協働的に生きていくべきだという考えにつながるということ。（一二〇字）

㈤【漢字】

解　答

a	b	c
診察	諦	羅針

二〇二一年度　文科　第四問

出典　夏目漱石「子規の画」（岩波文庫『思い出す事など 他七篇』所収）

(一)【心情説明問題】

心情説明問題というのは過去に東大では出題されておらず、これまでのパターンにはあてはまらない。そういった問題が今後頻繁に出題されることがあればパターンとして認定したいと思うが、今回は単に【心情説明問題】としておく。

「あらわれた子規の心情」はそのままとって「下手《まず》いのは病気の所為《せい》だと思」ってほしいという心情である。画が「下手い」ことは子規自身自覚している。その上で「病気の所為」以外の理由を否定したいという気持ちが伺われる。その他の理由として考えられるのは、〈元々、下手〉と〈手抜きで適当に描いたから下手〉という二つである。わざわざ画を描いてよこすぐらいなのだから、「初心」ではあるが、それほど〈元々、下手〉とは子規は考えていない。また〈手抜きで適当に描いたから下手〉ということも子規は否定したい。つまり、「ただに病中の根気仕事としてよほどの決心を要する」ものであり、これでも一生懸命描いているということをわかってほしいと思っている。

解答ポイント

ポイントは三つ。①「下手いのは病気の所為だと思」ってほしい。②元々、下手なのではないこと。③これでも一生懸命描いているということ。

注意点

添えられた歌に詠まれている「君が帰り来るかな」という気持ち、すなわち早く東京に帰ってきてほしいという気持ちは、ここに込められた気持ちであり、こういった解答がほしいなら、「あらわれた子規の心情について説明せよ」という言い方はしない。

解答例　上手な画でないことは我ながら承知しているが、それは元々下手だからではなく、病の中ではこれでも精一杯だとわかってほしいという心情。

(二)　パターンⅣ【理由補塡型】

傍線部に続く三文に、画が「淋しい感じ」にならざるをえない物的な理由が書かれている。本文の最終文に「できうるならば……したかった」とあり、「拙な所」が「雄大に発揮」できていないから「淋しさ」があると考えられる。「拙《せつ》」が「淋しさ」になるのは、子規が「人間として、また文学者として、もっとも『拙』の欠乏した男であった」からであるし、また「真面目」に取り組んだ結果の「拙」だからである。

解答ポイント　亡き友が描いた画というのも「淋しい」と思わせる要素と考えられる。

ポイントは五つ。①画の物的な淋しさ。この部分は素材や色彩や表装といった形でコンパクトにまとめてもよい。②「拙」。③子規の「拙」は、他では「欠乏」していること。④真面目、懸命に描いていたのに拙かったこと。⑤亡き友の作品であること。

注意点　「漱石に会えない淋しさや病気ゆえの孤独感が感じられるから」といったことまで書くのは間違いとはいえないが、漱石が主として見て取っているものではない。

解答例　図柄も簡単で色も三色だけで周囲が白く表装の絹地が寒い藍である上に、懸命なのに他では見ない亡き子規の拙さが見て取れたから。

(三)　パターンⅣ【理由補塡型】

直前の「才を……竦《すく》んでしまったのかと思うと」が理由。それに「微笑」という行為を起こさせた「おかしかったから」などの心情を補塡する。

解答ポイント

ポイントは三つ。①子規は文章（短歌や俳句）を作るときは筆が走って直ちに素晴らしい作品を作り出す。②子規は画となると筆が愚直にならざるをえない。③おかしい。

注意点

文章のときと画のときでの筆の走り方が異なることを対比的に書くこと。

解答例

俳句や短歌だと筆が走り造作なく秀作を作る子規の、画となると愚直にしか筆を進ませられない姿が想像されておかしかったから。

㈣　【心情説明問題】＋パターンⅣ　【理由補填型】

「あらわれた」「心情」なので、まずは「子規にこの拙……発揮させて」あげたかったという心情をおさえる。次にどうすればそれが可能であったのか、その理由を補填する。考えられる理由としては二つ。①病気だったので、「雄大に発揮」できなかった。②早世したので、「雄大に発揮」できなかった。

解答ポイント

ポイントは三つ。①「子規にこの拙……発揮させて」あげたかったという心情。②病気で、「雄大に発揮」できなかったので、できれば病気でない状態で画を描かせてあげたかった。③早世したために「雄大に発揮」できなかったので、長生きさせてあげたかった。

解答例

画を描くときだけに見られる子規の拙さを、病気でない状態で長生きし、存分に発揮させてやりたかったという今は亡き子規を思う心情。

二〇二〇年度　文理共通　第一問

出典　小坂井敏晶『神の亡霊』〈6　近代の原罪〉

㈠　パターンⅤ＋Ⅳ　【指示語問題】＋【理由補填型】

傍線部内の「そこ」という指示語の指示内容を答えさせる問題。加えて、それがなぜ例外的になるのか、その理由を補填する問題。二文前の「人種・性別……信じられている」が指示内容。そこに、この内容と「社会主義政党が育たなかった」との関係を理由として補填する。第二段落の最終文「社会が悪く……示さない」を使う。

解答ポイント　①「そこ」の指示内容。指示している部分をそのまま書くと、「社会主義政党」との関連が見えにくくなる。「集団間」は「社会」と置き換える。②「社会が悪く……示さない」の内容。

注意点　解答例に「米国」を入れてあるが、傍線部が「米国」前提なので、字数に余裕がなければ省いてもよい。

解答例

社会的な不平等がない以上、後は各個人の才能と努力で社会上昇が可能と信じられている米国では、社会変革に意識が向かないから。

㈡　パターンⅣ　【理由補填型】

「自己責任の根拠」は「自由意志」である。自分の自由な意志で選んだのだから責任は自分にあるということ。傍線部の直前の「したがって」が受けている部分が理由。要するに第六段落と第七段落の内容をまとめればよい。

解答ポイント　ポイントは三つ。①「自己責任の根拠」は「自由意志」であること。②「自由意志」は「虚構」でしかないこと。③その理由として、個人の才能や人格や意志や意識が外因によるものであること。

注意点　意志も外因であることを必ず入れる。第六段落の「才能や人格という〈内部〉を根拠に自己責任を問う」だけしか入れていないと、自由意志との関係が分からない。

解答例

個人の才能や人格や意志や意識もすべて外因によるものであり、自己責任が前提とする内発的な自由意志など虚構でしかないから。

(三)　パターンⅧ＋Ⅴ　**【置換型】＋【指示語問題】**

「先に挙げたメリトクラシーの詭弁」を第四段落の説明で置換する。加えて「そうだ」という指示語の内容をおさえる。直前の三文にその内容は書かれている。支配関係が「正しい状態」や「理想的な状態」や「自然の摂理」に見えるというのがその内容。

解答ポイント　「先に挙げたメリトクラシーの詭弁」と「そうだ」という指示語の内容のどちらに解答の力点を置くかで解答の様相はかなり異なったものとなる。「メリトクラシーの詭弁」と支配関係のあり方の共通性を述べる問題であるが、両方を丁寧に説明する字数はない。「メリトクラシーの詭弁」の方が主語なのでそちらに力点をおいて説明する。ただし、支配関係のあり方との共通性についても言及しないといけないので、「正しい状態」や「理想的な状態」や「自然の摂理」という内容の言葉は必ず入れる。

解答例

能力主義は出身階層から人々を解放する方策に見せて、実際は既存の階層構造を固定し、正当化しているということ。

㈣ パターンⅧ＋Ⅲ＋Ⅶ 【置換型】＋【具体説明型】＋【要旨要約型】

二文にわたって傍線が引かれていることに注意。第一文は、近代になっても自由や平等が実現されたわけではないということを述べている。それを自由や平等が「建前」（第十段落）として掲げられたと言い換えてもよい。「不平等を隠蔽」は平等が「建前」であり、不平等が「正当化」されたという部分に吸収できるので、無理をしてまで解答に組み込む必要はない。

「正当化する論理が変わった」に関しては、どのような論理（＝A）からどのような論理（＝B）へと変わったのかを具体的に説明する必要がある。

A 前近代……根拠が、神や自然など、共同体の〈外部〉に投影される（第九段落）

↓

B 近代……優劣の根拠を個人の〈内部〉に押し込めようと謀る（第十三段落）

加えて、設問に「本文全体の趣旨を踏まえて」とあるので、近代になって自由な主体である個人という虚像が生み出された結果、すべては自己責任にされるというこの本文の趣旨を組み込みまとめる。

解答ポイント 主なポイントは三つ。①第一文の説明。②「正当化する論理」のAとB。③「本文全体の趣旨」。

注意点 第一文の説明に際しては、「近代になっても自由や平等が実現されたわけではない」という言い換えでは、言い換えになっていないとみなされる可能性があるので、たとえば「近代になっても真の自由や平等が実現されたわけではない」というくらいにまで書き換えたい。

「正当化する論理が変わった」に関しては、〈外部〉を使うなら〈内部〉も使って対比が明確になるようにしたい。加えて、〈内部〉に関しては具体的に「個人の資質や能力」であることを明示しておく。

解答例

前近代は不平等が神や自然など共同体の〈外部〉のもので正当化されていたが、近代になり人間は自由な個人であり平等だという建前のもと、不平等は個人の資質や能力といった〈内部〉に起因するので自己責任とされ、現実の不平等の正当化がなされたということ。（一二〇字）

㈤

【漢字】

解　答

a　培	b　誕生	c　欠陥

第四問

二〇二〇年度　文科

出典　谷川俊太郎『詩を考える——言葉が生まれる現場』〈Ⅱ　クリティック　発語の根はどこにあるのか〉

㈠　パターンⅣ＋Ⅷ　【理由補填型】＋【置換型】

傍線部の次文がその理由になっているが、「沈澱」や「濾過」といった比喩で表現されているので、それをそのまま書くのは避けたい。「公的なもの」は使えるが、第七段落に「自己を超えた何ものか」という言い換えがあるので、その文などを用いて詳しく説明する。さらに、同語反復に思えるかもしれないが、「私自身から自由であるような気がする」ので「私自身から自由であるような気がする」と思えるのだから、「私自身から自由である」からという理由も加える。次々文を用いて言い換えればよい。

解答ポイント　ポイントは二つ。①自己を超えた公的な何ものかの言説を媒介しているだけと考えていること。②自分を私的と感ずることはないこと。あるいは自分を無名とすら考えていること。

注意点　「公的」を用いるなら「私的」も解答に入れたい。また、「公的なもの」の説明に第八段落の「自己の根源性」は用いない方がよい。それは次の設問で尋ねていることだからである。

解答例

> 作品をつくっているときは、自己を超えた公的な何ものかの言説を媒介しているだけと考えており、自分を私的とは感じていないから。

㈡　パターンⅤ＋Ⅳ　【指示語問題】＋【理由補填型】

「そこ」が指しているのは「自己の根源性」。なぜそこで「私が最も深く他者と結ばれている」のか、その理由を補塡する。自己の根源性も他者の根源性もともに「その言語を話す民族の経験の総体を自己のうちにとりこ」んだものであるというのが、その理由。その前提として、「作品をつくっているとき」というのも解答に入れる。

解答ポイント　ポイントは三つ。①自己と他者が根源性において結びついていること。②その理由。すなわち根源性が「その言語を話す民族の経験の総体を自己のうちにとりこ」んだものであるということ。③その前提である「作品をつくっているとき」。

注意点　すべての要素を解答に組み込むには内容を圧縮する必要がある。

解答例

> 根源性はその言語を話す民族の経験の総体に根差しているので、創作の際は他者と根源性で結びついていると感じられるということ。

(三)　パターンⅤ　【指示語問題】

「そのような」という指示語の内容を答える問題。第十段落に「成り立ちかた」が書かれており、第十一段落では「逆」からそのことを述べている。第十段落の内容をまとめればよい。

解答ポイント　創作者が作品の言語に関して責任をとる必要はほぼないということが書かれていればよい。

注意点　百パーセント責任をとらなくていいというように書いてしまうと、「上手下手」の場合も責任をとる必要がなくなる。

解答例

> そこに書かれている言語の正邪真偽や美醜に作家や詩人が直接責任をとる必要はないという前提で作品がつくられているということ。

㈣　パターンⅣ　**【理由補填型】**

理由は傍線部の次文に書かれている。「非論理的な深み」すなわち「自己の発語の根」よりも「自分と他者を結ぶ論理」の方に必死にならざるを得ないからというのが理由だ。「自己の発語の根」は「最も深く他者と結ばれていると私は信じざるを得ない」ものであり、それだけを考えていればおのずと他者との結びつきはできると思えた。文章を書くときには「最も深く他者と結ばれている」という確信がないので、「自分と他者を結ぶ論理」が大切になる。

解答ポイント

作品を書くときとの対比で書く。

A　作品を書くとき……「自己の発語の根」は「最も深く他者と結ばれていると私は信じざるを得ない」

↕

B　文章を書くとき……「自分と他者を結ぶ論理」を計算ずくでつかまなければならない

「最も深く他者と結ばれている」というふうには信じられない

解答例

作品を書くときは他者と根源での結びつきが信じられるが、文章を書くときはそういう信頼はなく、論理なしでは何も伝わらないから。

二〇一九年度　文理共通　第一問

出典　中屋敷均『科学と非科学――その正体を探る』〈第一部　信託を担う科学　第七話　科学と非科学のはざまで〉

㈠　パターンⅤ＋Ⅳ　【指示語問題】＋【理由補填型】

直前にある「こういった生物の営み」の指示内容を答え、それがなぜ「例外的」になるのか理由を補填する問題。理由は傍線部アに続く部分に書かれている。

解答ポイント　①指示内容は、直前の段落の言葉で言えば、「この世界に『形』を生み出すこと」であり、傍線部に続く部分にある「『形あるもの』として長期間存在できる」ことでもある。②理由補填については、世界は「無秩序」あるいは「カオス」に向かう法則に支配されていることを言えばよい。

注意点　解答ポイントの①では、前者の「この世界に『形』を生み出すこと」を用いると②の理由補填が難しくなるので、後者の「『形あるもの』として長期間存在できる」を用いるとよい。「例外的なものである」の言い換えも忘れずに入れる。

解答例

カオスへ向かう法則に支配されている自然界にあって、「形あるもの」として長期間存在できるという生物の在り方は異例だということ。

㈡　パターンⅢ　【具体的説明型】

「（生命は）複雑で動的な現象である」を、どう複雑で動的なのかを具体的に説明する問題。第六段落と第七段落にその具体的な内容は書かれている。

解答ポイント　生命が静的なベクトルと動的なベクトルという二つのベクトルを併せ持つ存在であることを言えばよい。

注意点　傍線部イ直前の「秩序に縛られた……存在する」は生命が存在する場所の説明であって、生命そのものの説明にはなっていないことに注意。

解答例

生命は、カオスに秩序を与え安定をめざす一方で、秩序を破壊し次々と違う複雑なパターンを生み出してゆく存在であるということ。

(三)　パターンⅤ＋Ⅱ＋Ⅳ　【指示語問題】＋【具体一般化型】＋【理由補塡型】

直前の「それ」が指すものを押さえたうえで、傍線部を言い換え、さらになぜそうなるのかその理由を補塡する。言い換えのポイントは「福音」であり、本来〝喜ばしい知らせ〟という意味であるが、ここでは単に〝喜ばしいこと〟ぐらいの意味である。

解答ポイント　①「それ」の指示内容は直前文の、人類が科学により世界の秩序・仕組みを明らかにし、世界の姿が固定され、「形」が生まれていくことである。②「福音」の言い換え。③なぜ「福音」になるのかという理由。それは人類の「不安」が減少するからである。

注意点　①をコンパクトにまとめる必要がある。

解答例

科学により世界に「形」が与えられることは、人類にとっては不安や混乱の解消を意味し、大変喜ばしいことだということ。

(四)　パターンⅢ＋Ⅶ　【具体的説明型】＋【要旨要約型】

直前の文に書かれている世界のことを言っているが、それだけでは駄目で、本文の表題である「科学と非科学のはざま」と関連付けて説明する必要がある。傍線部の次の文が「それは」と指示語で受けてそのことを述べている。

解答ポイント

①「『分からない』世界」は、「科学」と「非科学」のはざまにある。「科学」「非科学」については、本文全体の趣旨を踏まえて「秩序」「カオス」などと補足する。②「いろんな『形』、多様性が花開く世界」の説明。最終段落と最後から三段落目をまとめる。

注意点

傍線部エの「形」は、カギカッコが付けられていることからわかるように筆者独自の意味を込めて使われている。よって、その意味を説明せねばならないので「形」という語をそのまま用いてはならない。

解答例

「分からない」世界は、科学により解明された秩序ある〝真実の世界〟と非科学すなわちカオスが支配する〝無明の世界〟のはざまにあるゆえに、人の知性や「決断」が様々な面で「分かること」を増やし〝新しい空間〟を次々と生み出しうる世界であるということ。（一二〇字）

㈤　**【漢字】**

解　答

a　貢献	b　代替	c　細菌

第四問

二〇一九年度　文科

出典　是枝裕和「ヌガー」（PHP文庫『是枝裕和対談集　世界といまを考える2』所収）

㈠　パターンⅤ＋Ⅲ　【指示語問題】＋【具体的説明型】

まず「その風景」を押さえる。次に「不安」の内容を具体的に述べる。「一層」とあるので、もともと「不安」だったと考えられる。その元の「不安」の内容も説明する。

解答ポイント　①「その風景」＝迷い子に無関心な乗客たちの姿。②「僕」の「不安」＝迷い子になって途方に暮れている。

注意点　他の乗客たちが何の関心も示さないことの異常さを明確化させるために、「僕」が幼いことや明らかに迷い子になって困っている様子であることを述べる必要がある。

解答例

迷い子になって不安なうえに、途方に暮れて右往左往する幼い僕に無関心な他の乗客たちの様子を見て、より不安感が募ったということ。

㈡　パターンⅤ＋Ⅳ　【指示語問題】＋【理由補塡型】

「その瞬間」が指しているのは、「僕はお礼も言わずに、……母親に買ってもらおうと、その時思った」の「その時」である。「ヌガー」が美味しかったことがきっかけになっているので、そのことは絶対に解答に入れなければならない。次に、「今度このお菓子を母親に買ってもらおうと、その時思った」から、「不安」が「消え」たのだが、なぜそう思うと不安が消えたのかというさらなる理由を補塡する必要がある。それは、さっきまで「僕」が置かれていた状況から考える。「僕」は「孤独」で「無関心」

に直面させられた疎外感の中にいた。ヌガーは、そのたったひとりの世界にあって、決して「孤独」ではない、自分を無条件に受け入れ庇護してくれる存在である母親がいる日常の世界を思い起こさせてくれた。だから不安が消えたのだ、と考える。

解答ポイント

①ヌガーが美味しかった。②ヌガーを母親に買ってもらおうと思った。③母親に庇護される日常の世界に引き戻され、不安が消えた。

注意点

親切な駅員がくれたヌガーであったことは解答に入れるべきなのか。駅員はたとえそれが仕事の一環であったとしても、お菓子までくれたという点において無関心な乗客たちとは対比される存在であろう。親切でくれたものだからこそ「僕」が素直に口に入れたことは間違いない。したがって、そのことを解答に含めても減点になるとは思えない。しかしながら、お菓子の味が、母親が庇護してくれる世界に「僕」を引き戻した、というところにこの問題の核心がある以上、駅員のことは絶対に必要な要素とはいえない。

解答例

ヌガーが美味しかったので、母親に今度これを買ってもらおうと思ったことをきっかけに、母が守ってくれる日常の感覚が取り戻され安堵できたから。

㈢　パターンⅤ＋Ⅱ　**【指示語問題】＋【具体一般化型】**

まず「このような邂逅」の指示対象を押さえる。直前の「自分を無条件……世界と向き合う」である。次に「予行演習」を言い換える。「予行演習」の言い換えで落としてはいけないポイントは、〈あらかじめ行う〉ということと〈本番とほぼ同じ形で行う〉という点である。最後に「暴力的に」を言い換える。「恐怖」を感じるから「暴力的」と表現している。何がそうさせるのか、その主語を入れることを忘れてはならない。それは「迷い子という経験」である。

解答ポイント ①「このような邂逅」＝「他者」としての世界と向き合う経験。②「予行演習」の言い換え。③「暴力的に体験させられる」＝迷い子の経験。

注意点 「暴力的に」の説明として「ある日突然何の前触れもなしに」というような説明はよくない。たとえばサプライズで何かをされたとき、それが自分にとって喜ばしいことであれば「暴力的に誕生日を祝われた」といった表現はしないであろう。それがとても暴力性を感じることであった場合にこのような表現が用いられる。

解答例

迷い子の経験は、大人になる過程で「他者」としての世界と向き合う経験を、恐怖ではあるが前もってさせてくれるということ。

㈣ パターンⅤ＋Ⅳ 【指示語問題】＋【理由補塡型】

まず直前の「そのことに気付いた」ことが理由であるので、指示対象である直前の文の内容を押さえる。その冒頭の「その時を境にして」の「その時」が指す部分も理由だと考えられるので押さえる。さらにその前の文がそれにあたる。最後に「泣く」という行為は心情によって引き起こされるものなので、このときの心情を補塡する。

解答ポイント ①「そのこと」＝世界そのものだった母が小さな存在に変質してしまうこと。②「その時」＝ひとりで世界に向き合う大人になった時。③「泣く」ときの心情＝悲しい。

注意点 エッセイや小説の問題では、心情によって引き起こされる行動の理由が問われることがある。その場合は直接引き金となった心情までを答える。その心情を解答の最後に持ってくる。

解答例

孤独に世界と向き合っていかなくてはいけない大人になると、自分を無条件に庇護してくれていた母が小さな存在に変わってしまうことに気付いて悲しくなるから。

二〇一八年度　文理共通　第一問

出典　野家啓一『歴史を哲学する――七日間の集中講義』

㈠　パターンⅤ＋Ⅲ　【指示語問題】＋【具体的説明型】

「その痕跡」が指しているのは「荷電粒子が通過してできた水滴や泡、すなわちミクロな粒子の運動のマクロな『痕跡』」である。傍線部アの具体的な内容説明は次文「その意味では、素粒子の『実在』の意味は直接的な観察によってではなく、間接的証拠を支えている物理学理論によって与えられている」にあり、「直接的な観察」とは素粒子を「見たり、触ったりすること」で、「間接的証拠」が「痕跡」である。

解答ポイント　物理学理論の支えがあるからこそ間接的証拠だけで素粒子の「実在」の確証になることを述べればよい。

注意点　傍線部が五十九字あり、それを二行で説明するというのだから、核心だけを説明しなくてはならない。

解答例　物理学理論によって証明されているので、実験で得た痕跡という間接的証拠だけで素粒子の「実在」は十分に確信できるということ。

㈡　パターンⅢ　【具体的説明型】

「理論的存在」というと、実在はせず理論上にのみ存在するもの、というふうに受け取られかねないが、そうではないということを述べればよい。次文の「れっきとした『存在』」という表現を用いるとよい。

解答ポイント 「理論的存在」は虚構という意味ではなく、実在している。

注意点 傍線部には含まれていないが、必ず「理論的存在は」という主語を解答に入れること。傍線部だけを言い換えても意味がわからない解答になる。

解答例

理論的存在は、理論上だけで存在するが実在しないものだという意味ではなく、れっきとした「存在」であり実在しているということ。

(三) パターンⅡ＋Ⅲ＋Ⅳ 【具体一般化型】＋【具体的説明型】＋【理由補填型】

まず「フランス革命」や「明治維新」といった具体例を一般的に説明する。次に「『知覚』ではなく、『思考』の対象であること」を具体的にわかりやすく説明する。最後になぜそういえるのか、その理由を補填する。理由については、基本的には第四段落の「歴史的事実は過去のものであり、……」以下の部分を用いて言い換えればよい。

解答ポイント ①歴史的事実は、②理論的存在である。③なぜなら、知覚できないから。

注意点 「フランス革命」や「明治維新」という言葉を解答に入れてもよいが、それらが「歴史的事実」の具体例であることは必ず述べなければならない。

解答例

歴史的事実は過去のもので、個々の事物でもなく、知覚的に見たり聞いたりできないので、理論的な手続きを経てしか確定できない「理論的存在」だということ。

(四) パターンⅢ＋Ⅶ＋Ⅳ 【具体的説明型】＋【要旨要約型】＋【理由補填型】

「歴史的出来事の存在」「物語り」とはどのようなものかを明らかにし、そのうえでこの二つの接点を明確化する。「物語り」の説明は最終段落にある。この傍線部エの内容は第一段落にも書かれており、本文の要旨といえる。本文が繰り返し述べている、過去は知覚できないので「実在」を確証するためには「探究」の手続きが必要だという内容を解答に入れる。

解答ポイント　①歴史的出来事は知覚できない。②歴史的出来事の実在を確証するには探究の手続きが必要。③探究の手続きは物語り行為をもとにしている。

注意点　「本文全体の論旨を踏まえた上で」という設問条件はヒントであり、この部分だけでなく本文の論旨を述べた部分をも参照せよという意味である。こういった場合は第一段落を見直すとよいケースが多い。

解答例　「歴史的出来事の存在」は過去のもので、直接見ることも聞くことも触ることもできないので、「物語り行為」をもとにした「探究」の手続きである文書史料や絵画資料、発掘物の調査といった作業によって、はじめてその「実在」が確定されるものであるから。（一一八字）

㈤　【漢字】

解　答

a	b	c
蓋	隣接	呼称

二〇一八年度　文科　第四問

出典　串田孫一『緑の色鉛筆』〈動物との対話〉

㈠　パターンⅢ＋Ⅰ　【具体的説明型】＋【圧縮型】

傍線部アの理由を説明する問題ではあるが、「お膳立てのでき過ぎた与え方」とは具体的に何を指して言っているのか、「逆の効果」とはどういうことかを説明すれば、すなわち理由説明につながる。前者については、直前の二つの段落に書かれている。後者に関しては、二つ後の段落に書かれている。それらの内容をコンパクトにまとめる。

解答ポイント　①親が教育的効果を期待して動物の本を与える。②子供が動物の生活に出会い、対話する機会を邪魔する危険がある。

注意点　「効果が薄れ」の「効果」とは直前の段落から考えると「教育的効果」だと思われる。そういう説明はできれば入れたいが、字数的に無理なので、その具体的な効果を書くことを優先したい。

解答例　親が先回りして感動的な内容の動物の本を与えると、子供が自ら動物の生活に出会い何かを感得する機会を奪いかねないから。

㈡　パターンⅡ　【具体一般化型】

「人間性の匂い豊かな舞台で演じられた芝居のように」という直喩を説明する問題。この箇所が「人間性の匂い豊かな舞台」とそこで「演じられた芝居」という二段階の比喩になっていることに注意。まずは何がそのように「書かれている」のか、その主語を押さえる。「それを題材にして大人が創った物語」である。「それ」は「動物と子供との間」の「特殊な対話」である。それが「人間性の匂い豊かな舞台」ということになるためには、動物も人間としてとらえられていなければならない。次にそこで「演じられた芝居」について考える。大人がそこに期待するものは二段落後に書かれている「動物愛護の精神」や「生命の尊重」であることから、子供と動物が互いに「愛護」し合い、「生命の尊重」をし合う「芝居」となる。

解答ポイント

①大人が創った物語では、②人間の価値観を投影した動物が描かれる。③そこでは動物愛護の精神、生命の尊重が期待される。

注意点

「愛護」は人間から動物へという関係には用いるが、逆の関係では用いないので言い換える。〔解答例〕では「慈しみ」とした。

解答例

大人が描く動物の物語は動物を人間のようにとらえ、子供と動物が慈しみ合い、互いの命を大切にするという筋書きになるということ。

㈢　パターンⅣ【理由補填型】

理由としては「少年は単に蚕を飼育してみたかっただけだから」で済みそうなものだが、解答欄が二行あるので、さらに理由を補填する。傍線部の「人」は「大人」であり、直後の文の「黙って見護っていた親」と対比される存在であり、ここまで再三書かれていた「大人」である。彼らは「動物と子供」との関係にあっては「最初から何が何でも動物愛護の精神を期待したり、生命の尊重を悟らせようと」考えている。そういう偏見や先入観を抱いている存在である。そのことにも言及する。

解答ポイント

①少年は蚕を飼育してみようと思い立っただけだから。②そこに動物愛護の精神を見

るのは見当違いだから。

注意点 本当に少ない字数でよいときには、解答欄が一行というケースもある。

解答例

少年は単に蚕を飼育してみたかっただけで、蚕の生命を尊重し守るために自分の血を与えたと見てとるのは大人の偏見だから。

㈣ パターンⅦ 【要旨要約型】

「対話」には、次のような要素がある。①（傍線部エ直後）「動物との大切な対話は沈黙のうちに行われている」。②（同）「名前をつけてその名をよび、餌を与えたり叱ったりしている時」は動物との対話ではない。③（第七段落）「子供はある機会に、動物の生活の一部分に出会う」。④（第八段落）「残酷な行為」を「残酷な行為だと親に教えられるよりも、自分からそれを感得する」。（第十段落）子供のようなファーブルは、「昆虫の気持ちを知ろうとして」「残酷とも見えることをしていた」。（第十三段落）小動物の多くが「犠牲になる」。⑤（第十一段落）「最初から何が何でも動物愛護の精神を期待したり、生命の尊重を悟らせようとしてもそれは無理である」とあるので、「最初」は無理だが最後には「動物愛護の精神」や「生命の尊重を悟」ることがあるということになる。

①は「対話」といっても会話や話しかけではなく沈黙のうちに行われることを意味する。②は子供が小動物を玩具と区別し、擬人化して扱わないということ。④は、知ろうという意図から小動物に対して残酷な行為をすることがあることを意味している。しかし子供は、③そういう機会を通して、⑤生命の大切さなどを学んでいく。これらは要するに本文の要旨に近い内容といえるだろう。

解答ポイント 沈黙・残酷・教えられるのではなく、自分から感得するものであることを明確に述べる。

注意点

字数的にどうしても無理ならばカットするしかないが、「子供は」という主語はきちんと入れておきたい。

解答例

子供は、小動物と黙って接し、彼らの生活を知ろうと残酷な行為もしながら、命あるものとの接し方を感得していくということ。

第一問

二〇一七年度　文理共通

出典　伊藤徹『芸術家たちの精神史――日本近代化を巡る哲学』〈第六章「神々の永遠の争い」を生きる　一　神々の永遠の争い〉

㈠　パターンⅧ　【置換型】

「科学技術の展開」が「人間」を「牽引」するという、無生物主語の文章を一般的な文章に言い換える問題である。冒頭文を用いて言い換えればよい。「有無をいわせず」や「どこまでも」といった語句に関しては自分の言葉で置き換えるしかない。「不気味なところ」が意味する不気味さの内容は「有無をいわせず」や「どこまでも」といった点にあるので、この言葉の言い換えを改めて解答に組み入れる必要はない。

解答ポイント　①科学技術が人間の営みであることの説明＝「与えられた困難を人間の力で解決しようとして営まれるテクノロジー」。人間が科学技術を生み出したことが書かれていればよい。②「科学技術の展開」の説明＝「問題を自ら作り出し、それをまた新たな技術の開発によって解決しようとするというかたちで自己展開」。この部分をコンパクトにまとめる。③「有無をいわせず」「牽引していく」の言い換え。解答例ではこの二つを合わせて「強いられている」という言葉で表現した。④「どこまでも」の言い換え。解答例では「終わりの見えない」という言葉で表現した。

注意点　「与えられた困難を人間の力で解決しようとして」という要素も解答に入れた方がよりわかりやすくはなるが、現実問題としてはかなり無理がある。実践的に考えると、カットするところは大胆にカットしたい。

解答例　人間が生み出した科学技術が新たな問題を作り出し、それを新たな科学技術で解決する、という終わりの見えない循環を人間は強いられているということ。

㈡　パターンⅢ＋Ⅴ　【具体的説明型】＋【指示語問題】

直前の「それ」という指示語が指しているものを明らかにする。言うまでもなく「テクノロジー」である。「ニュートラルなものに留まりえない理由」は『すべきこと』から離れているところ」にある。ここの部分をわかりやすく説明する。また「ニュートラルなものに留まりえない」の意味を具体的に説明する。

解答ポイント　①指示語「それ」の指示対象＝「テクノロジー」。「科学技術」も可。②「ニュートラルなものに留まりえない」の意味＝人間に倫理的判断を迫るようになったということ。③「ニュートラルなものに留まりえない理由」＝「『すべきこと』から離れているところ」＝本来すべきでないことまで可能性を広げたため。

注意点　「テクノロジー」ｖｓ「人間」という構図が透けて見えているので、わかりきっていることかもしれないが「人間の倫理的判断」というように「人間」という言葉を入れたい。

解答例　テクノロジーが本来すべきでないことにまで実行の可能性を広げたため、人間に倫理的判断を迫るようになったということ。

㈢　パターンⅤ＋Ⅳ　【指示語問題】＋【理由補填型】

直接の理由は、直前の「そういう意味で」が指している部分、すなわち「いかなる論理をもってきても、それを基礎づけるものが欠けていること」である。ここの「それ」が指しているのは「判断」である。「基礎づけるものが欠けている」をもっと明確にするために、次段落の「倫理的基準なるものを支えているとされる概念……虚構性をもっている」で言い換える。加えて、傍線部のさらなる理由（この場合は証拠と言った方が正しいかもしれないが）である次段落の「その判断が、時と場合によって、いかに動揺し変化するかは、誰しもが経験すること」を補填する。

解答ポイント ①実践的判断の基になる倫理的基準を支えている概念は虚構性を含んでいるという内容。②実践的判断が時と場合によって変化するという内容。「恣意的」であるというように、自分の言葉で書いてもよい。

注意点 内容説明問題ではないので、「実践的判断」そのものを言い換える必要はない。

解答例

実践的判断の基になる倫理的基準を支えている概念は虚構性を含んでいるため、判断も時と場合によって変化するものでしかないから。

㈣ パターンⅤ＋Ⅳ 【指示語問題】＋【理由補塡型】

直前の「そういう意味」が指している内容が、解答の軸となる。言うまでもなく指しているのは直前の文の「不可能であるがゆえに……強いるようになった」である。設問には「本文全体の論旨を踏まえた上で」とあるが、闇雲に要旨をまとめるのではなく、直前の文以外から、なぜそうなったのかその理由と考えられるものを探し、補塡するという形でこの設問条件に応えたい。理由として挙げられるのが、テクノロジーの自己展開するが判断はしないという特性である。ここまでおさえたら、後は「根本のところから変えてしまう」という内容をいかに明確にできるかである。解答例では、冒頭に「人間は虚構を支えとして判断し生きていくものだが」という、人間の生き方の根本の説明を入れることで明確化した。

解答ポイント　①「そういう意味」が指している内容＝「不可能であるがゆえに……強いるようになった」。②テクノロジーの自己展開するが判断はしないという特性。

注意点　「根本のところから変えてしまう」という内容を入れ忘れないこと。

解答例

人間は虚構を支えとして判断し生きていくものだが、不可能ゆえに判断の必要がなかった事態を自己展開するが判断はしないテクノロジーが人為の範囲に落とし込み、人間はこれに呼応するために産出した新たな虚構を支えとして生きねばならなくなったということ。（一二〇字）

㈤【漢字】

解　答

a	b	c
耐性	救済	余儀

二〇一七年度　文科　第四問

出典　幸田文「藤」（『木』所収）

㈠　パターンⅧ【置換型】

「世話」の具体的な内容を説明させる問題。具体的な内容は本文中にあるので置き換えればよい。「花の木実の木と、子供の好くように配慮して、関心をもたせるようにした」と「木の葉のあてっこをさせた」の二つである。その意図である「もう少しよけいに自然と親しむように」も解答には入れておきたい。

解答ポイント　①主語である「親」の明確化。この場合は「父」。②「もう少しよけいに自然と親しむように」という意図。③「花の木実の木と、子供の好くように配慮して、関心をもたせるようにした」という具体的説明。④「木の葉のあてっこをさせた」という具体的説明。

注意点　並列させる場合は「……たり……たり」というように並列内容のそれぞれに「たり」を付けるようにする。後の「たり」を省略しないこと。

解答例

子供たちがより自然に親しむように、父は子供たち自身のものとしてそれぞれに木を与えたり、葉から木の種類のあてっこをさせたりしたということ。

㈡　パターンⅧ【置換型】

「嫉妬の淋しさ」の具体的な内容を説明させる問題。具体的な内容は本文中にあるので置き換えればよい。「嫉妬」の具体的内容は「出来のいい姉……父と連立ち」に対する「ねたましさ」であり、「淋しさ」の具体的内容はそういう「嫉妬」の気持ちを抱きながら「妹はいつも置去り……一人でついていく」というところにある。

解答ポイント

①「嫉妬」の説明＝出来のいい姉だけが父と連立ち、和気あいあいと教えを受けていることに対する妬ましい気持ち。姉が「出来がいい」こと、「うまれつき聡い」ことといった内容が必須。父が姉を特に可愛がっていたという内容＝「姉はいつも父と連立ち」や、姉だけに「次々にもっと教えようとした」という内容も必要。②妬ましい気持ちを抱えてうしろから一人でついていく淋しさ。

注意点

傍線部は「嫉妬の淋しさ」となっており、「嫉妬」と「淋しさ」は並列ではないことに注意。

解答例

出来のいい姉が楽しげに父と連立って教えを受けていることに対する妬ましい気持ちを抱えて、うしろから一人でついていく淋しさがあったということ。

㈢　パターンⅡ＋Ⅴ＋Ⅳ　**【具体一般化型】＋【指示語問題】＋【理由補塡型】**

直接の理由は「こういう指示」が指す内容に含まれている。「こういう指示」が指す直前の段落の内容をまとめる必要がある。具体的な内容を一般化しないといけない。「指示」は父の「指示」である。〈自然の神秘〉や〈自然の奥深さ〉や〈自然の不思議さ〉などといった言葉で一般化するとよい。「教材は目の前にたくさんある」は必須。傍線部に続く部分に「おもしろかった」理由が述べられているので、それも解答に含める。

解答ポイント

①父の「指示」であること。②「教材は目の前にたくさんある」という内容。〈実地教育〉などという形でまとめてもよい。③自然の奥深さに触れるものであること。④

「ぴたっと身に貼りつく感動である。興奮である」に対応する言葉。⑤「鬼ごっこや縄とびのおもしろさとは、全くちがうたちのもの」という内容。

注意点

「ぴたっと身に貼りつく感動」は比喩表現であるので、解答にそのまま使うのは避けた方がよい。

解答例

父の指導は目の前にある花や木を教材に自然の奥深さに触れるものであり、単なる遊びにはない実感を伴う感動や興奮を覚えたから。

(四) パターンV【指示語問題】

「あの状態」の指示内容をまとめる問題。結果的に傍線部を除く最終段落の内容をまとめることになる。設問の「どう思ったのか」にあたるのは、傍線部の直前の「ぼんやりというか、うっとりというか」と後の「ああも魅入られたようになった」である。当然、「魅入られた」対象については言及しなければならない。「陽と花と虻と水だけだった」とあるので、これらがその対象とわかる。傍線部には「飽和」とあるので、それ以上なにもそこに付加されることはないことも述べる必要がある。「父と並んで無言で佇んでいた」「ただ藤の花を見ていただけなのに」という状況説明は、「父」との関係がこの文章の主調音であることと、題名が「藤」であることから必要。

解答ポイント

①「父と並んで無言で佇んでいた」という状況説明。②「ただ藤の花を見ていただけなのに」という状況説明。③「ぼんやりというか、うっとりというか」や「ああも魅入られたようになった」という、「どう思ったのか」にあたる内容。④思いの対象＝「陽と花と虻と水だけだった」。⑤「飽和」状態＝含みもつことの最大限度に達していること、という内容。

注意点

「ぼんやりというか、うっとりというか」を用いても絶対に駄目だというわけではないが、「ぼんやり」だけや「うっとり」だけを使うのは危険。この二つが合わさってここでの思いを表しているからである。こういう場合はいっそのこと「陶酔」といった自分の言葉で置き換えて書く方がよい。

解答例

父と並び無言で藤の花を見ていたときは、陽と花と虻と水より外は意識されず、これ以上ないほど陶酔して満ち足りていたと思った。

第一問

二〇一六年度　文理共通

出典　内田樹「反知性主義者たちの肖像」（内田樹編『日本の反知性主義』所収）

㈠　パターンⅠ＋Ⅴ　【圧縮型】＋【指示語問題】

「そのような身体反応」が指しているのは直前の文。この部分をコンパクトにまとめる。「さしあたり」とあるので、その最終的な形、すなわち続く三文に述べられている「知の自己刷新」についても言及する。加えて、何に対しての「身体反応」なのかについても述べる。

解答ポイント　①「そのような身体反応」の説明。「得心がいった」などをそのまま用いるのも可。②自らの知的な枠組みを作り替える、もしくは「知の自己刷新」。③「身体反応」の対象＝他人の意見。

注意点　「さしあたり」といった副詞を読み落とさないように。副詞の持つニュアンスをきちんと解答に反映させる。

解答例

他人の意見に耳を傾け、理屈ではなく自分が心底納得できれば、とりあえず受け容れて自らの知的な枠組みを作り替えられる人。

㈡　パターンⅣ＋Ⅴ＋Ⅷ　【理由補填型】＋【指示語問題】＋【置換型】

「この人」が指しているのは「反知性主義者」である。「あらゆることについて正解をすでに知っている」、その理由を補填する。最後に「すでに」という副詞の持つニュアンスを説明する。〝他者に語る前から〟という意味合いを「すでに」は持っている。

解答ポイント　①指示語「この人」の説明＝「反知性主義者」。②「あらゆることについて正解をすでに知っている」の言い換え。「真理（性）」という言葉を軸にしてまとめる。③理由＝「一つのトピックについて、手持ちの合切袋から、自説を基礎づけるデータやエビデンスや統計数値をいくらでも取り出すことができる」。

注意点　「この人」が「反知性主義者」であることは自明なので、落としてしまう人がいる。また、解答例の最後に加えてある「他者の判断に耳を貸さない」は傍線部中の「すでに」を踏まえたものだが、こういった副詞のニュアンスを解答に組み入れることを忘れないようにしたい。

解答例

反知性主義者は自説を基礎づける知識には事欠かないため、自分の下した判断は真理であると思い、他者の判断に耳を貸さないということ。

㈢　パターンⅤ＋Ⅷ　**【指示語問題】＋【置換型】**

「あなた」という指示語が意味しているのは、直前の「あなたが何を考えようと……関与しない」と言われた人である。次に「『生きている理由がない』と言われているに等しい」の言い換えを探す。傍線部以降の「知性」の説明にある「集団」との関係に着目。

解答ポイント　①指示語「あなた」の説明＝何をどう判断しようと理非の判定に関与しないと言われた人。②「『生きている理由がない』と言われているに等しい」の言い換え＝「『集合的叡智』に寄与しないこと」といった内容を書く。

注意点　「言われているに等しい」の箇所も必ず言い換えること。また、自分の言葉で言い換えなければならないという気持ちが強すぎて、そもそも本文中の言い換えを探さない、などということのないようにしたい。

解答例　自分の判断が不要だと言われることは、自分がその集団の叡智に寄与しない、不必要な人間であると宣告されているに近いということ。

㈣　パターンⅢ＋Ⅴ【具体的説明型】＋【指示語問題】

「その力動的プロセス」の指示対象は直前の文である。「活気づけ」を具体的に説明する。最終段落の「その人がいるせいで周囲から……しなくなる」の逆を考えればよいが、「彼の属する集団全体の知的パフォーマンスが……高まった」で置き換えても具体的な説明にならない。「駆動させる」という言葉が傍線部に入っている理由は、逆の場合を考えればわかる。逆の場合では「勤労意欲が低下」したり「誰も創意工夫の提案をしなくな」ったりするのでプロセスが「駆動」しなくなってしまう。

解答ポイント　①指示語「その力動的プロセス」の説明＝「情報を採り入れ……合意形成を行う」。②「活気づけ」の具体的説明。次段落にかなり具体的に書かれているが、そこを用いると冗長すぎる。最終段落の内容から逆算するのがよい。③「駆動させる」の具体的説明。プロセスを滞りなく進展させていくことを述べればよい。

注意点　「その力動的プロセス」を「彼の属する集団全体の知的パフォーマンスが……高まった」で置き換えて、説明した気持ちにならないこと。この二つはどちらも具体的なので、内容を説明してほしいという出題者の要求を満たしたことにならない。

解答例　情報収集から合意形成までの過程で、属する集団のやる気や新たな発想を呼び覚まし、その過程を生き生きと滞りなく進展させていく力。

㈤　パターンⅤ＋Ⅶ【指示語問題】＋【要旨要約型】

「この基準」が指しているのは直前の文。設問に「本文全体の趣旨を踏まえた上で」とあるので、指示内容をまとめるだけでは正解にならない。「本文全体の趣旨」をひと言で言うなら真の「知性」と「反知性」との対比である。指示語部分は「反知性」の説明であるから、真の「知性」との対比が明確になるような形でまとめる。真の「知性」のポイントは「自己刷新」できるところと「集団として発動する」ところにある。それに対して「反知性」のポイントは、自分の理非の判断だけを正しいと信じ、他者の判断に耳を傾けないどころか集団での知的パフォーマンスを下げてしまうところにある。

解答ポイント　①真の「知性」は自己刷新する。「自己の知的な枠組みを作り替える」などといった表現も可。②真の「知性」は集団として発動する。「集団での知的パフォーマンスを上げる」なども可。③「反知性」は自分の理非の判断だけを正しいと信じている。④「反知性」は他者の判断に耳を傾けない。⑤「反知性」は集団での知的パフォーマンスを下げてしまう。

解答例　知性というものは、他者の理非の判断を受けて自己刷新できないと集団として発動しないもので、個人で自らの判断だけを正しいと思い、他者の判断を受け入れず、その集団の知的パフォーマンスを下げてしまう人は「反知性的」と鑑定して間違いがないということ。（一二〇字）

注意点　「人物鑑定を過ったことはない」の言い換えも解答に入れること。

㈥　【漢字】

解答　a　陳腐　b　怠惰　c　頻繁

第四問

二〇一六年度　文科

出典　堀江敏幸「青空の中和のあとで」（日本文藝家協会編『ベスト・エッセイ2015』所収）

㈠　パターンⅣ　【理由補塡型】

損をした気になる直接のきっかけは、直前の文にあるように予報を耳にすることである。それがなぜ「ひどく損をした気」にさせるのか、その理由を補塡する問題である。補塡する理由としてまず思いつくのは「予報は、ときに、こちらの行動を縛り、息苦しくする」であるが、これは傍線部の言い換えに近く、補塡する理由としては不適当である。第二段落の「不意打ちのように示してくれる午後の天候の崩れに、ある種の救いを求めている」に着目。予報があると「不意打ち」ではなくなることをおさえる。さらに、「天候の崩れ」がなぜ「救い」と感じられるのか、その理由を補塡する。急激な「天候の崩れ」が非日常であり、ふだんは日常を生きているからである。

解答ポイント　①予報が「不意打ち」という要素を奪ってしまうこと。②急激な天候の崩れが「救い」あるいは「恩寵」であること。③非日常と単調な日常との対比。

注意点　「不意打ち」の代わりに「突然」を用いても構わないが、単に解答に組み入れるだけでは駄目で、そこに焦点を当てるように解答をまとめていくことが必要である。

解答例

単調な日常の中で非日常の天候の崩れを救いと受けとるのに必要な、不意打ちのように急激に訪れるという要素を予報は奪ってしまうから。

㈡　パターンⅦ　【要旨要約型】

一見、内容説明問題に見えるが、実際は第七段落から第九段落の要旨をまとめる問題。「不思議」さは二つある。一つは遠くから見る限りでは青だが、すくおうとしたり近くに寄りすぎたりすると青でなくなる点。あと一つは穏やかに見えるその背後に激しい力や重い現実を抱えている点である。

解答ポイント　①主語の明示＝海の青と空の青。②遠くから見る限りでは青だが、すくおうとしたり近くに寄りすぎたりすると青でなくなる点。青でなくなることについては「幻」という言葉で説明しても構わない。③一見穏やかに見えるその背後に激しい力や重い現実を抱えている点。

注意点　一見、一般的な「青」という色そのものについての問題に見える。そうならば、解答に「青は」という主語を入れなくても構わない。しかし、「不思議」といえるのは海の青と空の青だけなので、解答にはその二つの青に限定した話だということを明示すべきである。

解答例

海の青も空の青も、遠くからは青に見えるが実際は手の届かない幻であり、激しい力を秘めつつ穏やかさを見せているところ。

(三)　パターンⅤ　【指示語問題】

「そういう裏面」が指しているのは同段落冒頭から直前までの四文。それをコンパクトにまとめる。表面の単調で穏やかな日常とその裏側に渦巻く暴発的なエネルギーに焦点を当ててまとめていく。

解答ポイント　①単調な日常にはときに暴発的なエネルギーが必要。②その暴発は自分の心の中で静かに処分される。③処分されるからこそ単調で穏やかな日常が表面上続いていく。

注意点　「内壁」の部分を詳しく説明すると字数が足りなくなる。

解答例

単調な日常には暴発的なエネルギーも必要だが、その暴発が自分の心の中で静かに処分されることで単調な日常が保たれているということ。

㈣ パターンⅢ＋Ⅳ 【具体的説明型】＋【理由補塡型】

「青の明滅に日常の破れ目を待つ」と「自負」と「願望」の内容を具体的に説明する問題。加えて、その理由を説明する。原因と呼んだ方がこの場合は適切かもしれないが、赤い風船の登場がそれである。では、なぜ赤い風船が登場すると「あっさり消し去られ」るのか、その理由も補塡する。それは赤い風船の持つ非日常性の強烈さであると考えられる。

解答ポイント

①「青の明滅に日常の破れ目を待つ」の説明。本文中の言葉を用いて言い換えられる。②「自負」の説明＝「自分に誇りを感じていた」など。自分の言葉で言い換えるしかない。③「願望」の説明＝「期待」など。自分の言葉で言い換えるしかない。④「あっさり消し去られた」の説明。自分の言葉で言い換えるしかない。⑤直接の原因である「赤い風船」についての言及。⑥なぜ赤い風船が登場すると「あっさり消し去られ」るのか、その理由について述べる。

注意点

「あっさり」という副詞についての説明も、できる限り解答に入れる。

解答例

青空の急変に非日常と心の小さな変貌を期待する自分に誇りを感じていたが、赤い風船の強烈な非日常性が青空を瞬時に日常に引き戻したということ。

二〇一五年度　文理共通　第一問

出典　池上哲司『傍らにあること――老いと介護の倫理学』〈第二章　自分ということ　6　自分への還帰〉

㈠　パターンⅠ＋Ⅴ　【圧縮型】＋【指示語問題】

「このような見方」が指しているのは「身体的にも……あるからではないのか」である。それが「誤っている」と言える理由は、第一段落の最後の三文「過去の……自分はない」に書かれている。こういった内容をうまく圧縮してまとめる。過去の自分と現在の自分との「統合」について述べた第二・三段落も参考にする。

解答ポイント

①指示内容＝「不変の自分を前提としている」ことと、「過去と現在の二つの自分がある」としていること。②理由＝「あるのは過去の自分が統合され現在生成する自分だけ」という内容。キーワードは「統合」と「生成」。

注意点

「このような見方」の内容から書きはじめると、なかなかコンパクトにはまとめられない。順番を変えてみることも必要。

解答例

あるのは過去の自分が統合され現在生成する自分だけなのに、不変の自分を前提とし過去と現在の二つの自分があるとしているから。

㈡　パターンⅠ＋Ⅴ　【圧縮型】＋【指示語問題】

「この運動」が指しているのは直前の文の「この生成の運動」である。「この生成の運動」とは自分の生成の運動である。そして、この自分の生成の運動の際、「自分らしさというものも現れる」。自分の生成の運動が「制御」できない理由は、二文前「他者からの応答によってその姿勢が新たに組み直されることが、自分の生成である」に書かれている。自分の生成の運動に付帯して現れる「自分らしさ」も傍線部の次文において「自らがそうと判断すべき事柄ではないし、そうあろうと意図して実現できるものでもない」と述べられている。この盛り沢山の内容をうまく圧縮してまとめる。

解答ポイント

①自分の生成の運動において、他者からの応答によってその姿勢が新たに組み直されること。②自分らしさは、自らがそうと判断すべき事柄ではないし、そうあろうと意図して実現できるものでもないこと。

注意点

自分の生成の運動と自分らしさとの関係を明示すること。

解答例

他者からの応答によって自分は生成し、それに付帯する自分らしさも他者に判断されるべきもので自分の意図通りにはならないから。

㈢ パターンⅡ＋Ⅴ **【具体一般化型】＋【指示語問題】**

まず、「その認められた自分らしさ」が指示する内容をおさえる。直前の文に示されている。次に、比喩的な表現である「足跡」を極力比喩でない一般的な表現に改める。直前に「すでに生成する自分ではなく」とあるので、「生成する自分」との対比から、「足跡」にはその場限りの一時的なものという含意があることがわかり、そのことを解答に入れる。「生成する自分の残した足跡」の「生成する自分」の要素を理由として組み込む。

解答ポイント

①「その認められた自分らしさ」が指示する内容＝一つの具体的行為からそのとき他人に認められた自分らしさ。②「足跡」の説明＝その場限りの一時的なもの。③その場

限りの一時的なものにしかならない理由としての「生成する自分」という要素。

注意点

解答例では「自分らしさは不断に生成してゆくので」としたが、「自分らしさは生成の運動なので」でも可。前者の方が内容が明確になるのでよいことはよいのだが、後者でも点数は変わらないだろう。すぐに前者のような言葉が思い浮かぶ人はそう書けばよいが、時間をかけて前者のような表現をひねり出すには及ばない。

解答例

自分らしさは不断に生成してゆくので、一つの具体的行為からそのとき他人に認められた自分らしさも、そのとき限りのものだということ。

㈣　パターンⅡ【具体－一般化型】

「残された足跡」という比喩的な表現を比喩でない一般的な表現に改める。「残された」とある以上、死んだ人の「足跡」ということになる。「足跡」はそのときの「生成」により生じたものである。「その足の運びの運動性」は比喩表現であり、これも比喩でない一般的な表現に改めなければならない。「足跡」に「足の運び」を見るためには、「足跡」がつけられたときの「生成」の実際の様子に戻る必要がある。第三段落「つまり、自分の出会った……自分の生成である」に着目する。そして、それらを「運動性」としてとらえるには、一つ一つの足跡をそれだけで理解するのではなく、一連の生きた活動として感じ取っていく必要があり、それを表す言葉を入れなければならない。

解答ポイント

①「残された足跡」の説明＝死んだ人のその折々の姿勢。②「その足の運びの運動性」の説明＝様々な経験を引き受け意味づけたその折々の姿勢が、一連の生きた活動として感じられること。③「足跡を辿る人間」の説明＝知ろうとする人。

注意点

その折々の足跡がとらえられるだけでなく、次にどう踏み出していったかそのプロセスまでも「感得される」と傍線部は言っているので、そのニュアンスをどう解答に組み入れるかが難しい。

解答例

当人の死後も、様々な経験を引き受け意味づけたその折々の姿勢は、知ろうとする人には生きた活動として実感できるということ。

(五)

パターンⅡ＋Ⅴ＋Ⅶ　【具体一般化型】＋【指示語問題】＋【要旨要約型】

まず傍線部をわかりやすく言い換える。その上でそこに至る論に必要なものを「本文全体の論旨」の中からピックアップする。

「この秘められた、可能性の自分」が指示しているのは、直前の二文「そして……秘められている」である。「虚への志向性」の説明は第七段落にある。ここに至る論に必要なものとは、その大前提である「不変の自分なるもの」はない、あるいは「生成しているところにしか自分はない」（第一段落）である。

解答ポイント

①「この秘められた、可能性の自分」の指示内容＝自分が生成をやめてからも他人によってその働きをなされるのが可能である以上、働きの可能性は現在の自分の中に含まれていること。②「虚への志向性」の説明＝他人や自分が抱く自分のイメージを否定して逸脱したものを志向すること。③「本文全体の論旨」＝「不変の自分なるもの」はない、あるいは「生成しているところにしか自分はない」こと。

注意点

設問に「本文全体の論旨を踏まえた上で」とあるが、基本的には傍線部を説明する問題である。前半でグダグダと本文の要旨を書き連ねないように。

解答例

現在の自分は不断に生成し自分が生成をやめてからも他人による生成が可能であることは、働きの可能性が現在の自分の中に含まれることを意味するが、それは生成が他人や自分が抱く自分のイメージを否定して逸脱するという志向性を持つものだからだということ。（一二〇字）

㈥【漢字】

解答

a　獲得

b　高潔

c　依然

二〇一五年度　文科　第四問

出典　藤原新也「ある風来猫の短い生涯について」（佐々木倫子『動物のお医者さん』第6巻〈解説〉白泉社文庫）

㈠　パターンⅡ【具体一般化型】

「なにか悠久の安堵感のようなもの」という比喩的な表現を、一般的な表現に改める問題である。それを行うにはまず筆者が何によって「（心を）打たれる」のか、その対象を考えなければならない。続く二文から明らかなように「親離れ」を見て「打たれ」たのである。その「見事」さは猫の親子双方の決然とした姿にあるが、それと「悠久」さとを結びつけなければならない。「野生の掟や本能」（第二段落）に着目し、そこから変わらぬ自然の摂理につなげていく。

解答ポイント　①対象＝猫の親子の決別の姿。「決然とした猫の親離れ・子離れ」なども可。②それが「野生の掟と本能」に従っていること。③変わらぬ自然の摂理。悠久さを出すためには「変わらぬ」や「太古から続く」などといった言葉が必要。④「安堵感」を示す言葉＝「確かさ」など。

注意点　背後には人間がすでにそういった本能を失ってきているという意識があるが、そこまで解答に含めることは解答欄のスペースから言ってかなり難しい。

解答例

野生の掟と本能に従った猫の親子の決別の姿に、太古から続く自然の摂理に従う生き方の確かさを実感し感動を覚えたということ。

㈡　パターンⅢ＋Ⅳ　【具体的説明型】＋【理由補塡型】

「死ぬべき猫」の「死ぬべき」事情などを具体的に説明する。「生かしてしまった」についてもどのように「生かし」たのか、その理由と合わせて説明する。「生かしてしまった」には、自分が面倒をみたことと、本来生きるべきではない年月を生かしてしまったという二つの意味が込められている。理由は「間接的にその苦しみを私が与えたような気持ちに陥った」（第十二段落）からである。

解答ポイント

①「死ぬべき」事情＝「元来病気持ち」で「野生の掟にしたがってこの猫は短い寿命を与えられている」こと＋「盥の水をずいぶん飲んでいた」こと。②「生かしてしまった」の説明＝自分が面倒をみたこと＋本来生きるべきではない年月を生かしてしまったこと。③「生かしてしまった」理由＝「間接的にその苦しみを私が与えたような気持ちに陥った」こと。

注意点　人の手を加えて本来の自然のあり方を歪めてしまったというように、猫を離れて一般化しすぎないように注意したい。

解答例

病気持ちで短命が自然の定めの猫が苦しんでいるのは自分の責任でもあると思い、面倒をみて人為的に延命させたということ。

㈢　パターンⅡ＋Ⅴ　【具体一般化型】＋【指示語問題】

まずは「それ」と「そういうこと」の指示内容を明らかにすることから考える。「それ」が指しているのは、病猫の面倒をみていることであり、「そういうこと」が指しているのは、ボランティア精神から病猫の面倒をみているということである。「ボランティア精神」は「慈悲心」や「無償の愛」と言い換えても可。次に、「ではない」と傍線部にあるからには、では本当のところどうなのかということを述べる必要がある。病猫の面倒をみたのは「つい同情し」た結果、「気持ち」が「拘束」されたからである。それは、後の段落で「慈悲の気持ちが引き出された」と言い換えられている。最後に「薄々感じはじめていた」の言い換えを入れる。

解答ポイント

①「それ」の指示内容＝病猫の面倒をみていること。②「そういうこと」の指示内容＝ボランティア精神から病猫の面倒をみていること。「慈悲心」や「無償の愛」から病猫の面倒をみていること、も可。③本当のところどうなのかということ＝猫に慈悲の気持ちが引き出されたこと。④「薄々感じはじめていた」の言い換え＝気づきかけていたということ。

注意点

「自分に慈悲心があるからではなく、慈悲の気持ちを引き出されたからである」と本文のまま書くのはよくない。「慈悲の気持ち」を「引き出され」るということは、引き出される慈悲心が元々自分の中にあったことになるので、そのような矛盾する内容に受け取られないようにきちんと文意を汲んだ表現にする必要がある。「薄々感じはじめていた」の言い換えについては、さしたる要素ではないので、字数的に苦しければ思い切ってカットするのも一つの手。

解答例

病猫の面倒をみたのは自分が格別慈悲深いからではなく、誰もが持つ慈悲心を猫に引き出された結果と気づきかけていたということ。

(四) パターンⅢ＋Ⅳ＋Ⅴ 【具体的説明型】＋【理由補填型】＋【指示語問題】

まず「その臭い」の指示内容をおさえる。端的に言えば、死んだ病猫の生前の臭いを指している。次に「不思議」さの内実を具体的に説明する。「誰もが不快だと思う」臭いなのに、「その臭いのことが愛しく思い出される」から不思議なのである。最後に、なぜ「誰もが不快だと思う」臭いなのに、「その臭いのことが愛しく思い出される」のか、その理由を補塡する。理由はその猫が「慈悲の気持ち」を「引き出」してくれたからである。

解答ポイント ①「その臭い」の指示内容＝死んだ病猫の生前の臭い。②「不思議」さの内実＝「誰もが不快だと思う」臭いなのに、「その臭いのことが愛しく思い出される」こと。③その理由＝病猫が「慈悲の気持ち」を「引き出」してくれたこと。

注意点 病猫が「慈悲の気持ち」を「引き出」してくれたことの代わりに、「二者の関係の中にそういった輻輳した契約が結ばれ」ていることを述べてもよいが、その場合はその具体的内容を書く必要がある。単に「輻輳した契約が結ばれ」ていることを述べるだけでは駄目。

解答例

慈悲心を与えてくれた猫の、誰もが不快に思う臭気が、猫が死んだために消えると逆に愛しく思えるのは不思議だということ。

二〇一四年度　文理共通　第一問

出典　藤山直樹『落語の国の精神分析』〈孤独と分裂――落語家の仕事、分析家の仕事〉

㈠　パターンⅠ―②＋Ｖ　【圧縮型】＋【指示語問題】

「この」という指示語は直前の段落を指している。直前の段落の内容を圧縮してまとめる。その際、「こころを凍らせる」点、すなわち失敗すれば人生が脅かされるということを第一にまとめることが必要。

解答ポイント

どこまで具体的に書くかが迷うところ。「観衆」や「患者」という言葉を用いて、かなり具体的にまとめても可。要素は四つ。①主語＝「落語家と分析家」が明示されていること。②「こころを凍らせる」ことの説明、すなわち失敗すれば人生が脅かされるという内容は必須。「脅かす」が漢字問題になっているので、漢字に自信がない場合は言い換える。③「観衆」や「患者」の期待が大きいこと。④誰の助けも借りないで、ひとりで立ち向かわなければならないこと。

注意点

内容説明問題の場合、主語は字数に余裕がなければ省略することもあるが、この場合は指示語問題でもあるので、ある程度具体的に書かねばならず、省略できない。逆に、「文化の内在」の話は次の内容なので、ここに含めてはならない。

解答例

落語家も分析家も、失敗すれば自分の人生を揺るがしかねないほどの他者の大きな期待に、ひとりで向き合い成果を出さねばならないこと。

㈡　パターンⅠ―②＋Ⅲ　【圧縮型】＋【具体的説明型】

傍線部が抽象的な表現になっているので、それを具体的に説明する問題である。具体的な説明は、同段落始めから傍線部直前までの「落語という話芸には……必要である」にあるので、それを圧縮してまとめる。

解答ポイント

①まず「落語家」のことであると明示する必要がある。②次に「たがいに他者性を帯びた何人もの他者たち」の説明が要る。「おたがいがおたがいの意図を知らない複数の他者」という表現を用いて説明すればよい。③さらに「分裂する」の説明として「根多のなかの人物に瞬間瞬間に同一化する」を解答に組み入れる。④最後に「他者たちによって占められ」ていることを言う必要がある。すなわち、落語家自身の「私」が存在しないことを言わなければならない。「話者の視点から語る語り物ではない」ことや「基本的に会話だけで構成されている」ことを述べればよい。

注意点

第五段落の「分裂」の内容はここでは無関係なので、解答に入れないこと。あくまで「さらに異なった次元の分裂」の説明だけをすればよい。

解答例

落語家は根多を話者の視点で語るのではなく、互いの意図を知らない複数の登場人物に瞬間瞬間に同一化し演じ分けるということ。

㈢　パターンⅡ【具体一般化型】

傍線部が具体的なのでそれを一般化して説明するパターンの問題。「錯覚」である以上、本来人間は「ひとまとまりの『私』」ではない。したがって、まずはひとまとまりではないことを説明する必要がある。同段落第三文から傍線部直前までの「人間が本質的に……複数の自己」がその説明になっている。

解答ポイント　①本来は「ひとまとまりの『私』」ではないことの説明。直前の「人間が本質的に……複数の自己」を用いる。②「ひとまとまりの『私』」と「錯覚」していることの説明。「ひとまとまりの『私』」という感覚的な表現を内容が明確化するように言い換えることが必要。

注意点　「人間は」という主語を解答に入れる。

解答例　人間は本来、自律的に作動する複数の自己を内部に持つのだが、自らを統合された一つの人格を持った主体とみなしていること。

㈣　パターンⅣ＋Ⅷ　【理由補填型】＋【置換型】

どのような「分裂」なのか具体的に説明する問題。傍線部の後に説明があり、その部分を用いて置き換える。加えて、その理由も補う。

解答ポイント　①「分裂」を具体的に説明する。この段落の最終文「こうして……分裂する」を用いる。②その理由を補填する。傍線部の直後の文「分析家が……述べた」を用いる。

注意点　あくまでも「仕事」上の「分裂」なので、人間本来にある分裂には触れない。それは㈢ですでに問われている。

解答例　精神分析家は精神分析の際、患者を理解するために患者の自己の複数の部分に同時になってしまうので、その自己が分裂するということ。

㈤　パターンⅦ　【要旨要約型】

結論部分を設問にし、それまでの内容をコンパクトにまとめさせる問題になっている。

解答ポイント　①まず直前の文「分裂から一瞬立ち直って自分を別の視点から見ることができる」に

着目する。この分析家のあり方と落語家との共通点は二つ。(i)分裂していること。(ii)自分を別の視点から見ることができること。②次に理由を考える。理由は傍線部に続く二文。

注意点　患者が抱えている問題点が分裂にあることをきちんと示すこと。

解答例　分裂しながらもひとりの落語家として生きている自らの姿を観客の視点から見る落語家のように、患者の分裂に同化し分裂しつつも自分を別の視点から見られる分析家のあり方が、分裂した自分でもひとりの自律的な存在として生きられる可能性を患者に示すから。（一一九字）

㈥　**【漢字】**

解　答

a　稼	b　慰	c　脅	d　情緒	e　契機

二〇一四年度　文科　第四問

出典　蜂飼耳「馬の歯」（岩波書店『図書』二〇一三年三月号所収）

㈠　パターンⅡ【具体ー般化型】

傍線部は比喩表現であり、それを比喩ではない一般的な表現に改める問題。「ずぶりと差しこまれる」が持つイメージを考える。まず「ずぶり」に衝撃性を、次に「差しこまれる」に深さを想起することは容易。加えて、「差しこまれる」の持つ異質性に言及する。最後に「日常」に「ずぶりと差しこまれる」ことがいかに異質かを際立たせるために、「日常」のあり様の説明を添加する。

解答ポイント　①日常のあり様＝「ずぶりと差しこまれる」ことと対比になるように、「同じことが繰り返される」や「当たり前」といった表現が必要。②「ずぶり」の衝撃性＝「新鮮な話題」などといった表現が必須。③「差しこまれる」が含意する「深さ」＝「深い印象」などといった表現も必須。④「差しこまれる」の持つ異質性を表す言葉＝「イレギュラーに」や「不意に」という表現が必要。

注意点　「初対面の人と向かい合う時間」と「日常」との違いをはっきりさせる。

解答例

同じことが繰り返される日常の中に、初対面の人と話す機会がイレギュラーに訪れ、新鮮な話題が深い印象をもたらすということ。

㈡　パターンⅡ【具体ー般化型】

㈠と同様、傍線部は比喩表現であり、それを比喩ではない一般的な表現に改める。「風が荒々しい手つきでめくれば」は、台風の荒々しい風が新しい何かをもたらすことを言っている。「新たなページが開かれて」は普段の植物園では見られない新しい風景や新しい物事に出会える機会がもたらされるということを意味している。「見知らぬ言葉が落ちている」は未知のものがそこにあるということを述べている。

解答ポイント　①「風が荒々しい手つきでめくれば」の説明。台風の荒々しい風が新しい何かをもたらすことを述べる。②「新たなページが開かれて」の説明。普段の植物園では見られない新しい風景や新しい物事に出会える機会がもたらされることを言う必要がある。③「見知らぬ言葉が落ちている」の説明。「見知らぬ言葉」は、未知のものを意味している。④植物園でのことであることを述べる。

注意点　あまりに一般化・抽象化しすぎて、植物園も風も含まれない解答を出さないこと。そういった抽象的すぎる解答は現在の東大が求めている解答ではない。素直に設問に向き合うことが大切。

解答例

台風の直後の植物園では、強風によってもたらされた、普段の植物園では見られない未知なものに出会うことができるということ。

㈢　パターンⅡ＋Ⅴ　【具体一般化型】＋【指示語問題】

「その一歩」という指示語は前文の「輪郭の曖昧な物事に輪郭を与えようと一歩踏み出す」その一歩を指している。まずはその指示関係をおさえる。次に「輪郭の曖昧な物事に輪郭を与え」るというのが比喩的な表現なので、言い換える必要がある。さらに、「消えていく光だ」は比喩であって、それを比喩ではない一般的な表現に改める。「光」の説明は最終段落にある。それが「消えていく」こともきち

ん と 説明する。

解答ポイント

①「その一歩」が指示している内容＝「輪郭の曖昧な物事に輪郭を与えようと一歩踏み出す」をおさえる。②比喩「光」の言い換え＝問いであって、答えに「近づく」もの。③「消えていく」の言い換え＝「一歩踏み出」しても答えは明確にわからないが、という内容を含める。

注意点

比喩は自分で適当に言い換えず、できるかぎり本文中に根拠を探し出すこと。

解答例

確かな認識や理解を得ようと疑問に思うことで答えが明確にわかるわけではないが、答えに近づく可能性を含んでいるということ。

㈣ パターンⅡ＋Ⅴ　【具体一般化型】＋【指示語問題】

指示語「そんな詩」とは直前の二文「松ぼっくり。馬の歯」を指している。これらは例なので、解答にこれらをこのまま入れるわけにはいかない。これらが表している意味を説明する必要がある。それを「詩」と筆者が呼んでいることに注意する。最後から二つ目の段落を読めば「馬の歯」という言葉がどのように筆者に機能したかがわかる。そこから「詩」の意味を考える。

解答ポイント

①「松ぼっくり。馬の歯」の意味内容＝普通の人が興味を持たないもの。②「詩」の意味＝想像力を掻き立て、問いを呼び起こさせるもの。③筆者が想像力を掻き立てられた理由として、詩を読む人のことを書く＝仕事の相手が、嬉々として語ったこと。

注意点

あまり一般化しすぎると傍線部の内容から乖離してしまうので、要注意。

解答例

普通の人が興味を持たないものについて嬉々として語り、こちらの想像力を掻き立て、問いを呼び起こさせる人がいるということ。

二〇一三年度　文理共通　第一問

出典　湯浅博雄「ランボーの詩の翻訳について」（岩波書店『文学』二〇一二年七・八月号所収）

㈠　パターンⅧ【置換型】

傍線部は第一段落の最終文と同一内容。第一段落最終文の「だから」が受けている、さらにその直前の部分が解答箇所。「態度を取ってはならない」のは誰なのか、主語に当たるものも解答に入れる。

解答ポイント　ポイントは三つ。①主語＝「詩人―作家のテクストを翻訳する者」。解答例には「翻訳としては」という形で入れてある。②文学作品の意味内容・概念と表現形態の面が一体化して存在していること。③表現形態の面を無視してしまっては、翻訳としては不十分なものになること。

解答例

文学作品の意味内容・概念と一体化して存在している表現形態の面を無視してしまっては、翻訳としては不十分なものになるから。

㈡　パターンⅡ＋Ⅳ【具体一般化型】＋【理由補塡型】

設問の形式としては内容説明問題だが、実質はなぜ「翻訳者による日本語作品」といえるのか、その理由を補塡する問題となっている。「少し極端に言えば」とあるので、傍線部は直前の段落の内容を「少し極端に言」ったものであり、直前の段落が解答箇所。

解答ポイント　ポイントは二つ。①翻訳者が抜き出し、読み取った中身・内容を伝えるだけの翻訳であること。②原文の表現形態による伝達内容を無視していること。

注意点 「はるかに」とあり、比較して述べている部分だけに、その比較対象を解答に含めたいのだが、解答スペースから無理なので、カットする。無理にさまざまな要素を入れようとして、不自然な日本語にならないようにしたい。

解答例

原文の表現形態による伝達内容を無視しており、翻訳者が抜き出し、読み取った中身・内容を伝えるだけの創作になっていること。

㈢ パターンⅢ＋Ⅳ 【具体的説明型】＋【理由補填型】

「対話させる」という比喩を説明する。「こうして」に着目し、前段落からその内容が書かれているところを探す。「原語と母語」に関して、前段落では「原語と母語との関わり方を徹底的に考えていく」と書かれている。これを具体的に述べたのが、「フランス語に……調和させようと努める」という箇所。これが「対話」の説明。さらに、なぜ対話させないといけないのか、その理由を二段落前から補填する。

解答ポイント ポイントは二つ。①「対話」の説明＝諸々で食い違う、原語と母語の志向する仕方を和合・調和させようと努めること。②理由＝原文の特有な独特さを気づかうため。

解答例

原文の特有な独特さを尊重して翻訳するために、諸々で食い違う、原語と母語の志向する仕方を和合・調和させようと努めること。

㈣ パターンⅣ 【理由補填型】

「翻訳という対話」と「新しい言葉づかい、新しい文体や書き方」をつなぐものを探す問題。「対話」が、なぜ「新しい言葉づかい、新しい文体や書き方」につながるかというと、それは「対話」が諸々で食い違う、原語と母語の志向する仕方を和合・調和させようとして「自国語（自らの母語）の枠組みや規範を破り、変えるところまで進」むからである。

解答ポイント　ポイントは二つ。①諸々で食い違う、原語と母語の志向する仕方を和合・調和させる。②自国語（自らの母語）の枠組みや規範を破り、変える。

注意点　「翻訳」という語と「新しい言葉づかい、新しい文体や書き方」に該当する語句を必ず解答に入れること。

解答例　翻訳では原語と母語の食い違う志向の仕方を和合させるために母語の枠組みや規範を破り、新たな表現を作り出す可能性があるから。

㈤　パターンⅡ＋Ⅶ　【具体一般化型】＋【要旨要約型】

「本文全体の趣旨」とは最終段落に至る、本文の流れを指している。筆者はまず原文の内容と表現形態が一体化していることを述べる。次に、表現形態の面の翻訳に試行錯誤することは、母語の枠組みを解体し、新たな表現を生み出しうると述べている。

これらの内容を受けて、「もっと大きなパースペクティブ」で見たのが最終段落。傍線部で筆者は、翻訳が言語だけでなく、言語がその背景に抱えている文化・慣習なども含めて、媒介・横断していく行為だと述べている。

解答ポイント　ポイントは四つ。①原文の内容と表現形態が一体化していること。②新たな表現を生み出しうること。③言語が文化・慣習を背景に抱えていること。④媒介・横断の説明＝異邦と自国の文化・慣習の差異をもよく理解し、相互に認め合うこと。

注意点　一文で書かず、二文以上で書いてもよいが、最後は「から・ので」で終わること。

解答例

翻訳では、一体化している原文の内容と表現形態の両方を母語に翻訳するために新たな表現を生み出しうるが、言語は文化・慣習を背景に抱えているため、その営みは異邦と自国の文化・慣習の差異をもよく理解し、相互に認め合うものでなければならないから。（一一八字）

㈥【漢字】

解答

a	b	c	d	e
首尾	逐語	摩擦	促	示唆

二〇一三年度　文科　第四問

出典　前田英樹『深さ、記号』〈写真はどのような知覚か――オノデラユキ作品集に寄せて〉

(一)　パターンⅡ＋Ⅴ　【具体一般化型】＋【指示語問題】

「その努力」の指しているものをおさえ、その後の比喩を説明する。

解答ポイント　ポイントは二つ。①「その努力」の指示対象＝人の知覚は網膜に映っていない部分まで見ようとしていること。②「いろいろな記憶や一般観念がいつもしきりと援助を送ってくれる」の説明＝さまざまな過去の経験や常識によって補っていること。

解答例

人の知覚は網膜に映っていない部分まで、さまざまな過去の経験や常識によって補ってたえずイメージ化して捉えているということ。

(二)　パターンⅡ【具体一般化型】

直前の「家は……その奥行きを、〈意味〉を顕わしてくる」と直後の「流体」の説明から考える。「流体」の説明の中にある「行動可能性」は経験からしか感じ取れない。

解答ポイント　ポイントは三つ。①（家が）奥行きを持つこと。②さまざまな生活を営める場所としての意味。③経験。

注意点　「身体」で感受するものなので、「理解」といった語は用いてはならない。

解答例

奥行きを持ち、さまざまな生活を営める場所としての意味が、自分の身体が実際に家で過ごした経験を通して瞬時に感受されること。

㈢　パターンⅡ＋Ⅴ　【具体一般化型】＋【指示語問題】

「私たちの日常の視覚は、そこに……そこにはある」が解答箇所。「そこ」という指示語も説明する。

解答ポイント　ポイントは三つ。①「そこ」という指示語の説明＝刻々と変化する世界。②生活の要求。③対象に向かって働きかけるのに必要な分だけの静止。

解答例　刻々と変化する世界に対して、日常生活の便宜上、身体が働きかけるのに必要な分だけ静止していると見なして知覚していること。

㈣　パターンⅧ【置換型】

最終段落の「持続し、限りなく……事実にしてしまう」から、「恐ろし」さに結びつくものを探してまとめる。

解答ポイント　ポイントは二つ。①変化のニュアンスそれ自体を引きずり出し、一点に凝結させ、見させる。②生活上の意識がそれを闇に葬る。

解答例　写真は、人の知覚が無意識に抑圧した、世界の限りない変化のニュアンスという無意味なものを一点に凝結させて見させるから。

二〇一二年度　文理共通　第一問

出典　河野哲也『意識は実在しない――心・知覚・自由』〈序論　環境と心の問題〉

㈠　パターンⅢ【具体的説明型】

「本文の趣旨」の意味するところは、近代科学の自然観の「第三の特徴」である「物心二元論」が、第一・第二の特徴を踏まえていること。「物心二元論」の説明は第七～九段落にある。

解答ポイント　ポイントは三つ。①「物」の方の説明＝精神性はなく原子と法則に還元できる自然の客観世界。②「心」の方の説明＝心・脳が生み出した人間の主観の知覚世界。③「二元論」の説明＝二つのものが全く異質であるとする考えのこと。

注意点　第一・第二の特徴も解答に必ず含める。

解答例　精神性はなく原子と法則に還元できる自然の客観世界と、心・脳が生み出した人間の主観の知覚世界は全く異質のものとみなす考え。

㈡　パターンⅡ＋Ⅴ【具体一般化型】＋【指示語問題】

「いわば」とあり、傍線部は直前の文を比喩的に語っているだけ。直前の文が解答箇所。直前の文の「そこでは」という指示語もおさえること。設問の形式としては理由説明問題であるが、実質は比喩の説明問題。

解答ポイント　ポイントは二つ。①二元論的な認識論に立つという前提（＝「そこでは」の指示対象）。
②自然の意味や価値は人間という主体によって与えられたもの（＝前文の内容）。

注意点　「人間」という語を入れ忘れないように。また、実質は比喩の説明問題なのだが、「なぜ」と問われているので、文末を忘れずに「から・ので」にすること。

解答例　二元論的な認識論に立つと、自然の意味や価値は人間という主体によって与えられたものなので、自然賛美は人間賛美に等しいから。

㈢　パターンⅡ【具体一般化型】

「かみ砕」くと「栄養として摂取する」の二つの比喩を説明する。設問の形式としては理由説明問題であるが、実質は比喩の説明問題。加えて、主語をおさえる。

解答ポイント　ポイントは三つ。①主語＝近代科学。②「かみ砕」くの説明＝自然から場所と歴史の特殊性を奪い、微粒子に還元したこと。③「栄養として摂取」の説明＝人間に必要な材料として、他の場所でも利用できるようにして取り込んだこと。

注意点　「かみ砕」くの説明においては、単に微粒子に還元したことだけではなく、自然から場所と歴史の特殊性を奪ったことまでをいう必要がある。

解答例　近代科学は自然から場所と歴史の特殊性を奪い、微粒子に還元し、人間に必要な材料として他の場所でも利用できるようにしたから。

㈣　パターンⅢ【具体的説明型】

「従来の原子論的な個人概念」とそこから生じる「政治的・社会的問題」の二つを具体的に説明する。前者の説明は第十三・十四段落。後者の説明は第十五段落。前者については、「従来」とはいつなのかを明らかにすること。

解答ポイント　ポイントは三つ。①「従来」＝近代。解答例には「近代社会」という形で主語として入れた。②「原子論的な個人概念」の説明＝個人を規則や法に従って働く存在にし、個性を失わせたこと。③「政治的・社会的問題」の説明＝標準的でない人々を排除し個別のニーズを無視したこと。

解答例

近代社会は個人を規則や法に従って働く存在にして個性を失わせ、標準的でない人々を排除し個別のニーズを無視したということ。

㈤　パターンⅡ＋Ⅳ＋Ⅴ　**【具体一般化型】＋【理由補填型】＋【指示語問題】**

「本文全体の論旨を踏まえ」とは、「そのような考え方」が指している「近代の二元論的自然観」との関連を明確にせよということである。「人間も動物も住めなくな」るのは、「生態系」というシステムで人間を含めた生物が全体論的に関わっているためである。だから、いずれかの生物が住めなくなると同時に他の生物も住めなくなることになる。この「生態系」という語をキーワードとして「本文全体の論旨」と傍線部を関連づける。

解答ポイント

ポイントは二つ。①「そのような考え方」が指している近代の二元論的自然観の説明＝自然を微粒子と自然法則の観点のみで捉え、生態系が存続するに必要な個性、歴史性、場所性を無視して自然を徹底的に利用してきたこと。②傍線部の説明＝「生態系」というシステムで生物同士が密接に関わっているため、いずれかが住めなくなると同時に他の生物も住めなくなること。

解答例　近代の二元論的自然観は、自然を微粒子と自然法則の観点のみで捉え、生態系が存続するに必要な個性、歴史性、場所性を無視して自然を徹底的に利用してきたために、生物が住める自然でなくなり、生物と共に生態系を構成する人間も住めなくなったということ。（一一九字）

㈥【漢字】

解答　a 枯渇　b 効率　c 秩序　d 浸透　e 交換

二〇一二年度　文科　第四問

出典　河野裕子『たったこれだけの家族』〈ひとり遊び〉

㈠　パターンⅣ【理由補塡型】

直前の「熱中。胸を衝かれた」に着目。「胸を衝かれ」ると、なぜ「黙って障子を閉める」のか、その間を埋めることが必要。

解答ポイント　ポイントは三つ。①大人は見過ごしがちな、子供が熱中する姿。②筆者が胸を衝かれる。③邪魔してはいけない（そのまま熱中させておきたい）と思った。

注意点　直後の「夕飯は遅らせていい」を解答に入れてもいいが、「夕飯を今食べさせることよりもハサミに熱中することの方が大切だと思ったから」などと入れたとしても熱中することの大切さを添加するに過ぎず、解答スペースを消費した割に加点されない。

解答例

子供が夢中になって遊ぶ姿を見て、大人は見過ごしがちなこの懸命な様子に胸を衝かれ、邪魔をしてはいけないと思ったから。

㈡　パターンⅡ【具体一般化型】

直後の文の「人間と自然に関わる……感受の仕方」が「世界」の説明になっている。「出逢い」といえるのは「鮮烈な傷のような痛みを伴った印象」があるからである。その「出逢い」のためには対象に没入しなければならない。

解答ポイント　ポイントは四つ。①自分の周囲以外。②人間と自然に関わる諸々の事物事象との、なまみの身体まるごとの感受の仕方。③対象への没入。④鮮烈に意識する。

注意点
「それまで自分の周囲のみが仄かに明るいとだけしか感じられなかった」をあまり詳しく説明しすぎると、大事なことを説明できなくなる。

解答例

子供が自分の周囲以外の未知の人間と自然に関わる事物事象に没入し、身体全体で感受することで初めて鮮烈に外界を意識すること。

(三) パターンⅡ【具体―一般化型】
続く段落が、その説明になっている。

解答ポイント
ポイントは五つ。①広い菜の花畑であること(「菜の花畑なのはなのはな」の説明)。②かくれんぼで鬼になった子がいる。③ひとりで隠れている子がいる。④待つことにすら熱中できた。⑤ゆっくりゆっくり動いてゆく時間。

解答例

広い菜の花畑で、鬼になった子も隠れ続けている子も何時間もひっそりとかくれんぼに熱中し、時間がゆっくりと流れている情景。

(四) パターンⅡ【具体―一般化型】
最終段落がその説明になっている。特に最後の二文が重要。

解答ポイント
ポイントは二つ。①子供の頃から大人になった今までずっと。②ひとり遊びの本領＝一見役に立たないもの、無駄なもの、何でもないものの中に価値を見つけ出しそれに熱中する。

解答例

子供の頃から何でもないものに価値を見出して熱中してきたが、大人になった今もそうした生き方を実践しているということ。

二〇一一年度 文理共通 第一問

出典 桑子敏雄『風景のなかの環境哲学』〈I 風景の向こうに見えるもの 第2章 河川空間と霞堤の思想 2 川とは流れるもの〉

(一) パターンⅧ【置換型】

「身体的移動」とは何か、「風景体験」とは具体的に何を指しているのかを説明する問題だが、自分の言葉でというよりも本文中の言葉で置き換える問題である。

解答ポイント ①「身体的移動」が、きちんと説明されていること。「移動」について説明するためには、移動する場所・移動手段・移動する主体の三つを説明する必要がある。②「風景体験」に関しては、河川の空間が豊かであるがゆえにそこでの経験も豊かであること、そして身体の経験であることをおさえる。

注意点 「流れる水と水のさまざまな様態の体験」がすなわち「流れる水の知覚」の経験であり、それと「身体的移動のなかでの風景体験」とは「と同時に」で並列されているので、「流れる水の知覚」の経験の方は解答に含めない。

解答例

河川に沿う道を歩きながら、ひとは身体で川と川の背景になっている都市の風景の多様性を経験として感じ取るということ。

(二) パターンⅧ＋Ⅱ【置換型】＋【具体一般化型】

「身体空間」と「概念空間」について説明するのだが、この二つが対比関係にあることを念頭においいて説明しなくてはならない。

解答ポイント

①「身体空間」が、きちんと説明されていること。「身体空間」は本文中では「河川」の空間であり、「体験の多様性の可能性」をもたらす豊かな空間である。直前の文の「自然のもの」というのも、「人工のもの」との対比から必須。②「概念空間」の説明に関しては、「『水辺に下りる』『水辺を歩く』というコンセプトを実現する空間にすぎない」という表現が置き換えられる説明になっているので、ここの「『水辺に下りる』『水辺を歩く』」という具体的な表現を一般化し、置き換える。「人工的」という語も必須。また「身体空間」の豊かさに対して、「概念空間」が貧しいことも述べなくてはならない。

注意点

「本来」に該当する言葉を入れておく。そのまま「本来」を用いてもかまわない。また、傍線部が「事態」という形で終わっているので、解答も「事態」や「状況」という言葉で終わりたくなるが、基本的には「どういうことか」という設問形式に合わせて、「こと」で終わる。

解答例

本来人間の経験を豊かにする自然空間であった河川が、特定のコンセプトを実現するだけの人工的な貧しい空間になっていること。

㈢　パターンⅧ＋Ⅴ　**【置換型】＋【指示語問題】**

まず「それ」という指示語の内容をおさえる。次に「庭園」と「それ」の指示内容＝「河川の空間」との「類似」点を本文中から探してまとめる問題である。設問の形式は理由を問う形になっているが、なぜ「類似している」といえるのかというと、それは「類似している」から「類似している」としかいえないので、つまるところ類似点を説明させる問題である。

解答ポイント　①指示語「それ」の指示対象が「河川の空間」であることをおさえる。②「類似」点が、竣工が空間が育つ起点となることであることを述べる。③竣工を起点としてどのように育つのかを説明する。その際、人間の力と自然の力と長い時間によって育つことを言わなくてはならない。

注意点　「庭園」という言葉を落としがちになるので注意。

解答例

河川の空間も庭園と同じく竣工は起点であり、竣工後に行われる人々の生活と活動と自然の力により時間をかけて育っていくから。

(四)　パターンⅣ＋Ⅲ　【理由補填型】＋【具体的説明型】

「履歴」の意味するものをわかりやすく言い換え、加えて時間が経過すればなぜ履歴が積み上がるのか、その理由を補填していく問題である。「履歴」に関しては「個性的な経験を積み、固有の履歴を積み上げる」に着目。

解答ポイント　①「履歴」の言い換えをきちんとする。②理由として「多くの人びととの経験の蓄積」と「自然の営み」によることを述べる。

注意点　「時間の経過とともに」は傍線部のままでよいから解答に含める。

解答例

河川の空間は時間の経過とともに多くの人々の経験の蓄積を含みさらに自然の営みを含むことで、豊かで個性的な空間となること。

(五)　パターンⅡ＋Ⅶ　【具体ー般化型】＋【要旨要約型】

まず要素として「自己と世界が出会う場」と「自己と他者が出会う場」の二つに分けて考える。比喩的な表現であるので一般化する。「出会う場」という言葉にこめられた意味も解答に拾い上げる必要がある。次に、設問に「本文全体の論旨を踏まえた上で」とあるので、傍線部以外の説明も必要となる。では、何を書けばいいのか。本文は河川の風景をめぐってこれまでの考え方、すなわち既知の固定化された概念によってコントロールするやり方を批判し、風景はどうあるべきかを語っている文章である。それが本文の大枠であることから筆者が批判している考え方を書く。

解答ポイント

①風景が「自己と世界が出会う場」であることの説明が必要である。風景の中に人がその身体を置くことで多様な経験がなされることを述べる。それが「蓄積」されることをも述べなくてはならない。②風景が「自己と他者が出会う場」であることをきちんと説明する。風景の「共有」について語るだけではなく、「創造性」へとつながることまで踏み込みたい。③既知の固定化された概念によってコントロールするという従来のやり方の批判であることを述べる。

注意点

このような要旨要約型の問題で、「……ではなく」という形でまとめるときは、「……」の部分は筆者が現在の問題として強く意識しているものに限る。むやみに「……ではなく」という表現を用いてはならない。

解答例

風景とは、既知の固定化された概念によって管理されるべきものではなく、個々人が自己の身体をその中に置くことで、多様な空間経験を積み蓄積させ、同じ風景を共有することで他の人々とも触れあい、新たな体験と発想が生まれる創造的な場であるということ。（一一九字）

(六)　【漢字】

解　答

a	b	c	d
跳	断片	抑圧	阻害

二〇一一年度　文科　第四問

出典　今福龍太「風聞の身体」（岩波書店『図書』二〇一〇年六月号所収）

㈠　パターンⅣ＋Ⅷ【理由補塡型】＋【置換型】

「奇妙な違和感」を説明する問題だが、その「奇妙な違和感」をもたらしたものが何か、そしてそれがなぜ「奇妙な違和感」をもたらすのか、その二点について説明しなければならない。「違和感」そのものの説明は「不思議な齟齬感」ということばで置換できる。

解答ポイント　①「奇妙な違和感」の説明が必要。②それをもたらしたものがエカシが語る「無鉄砲」という語であることは必須。単に「無鉄砲」という語を出すだけでは駄目で、エカシが語る「無鉄砲」という語であるということが言われていなければならない。③それが「奇妙な違和感」をもたらす理由が説明されなければならない。「字義通り」でないということが述べられていればよい。

解答例

エカシが語る「無鉄砲」ということばに、字義通りでは理解できないゆえの不思議な齟齬を感じたということ。

㈡　パターンⅢ【具体的説明型】

「異物性」を具体的に説明する問題である。「異物性」を説明するにはそれを異物とするベースとなるものを明示しなければならない。それは鉄砲を介しないときの本来の人間と熊の関係性である。

解答ポイント　①「異物性」を説明する。「鉄砲」が象徴しているのは「一方的な搾取関係」である。

②鉄砲を介しないときの本来の人間と熊の関係性を述べる。それは、エカシの「無鉄砲」ということばに表されるような、人間が生身の身体を通して熊の野生に深く近づくという関係性である。

注意点　「決定的な」というイメージを解答にこめること。

解答例

> 人間が生身の身体を通して熊の野生に深く近づくという本来の関係性が「鉄砲」を持つことで破壊され、一方的な搾取関係になること。

㈢　パターンⅡ＋Ⅴ　**【具体一般化型】＋【指示語問題】**

「その」が指示するものをおさえ、その上で「封鎖」の意味を一般的に説明する。

解答ポイント　①「その」の指示対象をおさえる。指示対象は「無鉄砲」という日本語表現。②「封鎖」の説明をきちんとする。意味の固定化と他の意味を考えることが認められていないことを述べる。③何によって「封鎖」されてきたのかを書く。『坊ちゃん』の冒頭によってである。

注意点　その意味を「封鎖」されてきたのがいつまでかを書くことを忘れない。

解答例

> 「無鉄砲」という語は『坊ちゃん』の冒頭により意味が固定化され、他の意味を付与することすら今日まで思いもつかなかったこと。

㈣　パターンⅧ＋Ⅱ　**【置換型】＋【具体一般化型】**

「象徴的な交感と互酬的な関係性」を別の表現で置き換える。また「地平」という比喩を一般的な表現に改める。「地平」とは〝遠くまで続く大地の広がり〟を言う。時間的な広がりと平面的な広がりの両方にふれたい。

解答ポイント

①「象徴的な交感と互酬的な関係性」の置換ができていること。②「地平」という比喩を一般的な表現に改められていること。

解答例

神の化身である熊から贈与を受け、人間が感謝と返礼を行うという関係がアイヌの世界では連綿と続いてきたこと。

二〇一〇年度　文理共通　第一問

出典　阪本俊生『ポスト・プライバシー』〈第4章　内面からデータへ――生産の拠点の問題〉

(一)　パターンⅣ＋Ⅲ　【理由補填型】＋【具体的説明型】

「プライバシー」には、①個人の私生活、②個人の秘密、③個人の私生活が他人から干渉・侵害を受けない権利、という三つの意味がある。この場合は内面の秘密が守られるべきだという考えを指している。内面に関しては本文に詳しい説明があり、突っ込んだ説明をする必要がある。またなぜ守られなければならないのかという説明も必要。

解答ポイント

①個人の本質はその内面にある。②内面とは、さらに詳しく言えば内面の人格的な質のことである。③内面が社会的重要性をもって社会的自己と結びつけられる。④守られなければならない。秘密にされなければならないなども可。

注意点

設問は「どういうこと」という問い方になっているが、「プライバシー」の説明で「……ということ。」と終わるのはさすがに難しいかもしれない。「……考え。」あるいは「……秘密。」などといった終わり方でも可である。

解答例

内面の人格的な質こそが個人の本質であり、社会的重要性をもって社会的自己と結びつけられるがゆえに守られるべきだということ。

(二)　パターンⅢ　【具体的説明型】

要するに「イデオロギー」の問題であることと、そういったイデオロギーのもとではそれが「道徳」

であることを言えばよい。その上で「自己の統一性というイデオロギー」というものがどういうものかを具体的に説明する。

解答ポイント　①自己の統一性というイデオロギー。②自己の統一性というイデオロギーの内容説明、すなわち個人は社会向けの自己を維持しなければならないということを述べる。③道徳であること。

注意点　「道徳」という語をどのように解答に含めるかが難しい。

解答例　自己の統一性という近代のイデオロギーのもと、個人には社会向けの自己を維持しなければならないという道徳的責任が生じるから。

㈢　パターンⅠ—①【圧縮型】

傍線部に続く部分の内容をいかにうまく圧縮するかにかかっている。ただ、続く部分が「たとえば」で始まっているので、具体例と思い、他の箇所を探そうとすると落とし穴にはまる。

解答ポイント　①手っ取り早いものをもとめる。②客観的な個人データで十分という意識になる。

注意点　傍線部内にある「情報化が進むと」というのが大前提なので、そこから解答をスタートする。

解答例　情報化が進むと、客観的な個人にまつわる履歴のデータでその人を手っ取り早く知ることができるから。

㈣　パターンⅤ＋Ⅷ　【指示語問題】＋【置換型】

まず「ボガードのこの印象的な言葉」が何を指しているのかをおさえ、それを要約する。次に「プライバシーの拠点の移行」について、どこからどこへ「移行」するのかを説明する。本文中にある言葉で置き換えればよい。加えて、なぜ「移行」したのか、その理由にまで言及する。

解答ポイント　①「ボガードのこの印象的な言葉」が指示する内容、すなわち「魅惑的な秘密の空間としてのプライヴァシーは、かつてはあったとしても、もはや存在しない」の要約。②内面から個人情報へと移行したことの説明。③移行の理由である情報化の流れについて述べる。

注意点　「ボガード」の言葉であることを解答に含めたいが、字数的に無理。

解答例

秘密の空間としてのプライバシーの否定はプライバシーの対象が内面から個人情報へと変換された情報化の流れに合致していること。

㈤　パターンⅣ＋Ⅷ　**【理由補填型】＋【置換型】**

設問の理解に苦しむかもしれない。出題者は親切心からさまざまな設問条件をあげている。要するに「今日の社会における個人のあり方」を、出題者は「データ・ダブル」だと言っている。その意味まで説明してあって、「個人の外部に『データが生み出す分身（ダブル）』」と言い換えてくれている。これをさらに詳しく説明すればよい。加えてそうなった理由を補填する。

解答ポイント　①根本の原因である情報化が進んだことの説明。②個人を知るのに必ずしもその人の内面を見る必要はなくなり、個人にまつわる履歴のデータさえわかれば十分という考え方になったこと。③プライバシーが個人情報へと変換されてしまったこと。④「データ・ダブル」の言い換え。

注意点　変に勘ぐらず設問を素直に読まないと、設問が要求していないことばかりを書いてしまうおそれがある。

解答例

情報化が進み、個人を知るのに必ずしもその人の内面を見る必要はなくなり、個人にまつわる履歴のデータさえわかれば十分という考え方になったため、プライバシーは個人情報へと変換され、個人を分析するデータとしてネットワークの中に存在することになった。(一二〇字)

㈥【漢字】

解答

a 防壁

b 維持

c 攻撃

d 皮膚

e 保護

二〇一〇年度　文科　第四問

出典　小野十三郎「想像力」（思潮社『詩論＋続詩論＋想像力』所収）

㈠　パターンⅣ【理由補塡型】

直前の「もし詩人が……終始していたならば」というのが直接的な理由だが、なぜ「もし詩人が……終始していたならば」傍線部のようになるのか、さらにその理由を補塡する形の問題になっている。次文からその理由をさがす。

解答ポイント　①「もし詩人が……終始していたならば」の内容。②想像力が働いていない。③実感を普遍的なものにできない。

注意点　①の内容をいかにシンプルにまとめるかが勝負だが、シンプルにしすぎて必要事項を落とさないようにする。

解答例

詩人が自らの生活体験で得た感動を言葉にするだけならば、想像力が働いておらず実感を普遍的なものにできないから。

㈡　パターンⅠ【圧縮型】

直前の「告白」の内容が嘘であることを説明すればよい。そのためには傍線部の直後「それによって……見えないからだ」の部分を圧縮する。

解答ポイント　①現代詩が理解できないという告白。②作品の質を習慣的に選別している。③想像力によって作品を受け入れるかどうか決めている。④その想像力に対する自信を喪失していない。

注意点　嘘をつく主体は人なので、「告白」が嘘という形ではなく、そういう「告白」をする人＝読者が嘘をついているという形でまとめる。

解答例

現代詩が理解できないと言う人は、実際は作品の質を習慣的に選別し、揺るぎない想像力によって作品を取捨しているから。

㈢　パターンⅠ＋Ⅲ【圧縮型】＋【具体的説明型】

「力学」を具体的にわかりやすく説明する問題である。直前の「イメージとイメージが……この関係」をうまく圧縮しなければならない。

解答ポイント　①イメージ同士がぶつかる。②目標から背馳する力が作用する。③作者の想像力に究極において一定の方向と思想性をあたえる。

注意点　「屈折して進行してゆく」という言葉も入れたいが、字数的にきびしい。ぶつかりあえば普通「屈折して進行してゆく」ことになるので、思い切って「屈折して進行してゆく」はカットする。圧縮を意識する余り日本語として何を言っているのかわからなくなることは避けたい。

解答例

詩の想像力は、イメージ同士がぶつかる中で目標から背馳する力が作用しながら、究極において一定の方向と思想性を持つということ。

㈣　パターンⅦ【要旨要約型】

なぜ「破壊できない」のかと問うているが、それは破壊したら困る事態が生じるからである。破壊したらどのような困る事態が生じるのかを説明する問題である。「限定されているものであるために……計量することができる」から、想像力の実体が正確に計量できなくなるというのが、その困る事態である。しかし、それを指摘するだけでは駄目で、表現としての普遍性につながらなくなることまで言及する必要がある。それは本文の冒頭で述べられていることであり、その意味ではこの問題は本文の要旨を聞いているといえる。

解答ポイント　①読者にはその想像力の実体が正確に理解できないものとなる。②表現としての普遍性を持たなくなる。

注意点　「計量」という語は比喩的なので、使ってはいけないとまではいえないが、できれば言い換える。

解答例

経験の質的な核を破壊された想像力は、読者にその実体が正確に理解できないものとなり、表現としての普遍性がなくなるから。

二〇〇九年度　文理共通　第一問

出典　原研哉『白』〈第四章　白へ〉

(一)　パターンⅢ＋Ⅳ【具体的説明型】＋【理由補填型】

「『定着』あるいは『完成』という状態」を具体的に説明する。加えて、そのときの「人間の心理」も具体的に説明する。なぜそのような心理状態になるのかも説明する必要がある。

解答ポイント　①「定着」の「状態」の具体的説明。「不可逆」がキーワード。②「『完成』という状態」の具体的説明。③それを前にした「人間の心理」の具体的説明。④そのような心理状態になる理由の説明。

注意点　「定着」と「完成」は「あるいは」という接続詞で結ばれており、どちらか一方の説明があれば十分なようにも思えるが、単に「作品を完成させる」という説明だけでは、「定着」のイメージが出ない。「白」というのが本文全体のキーワードなので、「定着」の説明の際にもきちんと「白」という語を入れておきたい。また「人間の心理」の説明も要求されているので、解答には「人間」という語を必ず入れたい。

解答例

白い紙に記し作品を完成させようとする際には、不可逆ゆえに人間は高い完成度を目指し逡巡するということ。

(二)　パターンⅢ【具体的説明型】

最大のポイントは「白という感受性」を具体的に説明することである。「白い紙に……いざなう」（第一段落）をコンパクトにまとめればよい。

解答ポイント　①「白という感受性」の具体的説明。②「達成を意識した完成度や洗練を求める気持ち」の言い換え。③「〜の背景に〜が潜んでいる」という関係性のきちんとした説明。

注意点　「感受性」の説明になるように配慮することが大切。理屈ではなく感覚的に白を汚したくないのだという書き方にしたい。

解答例

不可逆な白を未成熟なもので汚すまいという畏敬が、記す前に完成度を高めたいという意識を生むということ。

㈢　パターンⅢ＋Ⅴ　**【具体的説明型】＋【指示語問題】**

「紙を中心としたひとつの文化」を具体的に説明することが最大のポイント。「紙を中心としたひとつの文化」の説明は第八段落にある。ネットというメディアとの対比を念頭において考える。「推敲という意識をいざなう推進力のようなもの」は直前の「この」が指している部分から考える。一種の指示語問題である。

解答ポイント　①「推敲という意識をいざなう推進力のようなもの」の内容説明。②「紙を中心としたひとつの文化」の具体的説明。

注意点　「紙を中心としたひとつの文化」の説明として「高い完成度を目指す文化」といった説明だけでは不十分。高い完成度を目指した結果、具体的にどのような文化になったのかを説明しなくてはならない。また「紙に対する美意識が中心の文化」といった説明も、同じ理由から不十分。

解答例

白い紙に消せない過失を累積し続ける呵責の念が、推敲を促し決然と明確な表現を発する文化を作ってきたこと。

(四) パターンⅢ＋Ⅳ【具体的説明型】＋【理由補填型】

「文体を持たない」とは特定の文章スタイルを持たないという意味である。また「ニュートラルな言葉」というのは「文体を持たない」ということの言い換えともとれなくはないが、「ニュートラル」という言葉が持つ政治的思想的な中立性を解答に含めるべきであろう。加えて、なぜそのような文章になったのか、その理由も補う。「知の平均値を示し続ける」についても、具体的に説明する。

解答ポイント

①「文体を持たない」の具体的説明。②「ニュートラルな言葉」の具体的説明。③なぜそのような文章になったのか、その理由の説明。④「知の平均値を示し続ける」の具体的説明。

注意点

「知の平均値」は、あくまでも「平均値」であり、真に正しい知ではなく、その時々の変化する現実に限りなく接近しているものにすぎない。

解答例

インターネット上では無数の人が加筆訂正するので、個性や思想の偏りのない文章で、その時々の一般的な考えが示されるということ。

(五) パターンⅡ＋Ⅶ【具体一般化型】＋【要旨要約型】

「白」の意味を一般化して説明することが、同時に「本文全体の論旨」をまとめることになる。「白」というのは「白」に対するわれわれの美意識を象徴している。「矢を一本だけ持って的に向かう集中」と「白」との共通点がわかるように解答をまとめる必要がある。

両者の共通点は、①後戻りできない状況、②切実な集中、③仕上げ、である。「白」を説明しながらこれらの共通点を浮かび上がらせること。

解答ポイント　「白」の、①＝不可逆性、②＝推敲（未成熟なものを発露させてはならない）、③＝清書・仕上げ・完結した情報・決然と明確な表現を屹立させる。「矢を一本だけ持って的に向かう集中」の、①＝二の矢をあてにしない、②＝切実な集中、③＝的を射抜く。

注意点　「矢を一本だけ持って的に向かう集中」と「白」との共通点が、きちんとわかるように表現していかねばならない。

解答例　二の矢をあてにせず、ただ一本の矢への切実な集中を研ぎすます思想は、白い紙に記されたものの不可逆性ゆえに、未成熟なものを発露させまいと推敲を重ね、決然と明確な表現を屹立させて完結した情報に仕上げる美意識と同じものの発現であること。（一一四字）

㈥【漢字】

解答

a	b	c	d	e
吟味	器量	真偽	回避	成就

二〇〇九年度　文科　第四問

出典　馬場あき子「山羊小母たちの時間」（日本経済新聞社『日曜日の随想　2007』所収）

㈠　パターンⅡ＋Ⅲ　【具体一般化型】＋【具体的説明型】

「一風景が、……構造自体の中に残っている」とは、具体的にどういうことを意味するのかを説明する問題。「段差」とは玄関から奥になるにつれて高くなっていくことを意味している。そして、そのどこに坐るのかがそのまま身分や立場を表している。「農業が盛んだった頃の一風景」は、第三段落から傍線部の直前までに詳しく描かれている。この内容を一般化して説明する必要がある。要するに、人々が身分や立場に従って、それにふさわしい場所で休んだり働いていたりしていた光景のことを言っているのである。

解答ポイント　①「段差のある家の構造」が、きちんと説明されていること。すなわち、奥になるにつれて高くなっていっているということに言及していなければならない。②「農業が盛んだった頃」という言葉が必要。この言葉は本文そのままだが、変に言い換えると違った内容になってしまう。③「一風景」の具体的説明。第三段落から傍線部の直前までをうまく一般化する。

注意点　「農業が盛んだった頃」に対応する言葉はなんらかの形で必要。

解答例

奥に行くと高くなる農家の構造を見ると、農業が盛んだった頃に、それぞれの立場に従って働いていた人々の姿を彷彿とさせるということ。

㈡　パターンⅡ【具体一般化型】

「温《ぬく》とい思い出の影がその辺いっぱいに漂っているようなもの」というのは一種の比喩である。それをわかりやすく文脈に即して説明する問題。「思い出の影」とは「祖霊」を指している。それが「温とい」のはなぜかまで説明する。「かえって」を比較の対象を含めてきちんと説明することはかなり難しい。比較の対象になっているのは息子たちとの生活である。筆者から見れば息子たちと生活する方が「さびしくない」と考えられるし、何よりも「たくさんの祖霊」たちと暮らすことは「どこか怖い」ように思えるが、山羊小母にとってはそうではない。山羊小母にとっては、祖霊は「守っていて下さる」だけだし、看取った沢山の人たちとの思い出はなつかしいだけである。

解答ポイント　①「思い出の影」の説明。②「温とい」の説明。③「かえって」の比較の対象を指摘。④「安らかなのである」の言い換え。

注意点　「かえって」のような副詞を見落としがちになるので注意したい。主語（山羊小母）は、解答欄に余裕があれば入れたい。

解答例

息子たちと暮らすより、多くの祖霊と交感しながら思い出に浸り一人で暮らす方が、心穏やかであるということ。

㈢　パターンⅡ＋Ⅴ【具体一般化型】＋【指示語問題】

「こんな村の時間」が指す内容をまとめる。村と都市が対比され、村が祖先の命を受け継ぎ、都市では個人の一生だけしか生きないという違いをおさえる。「都市の一隅に一人一人がもつ一生という小さな時間を抱いて終った」は一種の比喩なので、比喩でない表現に直す。

解答ポイント　①「こんな村の時間」が指す内容。「代々語り継がれる物語の時間」といった説明でも可。②「都市の一隅に一人一人がもつ一生という小さな時間を抱いて終った」の説明。

注意点

「こぼれ落ちて」のニュアンスを解答に含めることは解答欄の大きさからいって難しいが、時代の流れに押されて気がついたら「こぼれ落ちて」いたという感じなので、積極的に村から出て行ったというような捉え方をされるような表現ではまずい。

解答例

祖先の命を受け継いで生きてゆく共同体の時間から離れ、都市で自分の生の時間を生きただけで終ったということ。

㈣ パターンI―②【圧縮型】

本文が最も言いたいことはこの傍線部分である。すなわち「山羊小母たちの時間」がもう簡単には触れられない「伝説的時間」になってしまったことへの感慨である。そうなった理由は本文の随所にそれとなく書かれている。それらを拾い出してきて圧縮する問題。

解答ポイント

①「都市化」あるいは「近代化」。②農村から都市への人口流出。③農村に残っている者も都市的な時間の中で生きている。

注意点

「近代化」や「都市化」といった言葉は本文では用いられていないが、山羊小母の息子たちや筆者の父が都会に流出したことがヒントになる。また、山羊小母の長男は都会に出てはいないが、すでに「村の時間」を生きてはいない。

解答例

都会に人が流出し、農村に残る多くの者も都市化の影響でえたいのしれない時間に追いまわされているから。

二〇〇八年度　文理共通　第一問

出典　宇野邦一『反歴史論』〈第3章　歴史のカタストロフ　1　歴史を引き裂く時間〉

㈠　パターンⅡ＋Ⅴ【具体―一般化型】＋【指示語問題】

最大のポイントは「この巨大な領域」が指す内容＝「書かれたこと……ような領域」をいかにコンパクトにまとめるかということ。「支えられ」と「養われ」を比喩でない表現にきちんと言い換えることも必要である。さらになぜ傍線部のように言えるのか、その理由を補塡したいところだが、解答スペースからは無理がある。

解答ポイント　①「この巨大な領域」が指す内容＝「書かれたこと……ような領域」をまとめる。②「支えられ」の言い換え。③「養われ」の言い換え。

注意点　「養われ」の言い換えを忘れないこと。

解答例

歴史学は事実かどうか画定できないあいまいで膨大な領域を前提として成立し、発展しているということ。

㈡　パターンⅡ【具体―一般化型】

「勝ちをおさめてきた」という具体的な表現をどう一般化して言い換えるかがポイント。まず「ある国、ある社会の代表的な価値観によって中心化され」との対応をおさえる。次に「勝ち」である以上、何と戦ったのか、その対象を解答に含める。

解答ポイント　①「ある国、ある社会の代表的な価値観によって中心化され」との対応をおさえる。

解答例

②戦った対象である他の「多くの記憶（言葉やイメージ）」について言及する。

歴史とは、国や社会において、多くの記憶のひろがりの中から代表的な価値観によって中心化され、自己像を構成する言説や表象であるということ。

(三) パターンⅧ【置換型】

形式は理由説明問題だが、実質は「ひろがりと深さ」が何を指しているのかを答えさせる問題。

解答ポイント

①人間の歴史、つまり人間の記憶の「ひろがりと深さ」のなさを説明する。②「ひろがりと深さ」の意味するものを答える。

注意点

解答例では本文のまま「遺伝子」を用いているが、「物質」との兼ね合いから「生命」と一般化しても今回はよいだろう。しかし、この段落においても記憶装置のことを述べているのだから、一般化せずに「遺伝子」の方が適切である。

解答例

歴史は局限され等質化された人間の記憶にすぎないが、記憶自体は物質や遺伝子などにも存在するから。

(四) パターンⅠ—①【圧縮型】

この段落全体が傍線部の説明になっている。いかにうまく圧縮できるかが問われている。

解答ポイント

①歴史＝記憶の集積として言語・制度・慣習などのすべてを形成している。②個人と集団との関係。③歴史が個人の生を決定すること。

解答例

歴史は、記憶の集積として社会のすべてを形成し、その結果さまざまな形で個人の生を決定するということ。

㈤　パターンⅡ＋Ⅴ　【具体一般化型】＋【指示語問題】

まず「それら」という指示語をおさえなければならない。直前の「無数の他者の行為、力、声、思考、夢想の痕跡」を指している。次に「喜び」・「苦しみ」・「重さ」の内容をそれぞれ一般化して説明していく。最後の「重さ」が最も難しい。

解答ポイント　①「それら」の指示内容。②「喜び」、すなわち自分が歴史の中に存在することの説明。③「苦しみ」、すなわち歴史に自分の生を決定されることの説明。④「重さ」、すなわち歴史を支えていることの説明と、それにともなって生じてくる責任の重さにも言及する。

解答例

歴史は無数の他者の行為、力、声、思考、夢想の痕跡であり、それらに生を決定されるのは苦痛だが、今を生きる自分がそれらによって支えられていることを感じるのは喜びであり、自らの痕跡をも含めて次代へとつなげていく重大な責任を負っているということ。（一一九字）

㈥　【漢字】

解答

a	b	c	d	e
散逸（散佚）	超越	機会	信仰	矛盾

二〇〇八年度　文科　第四問

出典　竹内敏晴『思想する「からだ」』〈2　定義への試み　からだ、こころ、ことば〉

㈠　パターンⅡ【具体ー般化型】

「ジェスチュアに跳びかかる」という一種の比喩表現を一般的な言い方に換える問題。

解答ポイント

ジェスチュアの含意として、①表面的（表層的）であること。②定型化（パターン化、ステロタイプ化）されていること。③身振りや表情であること。④セリフを言う以上、口調も必要である。⑤「跳びかかる」のニュアンスが必要。「深く考えず」などを入れる。

注意点

「〈からだ〉のプロセス、選び出されてきた〈ことば〉の内実に身を置く」という本来のあり方ではないという内容もできれば解答に含めたいが、解答スペースからするとかなり無理が生じる。また、傍線部に「ウレシソウ」とあるので、やはり「嬉しい」というセリフを言う場合について述べるべきであり、「ある感情を述べる際に」というような形で一般化することは望まれていない。

解答例

「嬉しい」というセリフを言う際、深く考えず嬉しい状態を定型化した表面的な身振りや表情や口調で表現し伝えようとすること。

㈡　パターンⅧ【置換型】

普通なら主語から考えていくのだろうが、「『天井桟敷の人々』の中に……と言う年寄り」と主語を書いただけでも解答スペースをこえてしまう。第三～五段落は「舞台でほんとうに涙を流す」ということについて述べているのだから、その点に絞って解答を作りたい。ポイントは「どう重なりあっているのか」にある。第三～五段落をひとまとめで考えると、「どう重なりあっているのか」は明らかであり、「多分に皮肉がこめられている」のである。

解答ポイント　①舞台でほんとうに涙を流すことについての話題であること。②多分に皮肉がこめられていることの指摘。

注意点　何もかも解答に含めたいという気持ちはあるだろうが、無理な場合には大胆にカットすることも考えたい。

解答例

舞台でほんとうに涙を流す役者への賛嘆には多分に皮肉がこめられており、真に受けてはならないということ。

㈢　パターンⅡ【具体一般化型】

まず何について語っているのかを考える。第三～五段落は「舞台でほんとうに涙を流す」ということについて述べているのだから、舞台で涙を流すことについて語っていると考えられる。その上で、傍線部の発言を一般化して言い換える。「自分ひとりでいい気持ちになりやがって」の説明は第五段落にある。

解答ポイント　①「舞台でほんとうに涙を流す」こと。②「自分ひとりで」＝芝居とは無関係（無縁）な経験であることの説明。③「いい気持ち」の説明。④「芝居にもなんにもなりやしねえ」の説明。

解答例

舞台での役者の涙は、主人公の行動の展開とは無関係な自分自身のかつての経験に陶酔しているだけで、芝居を壊すものでしかないということ。

㈣ パターンⅣ【理由補塡型】

傍線部そのものを説明するのにそれほど字数は要らない。したがって、出題のねらいは、なぜ「捨てねばならぬ」のか、その理由を補塡させるところにあると考えられる。感情として意識される以前の激烈なからだの動きを表現すべきだからであるのだが、解答例では字数の関係から、この理由の部分を後半にもって来ざるを得なかった。

解答ポイント ①傍線部の説明。②理由の補塡。〈からだの動き〉は必須。

解答例

役者は意識される感情ではなく、感情として意識される以前の激烈なからだの動きを表現すべきだということ。

二〇〇七年度　文理共通

第一問

出典　浅沼圭司『読書について』〈序章　ことば、文字、印刷〉

㈠　パターンⅠ—①【圧縮型】

解答ポイント　「創作がきわだって……不可欠の操作であった」を圧縮する。

①近代の芸術観においては、作品は個性的（かけがえのない存在・唯一無二・個別的）である。②近代の芸術観においては、作品は芸術という独自の、自律的な文化領域（全体的な領域）に包摂される。③この二つの芸術観は単純な連続的関係が成立しない（対立する・あい矛盾する）。④個と全体に連続的な関係をもたらす（その矛盾を解決する）にはジャンルを想定することが不可欠。

解答例

> 近代に確立した、芸術という全体的な体系に個別的な作品が包摂されるという通念の矛盾を解決するには、個と全体を媒介するものとしてのジャンルが不可欠だから。

㈡　パターンⅢ＋Ⅴ　【具体的説明型】＋【指示語問題】

「かつて」という一種の指示語がいつを指しているのかをおさえた上で、「自律性」と「完結性」をわかりやすく説明する。

解答ポイント　①「かつて」は近代を指している。②「自律性」の説明は「固有の法則によって完全にトウギョされた」（第一段落）を利用する。「トウギョ」が漢字問題になっているので、〝コントロール〟などといった言葉で置き換えてもよい。③「完結性」は「ひとつのシステム（体系）」をなしていることを意味している。と同時に、それだけで完結した世界を作っているということは、取り囲んでいる日常世界からは隔絶していることを意味する。

解答例

近代において、芸術は、日常世界とは異なる固有の法則で統御された体系をなしているとみなされていたということ。

㈢　パターンⅠ―①【圧縮型】

「理論的ないとなみ……普遍的な法則をもとめようとするかぎり」だけではだめで、なぜ「普遍的な法則をもとめようとする」と「分類」が不可欠なのかを説明しなければならない。したがって、個と全体との関係を論じている第一段落の内容も含めて書かなければならないので、かなりうまく圧縮する必要がある。

解答ポイント

①普遍的な法則をもとめようとするかぎりは。②個々の作品から直接（連続的に）芸術理論は導き出せない。③普遍的な法則といった全体をとらえるものを導き出すには、個と全体を媒介する、ジャンル（「分類」による集合体）が必要である。

解答例

普遍的な法則を求めようとすると、無数にある個々の作品から直接は導き出せないので、「分類」による集合体を間に設定するしかないから。

㈣　パターンⅠ＋Ⅲ【圧縮型】＋【具体的説明型】

まず「区分される」もの、すなわち「その領域」をおさえる。次に、「『感覚』の領域にしたがって区分される」を具体的に説明する。その上で、内容を圧縮してまとめる。

解答ポイント

①「その領域」の説明。「感性」との関係を中心にまとめる。②「『感覚』の領域にし

たがって区分される」の具体的説明。

注意点 ②は「聴覚で捉えたなら音楽、視覚で捉えたなら美術というように区分される」といった、さらに具体的な説明をしてもかまわない。

解答例

感性に基づき感性の満足を目指す文化領域は、感性の基である五感のどの感覚で捉えられたかで区分されること。

㈤ パターンⅦ【要旨要約型】

まず「要請される」のが何に対して「要請される」のか、その対象、すなわち「集合としてのジャンルの把握」をおさえる。次に「全体の論旨に即して」という設問条件を満たすために、その「集合としてのジャンルの把握」が芸術の理論的探究および歴史的研究とどう関連するのかを説明する。それらを踏まえて傍線部の説明を行う。結果として本文の要旨になっている。

解答ポイント ①「要請される」対象の説明。「集合としてのジャンルの把握」をおさえる。②「全体の論旨」とジャンルの関係。「個別と普遍を媒介する」だけでは、芸術との関係がわからない。芸術における「個別」とは個々の作品であり、実証的な歴史的研究の対象である。「普遍」とは芸術における普遍的法則とそれが適用される芸術の全体領域であり、理論的探究の対象である。③「厳密な理論的態度」の説明。「『感覚的性質』と、それを支える……普遍的なものといえるだろう」を用いる。④「微妙な変化を識別する鋭敏な歴史的なまなざし」の説明。「人間の感覚は、時と……固定されたものと考えてはならない」から解答を作る。また、「現在のアクチュアルな芸術現象」「アクチュアルな現象」も歴史的なまなざしで捉えるものである。

注意点　本文の要旨を問う設問であることがわからないと、狭い範囲で説明してしまう。

解答例　芸術の全体領域と個々の作品を媒介する集合としてのジャンルの把握には、普遍的な感覚的性質と材料を基準とした厳密な分類が必要とされるが、同時に人間の感覚の時や場所による変化や新材料の登場、アクチュアルな芸術現象にも目配りが必要であるということ。（一二〇字）

㈥【漢字】

解　答

a	b	c	d	e
通念	統御	流布	融和	排除

二〇〇七年度　文科　第四問

出典　清岡卓行『手の変幻』〈女の手の表情　3　生活の年輪〉

(一)　パターンⅡ＋Ⅴ　【具体一般化型】＋【指示語問題】

まず「その秘密」が指しているものをおさえる。「詩における……ものの重み」を指しているが、ここをこのまま抜き出すことは解答スペースから考えて不可能。抽象化・一般化する必要がある。次に「直観的」を言い換える。自分の言葉で言い換えるしかない。

解答ポイント　①「詩における……ものの重み」を一般化したもの。②「直観的」の言い換え。③主語＝鑑賞者。

注意点　「理解」する主体を解答に含めることを忘れないこと。

解答例

芸術作品のさりげない表現に密かにこめられた作者の千万無量の思いを、鑑賞者が事前知識などの理屈抜きに瞬時に理解できること。

(二)　パターンⅡ【具体一般化型】

まず「奥深いところ」がどこかを特定する。「筆触の一つ一つの裏がわに潜んでいる特殊で個人的な感慨」あるいは「この絵画における永遠の現在の感慨の中」の「奥深いところ」、すなわち「核心」(本質)である。次に「ひとしく」「溶けあっている」ものを考える。「見知らぬ古代におけるそうした場合の古い情緒」と「見知らぬ未来におけるそうした場合の新しい情緒」である。これらは、現在の「特殊で個人的な感慨」と「ひとし」いレベルで「特殊で個人的な」古代・未来の情緒である。これらが「奥深いところで溶けあっている」ということは、すなわち「特殊で個人的な感慨が……素晴らしい普遍性にまで高まって行く」ということである。

解答ポイント ①「奥深いところ」の説明。②「時代を超えて」や「時空を超えて」などの語。③「特殊」→「普遍」という流れは必須。

解答例

作品にこめられた作者の個人的な感慨の核心には、時代を超えて共通する普遍的な情緒が存在すること。

(三) パターンⅣ【理由補填型】

まず「希望」とは何を指して言っているのか、その主語にあたるものを考える。「この絵画にかたどられようとしている理想的な美しさ」であるが、さらにその「美しさ」とは何の美しさなのかまでおさえる。夫婦愛の美しさである。次にそれがなぜ「希望」なのか、その理由を補填する。「それは苛酷な現実によって悲惨なものにまで転落する危険性が充分にある」からである。「未来にわたって」「繰返す希望」と、「大昔から」「繰返してきた不幸」が対応していることに注意。

解答ポイント ①主語＝「理想的な夫婦愛の美」の指摘。単に「夫婦愛」でも許容範囲。②理由＝「苛酷な現実によって悲惨なものにまで転落する危険性」＝「大昔から何回となく繰返してきた不幸」の補塡。③傍線部の言い換え。

注意点 内容をいかにコンパクトに収められるかが最大のポイントだが、さまざまな要素を解答に入れているうちに何を説明しているのかわからなくなるケースが出てきやすい問題。

解答例

人々は、理想的な夫婦愛の美も苛酷な現実により壊れる危険性を承知しつつも、その美を願ってやまないということ。

(四)　パターンⅢ【具体的説明型】

具体的にわかりやすく説明する問題。特に「純粋」と「腐敗」の説明が難しい。「相互所有」というのは夫婦という関係であることを意味している。その「純粋」さとは「信頼、優しさ、誠実さ（献身）」がベースであることである。夫婦の関係が「腐敗」するとは、ひとつは愛情がなくなることである。こちらの方は常識である。さらに、ボードレールの「所有の趣味によって腐敗させられる」から「束縛」と考える。

解答ポイント

①「純粋」の説明。②「相互所有」の言い換え。③「腐敗」の説明。愛情が薄れることと単なる束縛（支配・拘束）になってしまうことの二つを入れる。④「消去法」の言い換え。

解答例

夫婦が互いに信頼や優しさや誠実さを抱くことで、相互の束縛により愛情が冷めるような事態に陥らずにすむこと。

二〇〇六年度　文理共通　第一問

出典　宇都宮輝夫「死と宗教」〈四　来世観の実在基盤〉（岩波書店『岩波講座宗教3　宗教史の可能性』所収）

㈠　パターンⅠ【圧縮型】

「親・子・孫は相互に似ており……生きているかのように感じるのは、そのためである」を圧縮してまとめる問題である。

解答ポイント　①「親・子・孫は相互に……実感させる」。②「失せることのない名……生きている」。③死者は現在に作用を及ぼし続ける。

注意点　「遺伝子」は「遺伝情報」などでも可。本文では「何か」としか書かれていないが、「相互に似ており」をヒントに自分の言葉でまとめる。

解答例

死者は遺伝子が子孫に受け継がれ、名や記憶や伝承でも伝えられ、われわれの現在に作用を及ぼし続け、現在を規定するということ。

㈡　パターンⅢ【具体的説明型】

「相互作用」を、現在の人間・未来の人間、双方の立場からの作用として具体的に説明する問題である。

解答ポイント　①人間は自分の死後に生きる人々のために有益な行為をする。②人々はその人を象徴化し死後も絶えず意識する。

注意点　「連帯」という語を用いて説明しても、それ自体が一種の比喩のようなものであり、説明にならない。

解答例

> 人間は自分の死後に生きる人々のために有益な行為をし、人々はその人を象徴化し死後も絶えず意識すること。

㈢　パターンⅢ【具体的説明型】

「象徴化される」ことのメリットを具体的に説明する問題である。「象徴化される」→意識される→伝統ができる→社会が安定する、という流れをおさえる。

解答ポイント　①先行者の世界が象徴化され意識される。②縦の連続性＝伝統が強くなる。③社会の真の安定が得られる。

注意点　「先行者の世界」に該当する言葉を必ず入れる。解答を作っている間に落としがちである。

解答例

> 先行者の世界が象徴化され意識されることで伝統という縦の連続性が強くなり、社会の真の安定が得られるから。

㈣　パターンⅣ【理由補塡型】

「他者のために死の犠牲を払うこと」がなぜ「評価の対象」になるのか、その理由を補塡する問題である。

解答ポイント　①他者のために死ぬことは、生を諦め退く勇気と能力である。②他者のために死ぬには生への執着を克服する必要がある。③集団の存続のために必要である。

注意点　単に「勇気と能力が必要である」だけでは駄目で、どういう「勇気と能力」が必要なのかまで、きちんと説明する。

解答例

他者のために死ぬことは、生への執着を克服し生を諦め退く勇気と能力であり、それは集団の存続のために必要なことだから。

㈤ パターンⅦ【要旨要約型】

「先行者の世界に関する表象の基礎にある世俗的一般的価値理念」と「来世観の基礎にある宗教的価値理念」の共通点を述べる問題であるが、つまるところ本文の要旨をまとめさせる問題になっている。「先行者の世界に関する表象の基礎にある世俗的一般的価値理念」とは、第四段落に述べられているとおり「犠牲」である。この「犠牲」という価値理念によって、先行者は「死を越えてなお自分と結びついた何かが存続すると考え、それに働きかける」のであり、その先行者の「実在性がはっきり意識できるようにされなければならない」(第五段落)から、先行者の世界は象徴化される(表象される)のである。

一方、「来世観の基礎にある宗教的価値理念」も、最終段落にあるとおり、「犠牲」というモチーフであり、「先行者の世界と生者の世界とをつないでいる価値モチーフ」である。これが基礎となって来世観が形づくられる。

つまり、両者の共通点は「犠牲」と「(先行者の世界と生者の世界の)連続・存続」である。

解答ポイント

①「先行者の世界に関する表象の基礎にある世俗的一般的価値理念」とは、「犠牲」のことであり、先行者が犠牲になって、現在の社会と連続性を保っているという考えである。②「来世観の基礎にある宗教的価値理念」とは、他者のために死の犠牲を払うというのは尊いという考え方である。そして、その犠牲によって社会が存続するのだから、死んでも消滅しているのではないという考え方である。

解答例

先行者の世界に関する表象の基礎にある世俗的一般的価値理念と、来世観の基礎にある宗教的価値理念とは、ともに先行者が他者の犠牲になるという価値理念であり、その犠牲によって先行者の世界と生者の世界が連続し、社会が存続する点でも共通するということ。（一二〇字）

㈥【漢字】

解答

a　沈殿（沈澱）	b　厳然	c　要請	d　従容（縦容）	e　克服

二〇〇六年度　文科　第四問

出典　宮澤康人「学校を糾弾するまえに」〈二　学校の基本構造＝教師・生徒関係〉（東京大学出版会『学校の再生をめざして　1　学校を問う』所収）

㈠　パターンⅤ＋Ⅳ【指示語問題】＋【理由補塡型】

「それ」という指示語をおさえつつ、理由を補塡していく問題である。

解答ポイント　①「それ」という指示語の内容＝「同じ仕事を共有する先達と後輩の関係」。②大人は仕事の先達として見習うべき対象であった。

解答例

産業革命以前の社会では、それぞれの仕事場で子どもにとって大人は見習うべき先達であったから。

㈡　パターンⅢ【具体的説明型】

「逆説」がポイント。教師は本来は「教」えるから「教」師なのに、教えなかった。それでも教師であったのは、教師としての職業（テクストを書き写し、解読し、注釈し、文書を作る）を実施する過程の中で、それを手伝う生徒が後継者として養成されたからである、という逆説をきちんとわかりやすく説明する問題である。

解答ポイント　①中世の教師は教師なのに教えなかった。②生徒が後継者として養成された。

注意点　教師は教えるから教師なのだというポイントを落とさないようにしたい。この説明がないと「逆説」の説明にはならない。

解答例

中世の教師は教師なのに教えなかったが、職業を実施する過程の中で、それを手伝う生徒が後継者として養成されたということ。

㈢　パターンⅤ【指示語問題】

指示語「この」は前段落の内容を指している。「教師と生徒の関係」に絞ってコンパクトにまとめる。

解答ポイント

①近代では生徒の大部分が教師後継者ではなくなった。②教師の方は相変わらず生徒に教師後継者であることを求める。

注意点

「難しさ」に該当する言葉を必ず入れること。

解答例

近代では生徒の大部分が教師後継者ではなくなったのに、教師はそれを生徒に望むという食い違いが存在すること。

㈣　パターンⅢ＋Ⅳ【具体的説明型】＋【理由補填型】

なぜ「子どもへの理解を無限に強いられる」のか、その理由も含めて説明する問題である。

解答ポイント

①さまざまな子どもの自発性を尊重するという方針である。②子どもそれぞれが将来なりたいものなどが違う以上、これまでの教師後継者だけを養成するやり方ではだめで、教師の方からさまざまな生徒を理解しなければならなくなる。

注意点

解答に入れたい要素はさまざまあるが、圧縮しても全要素を入れることは不可能なので、ポイントを絞るしかない。

解答例

教師後継者ではないさまざまな子どもの自発性を尊重する以上、教師には多様な子どもへの理解が求められるということ。

第一問

二〇〇五年度　文理共通

出典　三木清『哲学入門』〈第二章　行為の問題　二　徳〉

㈠　パターンⅠ【圧縮型】

「人間はつねに……技術である」を圧縮してまとめる問題である。

解答ポイント　①人間はつねに環境のうちに生活している。②我々の行為は自身から出ると同時に環境からも出るものである（＝相互関係）。③主体と環境を媒介するものが技術である。

解答例　人間はつねに環境のうちに生活していて環境と相互関係にあるため、人間が環境において行為をするには、両者を媒介する技術が必要だから。

㈡　パターンⅢ【具体的説明型】

具体的に説明する問題である。

解答ポイント　①「有能性」の説明が必要なので、「働きの立派さ」といった表現が欠かせない。②「力」の言い換えとして「能力」が必須である。

注意点　「意識の問題でなく」という否定表現の説明は、あった方がよいという程度である。

解答例　徳は、意識の問題でなく、人間の環境における働きの立派さや環境に働きかける能力であるとみなすこと。

㈢　パターンⅣ【理由補塡型】

一見内容説明問題に見えるが、実は、なぜ「人間の行為」が「技術的であることによって」「表現的になる」のか、その理由を補塡する問題である。

解答ポイント　①文化は技術的に作られて客観的に表現される。②技術的な人間の行為も客観的な表現となる。

注意点　「文化」・「技術的」・「人間」・「行為」・「表現」、これらの単語はすべて解答に含まれていなければならない。

解答例

文化は技術的に作られて客観的に表現されるから、技術的な人間の行為も客観的な表現となるということ。

㈣　パターンⅢ【具体的説明型】

比喩的な表現を具体的にわかりやすく説明する問題である。

解答ポイント　①理性的なものと非理性的なものとの調和。②主観と客観との媒介的統一。③自己を形成する。

注意点　ここのみ「人間」とカギカッコでくくられていることに注意。〈人間ができている〉といった言い回しの「人間」と同じ意味である。

解答例

心の技術で理性的なものと非理性的なものとを調和させ、主観と客観の媒介的統一がなされた心をもつ自己が形成されること。

㈤　パターンⅦ【要旨要約型】

理由を説明しつつ、本文の要旨をまとめる問題である。

解答ポイント　①主体と環境の統一は心の技術に止まる限り主体の側でしか実現されない。②主体の側でしか実現されない以上、個人的で社会性がない。③人間はつねに社会で生活している。④社会は物を媒介として成り立っている。⑤物の技術で物（＝社会）の側においても主体と環境の統一が実現されなければならない。⑥「社会的意味」とは徳である。

注意点

「心の技術」と「物の技術」の結び付きという視点を必ず解答に入れなくてはならない。また、設問に「全体の論旨に即して」とあるので、一番のキーワードである「徳」との関連性も入れる。

解答例

主体と環境の統一は心の技術に止まる限り主体の側でしか実現されず、個人的でしかない。人間がつねに生活している社会は物を媒介として成り立っている以上、物の技術で物の側でも主体と環境の統一が実現し、有効な形になってはじめて徳があると言えるから。（一一九字）

(六)【漢字】

解答

a	b	c	d	e
卓越	飛躍	顕著	帽子	魂

二〇〇五年度　文科　第四問

出典　小池昌代「背・背なか・背後」（岩波書店『図書』二〇〇四年七月号所収）

㈠　パターンⅢ【具体的説明型】

具体的にわかりやすく説明する問題である。

解答ポイント　①背中は自分には見えない。②他人からは見える。③そのひとの無意識があふれている。

解答例　背中は自分の視線が届かないのに、他人には見え、しかも本人の無意識までさらけだされているということ。

㈡　パターンⅢ【具体的説明型】

比喩を具体的にわかりやすく説明する問題である。自分の言葉で説明しなければならないので、かなり難しい。

解答ポイント　①背後には視線が及ばない。②自らの背後を意識しても何も捉えられない。③意識のない存在（＝がらんどうの頭蓋骨）と同じであることを実感する。

注意点　誰の「背後」を「思う」のかをはっきりとさせること。

解答例　自らの背後に意識を向けても視線が及ばない以上何も把捉できず、意識の無意味さを実感するということ。

㈢　パターンⅢ＋Ⅵ【具体的説明型】＋【知識型】

比喩を具体的にわかりやすく説明する問題である。「彼岸《ひがん》」の意味（直訳すれば〝向こう岸〟。仏教語で生死や迷いを超越した悟りの世界のこと。一般にはあの世を表す。反対語は「此岸《しがん》＝〝こちら岸〟、迷いのあるこの世」）がわかっていなければ解けない。

解答ポイント

①背後は本人には見えない、異質なもうひとつの世界である。②背後の世界は眼前の世界と同時進行で存在している。③それは彼岸、すなわち「あの世」や「死後の世界」に似ている。

解答例

背後は死後の世界と同じく、本人には見えない異質なもうひとつの世界で、眼前の世界と同時進行で存在しているということ。

㈣ パターンⅢ＋Ⅳ【具体的説明型】＋【理由補塡型】

本文中の「言葉」の意味を明確にした上で、なぜ「言葉」を「放棄しなければならない」のか、その理由を補塡しつつ具体的にわかりやすく説明する問題である。

解答ポイント

①言葉は対面でこそ機能するものである。②背後は死角である。③背後から言葉をかけると、相手を驚かすか届かないかである。④言葉を放棄し、身体に触れるか正面にまわるしかない。

解答例

言葉は対面で機能するものなので、死角である背後から言葉をかけると相手を驚かすか届かず、身体に触れるか正面にまわるしかないこと。

二〇〇四年度　文理共通　第一問

出典　伊藤徹『柳宗悦　手としての人間』〈第五章　有用性の蝕のなかの柳宗悦〉

㈠　パターンⅢ【具体的説明型】

「地球という同一の生命維持システム」とは具体的にいえば「生態系」のこと。このことがわかっているかを問うている。

解答ポイント　①「地球という同一の生命維持システム」が「生態系」であること。②「考える」主体が人間であること。③「生態系」と生命との関わり。

注意点　「生態系」という言葉を用いずに説明することも可能だが、その場合はかなり詳しい説明が必要となる。

解答例

地球をさまざまな生命で成り立つ生態系と捉え、生態系を守ることを人間の行動の第一原理とすること。

㈡　パターンⅣ【理由補填型】

「多様化」と「画一化」がどうして「矛盾」しないのかを説明する問題。本文中からその理由を探して補填する。

解答ポイント　①「多様化」が、「大量のパターンのヴェールに隠され」て「多様化」しているように見えるだけの表面的なものであること。②「志向」は「どこか他所で作られ」ていて「画一的」なものであること。③「志向」が「情報」という形で流されていること。

注意点　表面は「多様化」、本質は「画一化」という図式がきちんと説明できていること。

解答例
多様な欲望といっても表面的な違いであり、志向自体は情報により形成された画一的なものにすぎないから。

(三)　パターンⅡ【具体ー般化型】

見た目は理由説明問題のようだが、実際は一種比喩的な表現を一般的な形で説明しなおすという問題。

解答ポイント　①「集団」が「情報のネットワーク」を意味すること。②個が「作りもの」であることの説明。「他に拠らない」だけでは少し説明が弱い。「確固たる」といった言葉がほしい。③「作られていく」の説明。「志向」が「組織化」されていることを述べる。

注意点　「作られていく作りもの」という一つのことを重ねて述べているように思われる表現だが、「作られていく」と「作りもの」の二つに分けてきちんと説明する。

解答例
個といっても他に拠らない確固たる存在ではなく、志向からして外部の情報によって組織化されているから。

(四)　パターンⅢ＋Ⅳ【具体的説明型】＋【理由補塡型】

傍線部の内容を説明するだけでなく、なぜそうならねばならなかったのか（＝「多様な意見・価値観」を「普遍的な基準」に集約できなかった）という理由までも補塡して説明する問題。

解答ポイント　①合意はしたがそれは普遍的な基準ではなく、中途半端なものである。②そういった中途半端な合意基準を基準として通用させている。③普遍的な基準ができなかったのは多様な意見・価値観があるからだ。

注意点　合意の基準が中途半端なものであることを「とりあえず」などといった表現で入れる。

解答例

多様な意見・価値観を集約した普遍的な基準ではなく、とりあえず合意した内容を基準として通用させているということ。

㈤　パターンⅡ＋Ⅳ　【具体一般化型】＋【理由補塡型】

傍線部の内容を説明するだけでなく、その根底まで立ち入って説明していく問題。

解答ポイント

①「非人間中心主義」の説明。「生態系」や「自然との共感と相互性」などを用いて説明する。②「作りもの」の説明。人間の「創作」・「想像力」の産物という面と、「普遍的な基準」ではないという面の両面から説明する。③「人間臭さ」の説明。人間が作ったという面と虚構という面の両面から説明する。④それらの根底である、人間の集団の「非実体」性に言及する。

注意点

設問は「どのようなことを言おうとしているのか」となっている。傍線部の説明だけで終わらないようにしたい。

解答例

人間中心主義を排除して、人間も生態系の一部と考え、生態系の維持を第一とするという価値観は普遍性がなく、人間の一つの創作にすぎず、虚構的性格を持つ。しかも、価値観を創作している人間自体が集団として、非実体的なものにほかならない、ということ。（一一九字）

㈥　【漢字】

解答

a　侵害	b　匿名	c　抗争	d　源泉（原泉）	e　促進

第四問

二〇〇四年度　文科

出典　多木浩二『写真論集成』〈第一部　写真を考える〉

(一)　パターンⅤ【指示語問題】

典型的な指示語問題である。

解答ポイント　①「写真には何もできない」。②「写真に可能ななにものかがある」。③くり返される。

注意点　「写真」という言葉を用いずに「表現芸術」という主語にして一般化してもかまわない。

解答例

「写真には何もできない」という無力感と「写真に可能ななにものかがある」という認識がくり返されること。

(二)　パターンⅢ【具体的説明型】

典型的な説明問題である。

解答ポイント　①虚構。②写真にまつわるさまざまな既成の価値。

注意点　「写真にかぶせられた擬制」とは何か、と問われているわけではないので、「リアリズム」であるなどといった説明は不要である。

解答例

本当は人々が勝手に創り上げた虚構でしかない、写真にまつわるさまざまな既成の価値。

(三)　パターンⅢ＋Ⅴ【具体的説明型】＋【指示語問題】

指示語をふまえて、具体的に説明する問題である。

解答ポイント　①「そこ」が「路上の処刑」という写真であり、死が消失した写真である。②言葉でも意識でも捉えられない。③世界の不気味さ。

注意点　誰の言葉や意識なのかきちんと書く。「われわれの」でもよいが、もっと明確に「人間の」とする。

解答例

> 死が消失した「路上の処刑」という写真には、人間の言葉や意識を超えた世界の不気味さが露呈していること。

(四)　パターンⅡ＋Ⅳ　【具体一般化型】＋【理由補填型】

「裏切られる」という比喩的な表現をきちんと一般化して説明するのと、なぜ「裏切られる」のかという理由を補填する問題である。

解答ポイント　①写真で自己の思想を表現することはできない。②その理由である、写真が無媒介に世界を目の前に現してしまうこと。

解答例

> 写真で自己の思想を表現しようとしても、写真は無媒介に世界を目の前に現してしまうので無理だということ。

二〇〇三年度 文理共通 第一問

出典 小松和彦「ノロイ・タタリ・イワイ」（山折哲雄・川村邦光編『民俗宗教を学ぶ人のために』所収）

㈠ パターンⅠ―① 【圧縮型】

冒頭から「さらにいえば」「それだけでなく」「だけでなく」と、「AだけでなくBも」の型が3回繰り返されている。その共通項を抽出すればよい。ここで「霊」は人間のものとは限らない。Aが怨霊、Bが広く死んだもの全般で、その両方への負い目。

解答ポイント 怨霊へだけでなく、死んだもの全般への負い目や後ろめたさ。

解答例

日本人は、怨霊に対してだけでなく、死んだものすべての霊に対して自分が生きていることに負い目や後ろめたさを感じてきたということ。

㈡ パターンⅡ【具体一般化型】

遺骨収集を異様に思うアメリカ人や現地人と逆のものとして「私」の「理解」を説明すればよい。後に「日本文化のコンテキスト（＝文脈）に位置づけて解釈できない異文化の人」とあるから、その逆を枠組みにする。

解答ポイント ①遺骨収集、②「日本文化のコンテキスト」に相当するもの、の二つ。

解答例

日本人である筆者は、慰霊団の遺骨収集の儀礼を、日本文化に固有の「霊」への信仰の中に位置づけて解釈できるから。

㈢　パターンⅢ【具体的説明型】

「人生の時間の、ある部分が止まってしまった」の説明。「ある部分が止まってしまった」の方は「『霊の目』を安らかにすることを意識し続ける」とあるから、その逆としての「人生の時間」を考える。

解答ポイント　①人生の時間を意識の対象の変化ととらえ、②戦友の死を霊への意識の固定ととらえる。

解答例

人生の時間の経過に従って対象を変えていくはずの意識の一部が、戦死した戦友の霊に固定され、年老いた今でも生き残った後ろめたさを感じ続けているということ。

㈣　パターンⅠ―①【圧縮型】

前段落を、「擬似」にポイントをおいてまとめればよい。

解答ポイント　遺骨の収集と故郷での慰霊が①古来の習俗ではなく、②近代軍国主義の創造物である、という二点。

解答例

戦死者の遺骨を収集し故郷に持ち帰って祀る行事は、日本古来の習俗ではなく、近代の軍国主義国家の創造物にすぎないから。

㈤　パターンⅦ【要旨要約型】

本文のまとめにあたる設問。直接の理由は、直後の「その心性は……『霊の目』を意識した『後ろめたさ』に由来するものであったのだ」である。これを、㈠〜㈣で考察してきたことをふまえてまとめる。この「後ろめたさ」は㈠のBにあたるものである。

解答ポイント　遺骨が、日本人の心性によって慰霊の対象となることの説明。

解答例

戦没者の遺骨収集は、それを政治的に利用しようとする思惑があったにもかかわらず、すでに死んだ者の霊に対して生き残った者が後ろめたさや負い目を感じて彼らの霊を慰めたいと思う、近代国家成立以前から存在していた日本人の心性と合致するから。（一一五字）

㈥ 【漢字】

解答

a	b	c	d	e
未練	停泊	託宣	墜落	被災

二〇〇三年度　文科　第四問

出典　篠原資明『言の葉の交通論』〈Ⅰ　詩的言語への交通論　詩と痕跡過剰性〉

本文は「過去へのベクトル」「現在へのベクトル」といった比喩的説明が多く、その一方で具体例がしっかり挙げられているため、全体としてはパターンⅡ【具体一般化型】に拠ることになる。その意味で一般化の過程で表現の多様性があること、つまり正解もある程度幅を持つことに留意してほしい。

㈠　パターンⅢ【具体的説明型】

「痕跡過剰」とは、第一段落で説明されている通り、過去の無数の作品と、それらが持つ「別様でありえたかもしれない」という多様な可能性のこと。そして作品を引用して「痕跡過剰のうちへと引きずり去られてしまう」ということは、「自らのコンテクストに引き入れつつ、実際に別様に展開してみせる作業」に失敗しているということである。

解答ポイント　①「痕跡過剰」の説明。②独自な展開の失敗。

解答例

引用の際、過去の作品やそれらの持つ別様でありえた可能性が、現在の作品のコンテクストに引き入れられないまま残存し、現在の作品が独自性を発揮できないこと。

㈡　パターンⅡ【具体一般化型】

詩の引用とその鑑賞から傍線部にあたる内容を一般化する。過去のものである芭蕉の有名な句がこの詩の土台となっている。しかし、波紋を拡げていくという表現により、芭蕉の句の力に匹敵するほどに、現在の作品世界を草野心平独自のものとすることに成功している。

解答ポイント　芭蕉の作品世界と草野の作品世界との共存。

解答例　過去のものである芭蕉の有名な句を引用してその力を利用しつつも、それに匹敵するほどの、現在の詩人自身の独自の作品世界を表現できたということ。

(三)　パターンⅢ【具体的説明型】

「双交通」とは第二段落で説明されているように、「現在から過去へのベクトル」と「過去から現在へのベクトル」が二つともに存在すること。前者は過去志向、後者は（過去から見た）現在への志向と言い換えられる。

「蕪村考」のベクトルに関しては、「この詩に漂う一種の幻想的な雰囲気……過去向きのベクトルを、作者の今でおおってしまう」と「(三つの過去向きベクトルを) 作者はあえてその詩の今において重奏させてみせたのだ」に注目する。幻想的な雰囲気によって設定された「作者の今」において、蕪村自身と同じように過去を志向することにより、蕪村の世界を作者の今の世界に引き寄せて、「今へのベクトル」を出現させることに成功しているわけである。

解答ポイント　①「双交通」の説明。②幻想的な雰囲気が「作者の今」を設定する。③作者と蕪村の過去志向の重奏。

解答例　幻想的な雰囲気がその詩を今に設定し、その中で蕪村と同じ過去志向を打ち出すことにより蕪村の世界を今に引き寄せ、現在への志向を作り上げているということ。

(四)　パターンⅡ【具体一般化型】

詩の末尾の「蕪村がひとり／通って行く」は詩の冒頭の「幽明の境を／……画ごころが通った」を受けている。つまり、この詩は蕪村の過去の世界（幽）と作者の今の世界（明）の境目に成り立つという構造になっている。筆者はその「双交通」の成功を「そのまま歩き続けて作者のところにまで来るかのように」と比喩で表現している。

解答ポイント　「作者のところにまで来るかのよう」を二つの世界の融合ととらえること。

解答例

作者の現在の作品世界が、継ぎ目なく連続的に蕪村の作品世界を自己の中にうまく取りこんでいるということ。

第一問

二〇〇二年度　文理共通

出典　村上陽一郎『生と死への眼差し』〈死すべきものとしての人間〉

(一)　パターンⅢ【具体的説明型】

「未来形でしかありえない」ということを説明するには、「過去形」「現在形」ではないことをいえばよい。「過去形」は「決して体験されたことのない」（第一段落）で示され、「現在形」は「本当に……それを言うことさえ不可能なもの」（第二段落）で暗示されている。また、「未来形」自体は「未知」（第一段落など）、「迎えるべき」（第八段落）で示されている。

解答ポイント　①「過去形」「現在形」の否定。②「未来形」の言い換え。

解答例

自分自身の死は、過去には決して体験されたことがない、現に到来した時点でもう体験不可能な、未知なものでしかないということ。

(二)　パターンⅢ【具体的説明型】

常識的に考えると「陳腐」ではありえない「死」を、「陳腐」なものにしてしまう基準をまず設定する。それは、第五段落の「死の何たるかを知ろうとする……何らの糧にもならない」「自分の死について何か感ずるところあったとは言えまい」や、傍線部直後の「死の先達として、意味をもってくる……空疎な期待に過ぎない」で示されている。つまり、自分の死を知るためという基準において、「第三人称の死」は、特異なものではないということをいえばよい。それは「万年筆やハンカチや財布」の紛失と同列のものとみなされているのである。

解答ポイント　①「第三人称の死」を「陳腐」にする基準。②「陳腐」の説明。

解答例　他人の死は、消滅・消失でしかなく、自分自身の死がどういうものかを知るのに参考にならない点において、他の様々な物の紛失と変わらないから。

㈢　パターンⅥ【知識型】

「逆説性」は現代文のキーワード。たとえば「圧政が民主化を生んだのは歴史の逆説であった」など。ここでの解答の枠組みは「生（＝関係性）が死（＝孤絶性）への恐怖によって証明される」ということ。孤独な死への恐怖が、逆に、われわれが人間としての関係性のなかで生きてきたことへの証明となるのである。このように、直接的に人間としての関係性を証明するのではなく、孤絶性への恐怖から間接的に証明しているため、筆者はこれを「消極的」と呼んでいるわけである。

解答ポイント　「生（＝関係性）が死（＝孤絶性）への恐怖によって証明される」という枠組み。

解答例　人が人との関係性のなかで生きているということの証明が、その関係性を絶つものである孤絶な死への恐怖によってなされるということ。

㈣　パターンⅡ【具体一般化型】

前段落に「知性において理解された表層的な人間の孤絶性は、むしろある立場からすれば誤っていると言えるのかもしれない」とある。この「ある立場」とは「知性」に対置される「身体」であろう。「身体」の面からみた人間の孤絶性の否定がこの段落の論旨である。当段落の「他方」以下「蹴上り」の例を一般化するのだが、「他方、人間は自己によって」以下で解答が示されている。それを孤絶性の否定につなげる。

解答ポイント　①他者の模倣。②孤絶性の否定。

解答例　自分自身の身体の支配・制御が他者の模倣によって獲得されるように、人間は身体的な意味では人との関係性の中で孤絶していないということ。

(五)　パターンⅧ【置換型】

「この観点」からの一文は孤絶性の抽象性（＝実体の無さ）をいっており、したがって「この観点」は、(四)でも引用した「知性において理解された表層的な人間の孤絶性は……誤っていると言えるのかもしれない」と同一のものである。それを孤絶性の否定に向けてまとめればよい。

解答ポイント　①身体の集団性。②意識の前個我的状況からの発生。③その延長としての生。④生における孤絶性の否定。

解答例　人間は身体的には集団の中で孤絶しておらず、また意識的にも元は母親と一体の前個我的な状況にあり、それ以後の状況もその変型として考えるべきなので、生にある限り人間の孤絶性というものには実体が無く、極限の孤絶性を得る道は自分の死以外にないから。（一一九字）

(六)　【漢字】

解答

a	b	c	d
空疎	錯覚	模倣	抱擁

二〇〇二年度　文科　第四問

出典　永井均『転校生とブラック・ジャック』〈終章　解釈学・系譜学・考古学〉

この文章は「青い鳥」を例として「記憶」や「歴史」などを語っているが、多くの受験生には実感が湧かないのではないか。いっそ本家の「歴史」論として考えてみよう。

過去の出来事は記録されたもの、されていないものを合わせて無限にある。それを一冊ないし数冊の分量に収めようとする歴史家はどういう取捨をするのか。

たとえば、日本の戦後民主主義を幸福なものとしてとらえている歴史家は、敗戦にいたる日本の歴史を民主化への歩みと解釈すればすっきりまとまるであろう。

こういう歴史観に疑問を持ち、敗戦の時点でそれまでの過去の歴史が塗り替えられたと考え、その経路を明らかにする、そういう歴史もあるだろう。

また、現在との関係ぬきに、当時は「民主化」という観点自体が存在しなかったことを考慮に入れて過去の出来事を掘り起こす歴史家もいるだろう。そうした出来事の中に、過去の本来の姿があるかもしれない。

こういった例を念頭に解釈学→系譜学→考古学という視点の推移をたどれば、少しはしっくりくるかもしれない。

㈠　パターンⅤ【指示語問題】

「ここ」とは「その鳥がもともと青かった」という前提のもとで展開する人生、「解釈学的な生」であり、その記憶が「自身を成り立たせている当のもの」であり、「それが虚構であるなら、自分自身の生そのものが、つまり自分自身が、虚構ということになる」、という部分が傍線部と対応している。

解答ポイント　①解釈学という場の設定。②「記憶＝自分　∴　記憶の否定＝自分の否定」という図式。

解答例　解釈学的な生では、記憶が自分の現在の生を成り立たせている当のものであり、記憶を否定することは自分自身を否定することになるから。

㈡　パターンⅤ【指示語問題】

まず、傍線部の「そう問う」とは「現在の自己を自明の前提として過去を問う」ことであり、これが解釈学的探求である。たとえば、「鳥がもともと青かった」という前提のもとに生きている者が、「（本当は青いのに、昔は青く見えなかった）鳥がいつから青く見えるようになったか」を探求するようなケースがこれにあたる。次に、同じく傍線部の「それを問う」は「現在の自己そのものを疑い、その成り立ちを問う」ことである。たとえば、「鳥がもともと青かった」という前提のもとで成立している自己解釈に疑問を持ち、「いつから、どのようにして、鳥がもともと青かったということになったのか」を問うケースである。つまり、現在の自己解釈がいつ、どのように成立したかを問うということであり、これが系譜学的探索となる。

解答ポイント　①現在の自己を前提とすることへの否定。②現在の自己を成り立たせたものの探求。

解答例　現在の自己を自明の前提として過去を見るのではなく、現在の自己解釈を疑い、その解釈を成り立たせた過去がどういうものなのかを追求するということ。

㈢　パターンⅢ【具体一般化型】

直後に「新たに納得のいく自己解釈を作り出した」とあるのが、それにあたる。つまり、出発点は現在の自己を自明の前提とすることの否定だが、落ちつく所は、以前とは別の前提による別の自己解釈なのである。〈鳥はもともと青かった〉という前提を疑い、問い直して〈鳥はもともと青くはなかったが、ある時点でもともと青かったということになった〉と信じるようになると、これを新たな前提とする過去＝幸福ではなかった幼児期の記憶が確かな実在性をもつにいたる。この内容を一般化して書く。このような自己解釈は、もはや系譜学的ではなく、解釈学的である。

解答ポイント

系譜学にもとづく新たな前提を得、解釈学的姿勢に転じてしまう。

解答例

現在の自己を成り立たせる前提がどう成立したかを探求した結果、新たに納得のいく自己解釈を作り出し、それを新たな前提として過去を見るようになるということ。

(四)　パターンⅣ【理由補塡型】

前段落で、過去は「現在との関係ぬきに、それ自体として、存在したはず」だといっている。(一)→(二)→(三)→(一)という、解釈学と系譜学の循環を繰り返す限り、こうした過去本来の姿が見えてこない。そのことへの反省として、現在の視点から切り離した、新たな視点（＝考古学的な視点）を提出しているのである。最終段落で考古学的な視点とはどういう視点かを具体的に説明しているので、それも解答に取り入れる。

解答ポイント

①過去本来の姿の尊重。②解釈学・系譜学的視点の否定。③考古学的視点の説明。

解答例

過去本来の姿を見るためには、現在との関係で過去を見る解釈学や系譜学の視点を排し、当時の視点そのもので過去を見る、考古学的な視点が必要であるということ。

二〇〇一年度　文理共通　第一問

出典　リービ英雄「ぼくの日本語遍歴」(『新潮』二〇〇〇年五月号所収)

(一)　パターンⅠ―①【圧縮型】

結局のところ、第二段落の内容を圧縮する問題である。

解答ポイント　ポイントは三つ。①日本語が日本文化の内部に潜入していく際に壁になる。②日本語が潜り戸になる。③日本語そのものの「美しさ」を書くのに英語では意味がない。

注意点　③は「日本語そのものの『美しさ』を書くのは日本語でしかできないから」でも可。

解答例

日本文化の内部に潜入していく際に障害にも潜り戸にもなる日本語そのものの「美しさ」を書くのに英語では意味がないから。

(二)　パターンⅣ【理由補塡型】

「おおよその日本人が口にしていた」あたりまえの日本語がなぜ「美しい日本語」といえるのか、その理由を補う問題。日本人として生まれなかった者には絶対に共有できない日本語であるがゆえに筆者には美しく思えたのである。さらになぜ絶対に共有できないのかといえばそれは自らの民族の特性としての日本語だからである。

解答ポイント　ポイントは二つ。①日本人として生まれなかった者には絶対に共有できないがゆえに美しく思える。②自らの民族の特性としての日本語であるがゆえに日本人に生まれないと絶対に共有できない。

解答例

日本人として生まれなかった者には絶対に共有できないがゆえに美しく思える、自らの民族の特性としての日本語。

㈢　パターンⅡ＋Ⅳ　【具体一般化型】＋【理由補填型】

なぜ「永久の『読み手』でありつづけ」なければならないのか、その理由を補填する。直前の「生まれた時からこのことばを共有しない者は」というのがその理由である。「『外』から眺めて」は具体的な表現なので一歩突っ込んで「表現者」あるいは「創作者」になれないという形で説明する。

解答ポイント

ポイントは三つ。①生まれた時から日本語を共有しない者であるから。②表現者（創作者）になれない。③読者であり続けるしかない。

解答例

生まれた時から日本語を共有しない者は美しい日本語を使えないため表現者になれず、読者であり続けるしかないこと。

㈣　パターンⅡ【具体一般化型】

「日本語の感性」に関しては直前の二つの段落「動詞の感覚……てしまう、と」の内容を一般化する。どうしても韓国語の表現のバランスが「異質なものとして聞こえてしまう」のは日本語をベースとした言語感覚が存在するからである。

解答ポイント

「日本語をベースとした言語感覚」という内容がないものは0点。

解答例

日本人という民族の特性は共有しないが日本語を母国語とする人間が身につけた、日本語によって形成された言語感覚。

(五) パターンⅠ—①＋Ⅱ 【圧縮型】＋【具体一般化型】

「筆者の体験」は、第十段落から最終段落に書かれている。この内容を圧縮する。傍線部は一種の比喩表現なので一般的な表現に直す。「一民族の特性であると執拗なほど主張されてきた島国の言語」（第十段落）で世界が捉えられるようになったという内容である。

解答ポイント

解答のポイントは四つ。①天安門広場で中国語と英語に特別な感情を持つ主人公の物語を構想した。②母国語である英語は物語の中の記憶の一部となった。③外国文学としての日本文学も過去のものとなった。④日本語で世界を感知して表現できるようになった。

解答例

天安門広場で中国語と英語に特別な感情を持つ主人公の物語を構想し、日本語で執筆するうちに、母国語である英語は物語の中の記憶の一部となり、外国文学としての日本文学も過去のものとなって、日本語で世界を感知して表現できるようになったということ。（一一八字）

注意点

「筆者の体験」を広くとりすぎないこと。

(六) 【漢字】

解答

a	b	c	d	e
激励	排除	普遍	媒体	崩壊

二〇〇一年度　文科　第四問

出典　岡部隆志『言葉の重力』

㈠　パターンⅠ―①【圧縮型】

「判断」の根拠は携帯で会話する者たちの「語り口のニュアンス」にある。同じ段落内の「変だというのは……印象なのである」と次段落の「ここでの関係は……よくわからない」をまとめる。

解答ポイント　ポイントは四つ。①よく知らない相手である。②その場だけである（㈠「はかない」の言い換え）。③特に伝えたいことを強調するポイントがない。④ただ自分のことをとりとめなくしゃべっている。

解答例

女の子が、よく知らない相手にその場だけで、特に伝えたいこともなく、ただ自分のことをとりとめなくしゃべっていただけだから。

㈡　パターンⅧ【置換型】

文体が「不自由」であることを説明すればよい。文体が「不自由」なのは、文体が「私自身の伝わりにくい世界」すなわち「固定した私の世界」を伝えるものだからであり、また伝えたい相手自体が逆に「流動的」だからである。

解答ポイント　ポイントは三つ。①文体が私自身の伝わりにくい世界を伝えるものである。②文体が固定した私の世界を伝える方法である。③現実は多義的で流動的である。

解答例

文体が伝わりにくい固定した私の世界を伝える方法であるため、多義的で流動的な現実に自由に即応することができなくなるから。

(三) パターンⅧ【置換型】

解答ポイント

ポイントは文体が自分固有の世界や思想を伝えるものであることが言えているかどうかだけである。

解答例

文体を否定することは、文体によってのみ他者に伝えられる自分固有の世界や思想を否定することにつながるから。

(四) パターンⅣ【理由補塡型】

なぜ「文体という抽象力をもたない」と「孤独」が「より生々しく現実的」になるのか、その理由を補う。それは文体を用いて表現していないため相手に伝わらず、独り言になってしまっているからである。

解答ポイント

ポイントは一つ。孤独を文体を用いて表現していないため相手に伝わらず、独り言となっているという内容がないものは0点。

注意点

あくまでも携帯電話の会話の中のことであることを忘れてはならない。すべての会話がそうではないので、きちんと明示しておく。

解答例

携帯電話のおしゃべりは孤独を文体を用いて表現していないため相手に伝わらず、独り言となり孤独さが露骨になっているということ。

二〇〇〇年度　文理共通　第一問

出典　加茂直樹『社会哲学の現代的展開』

㈠　パターンⅠ―①【圧縮型】

解答ポイント　傍線部の前の「まず自然は……理由もない」を圧縮する。

「自然的」の言い換えが「価値や目的を含まず、因果的・機械論的」であるというのが最大のポイント。

注意点　「すべて」というのは「人間も含めて自然界の事象すべて」であることの指摘を忘れないこと。

解答例　人間を含めたすべての自然界の現象は、それ自体としての価値や目的を含まず機械論的に把握されるものであること。

㈡　パターンⅠ―①＋Ⅴ　【圧縮型】＋【指示語問題】

直前の「以上に見てきたように」の指示内容をまとめる。直前の段落の内容を圧縮すればよい。

解答ポイント　ポイントは三つ。①「没価値的な概念」の言い換え。②「人間との関連づけによって」の言い換え。③「守るべき価値を付与される」の言い換え。

注意点　傍線部の主語が「自然」であることを忘れないこと。

解答例　自然はそれ自体では価値を含まず、人為が加えられ人間の生存に適した自然となってはじめて保護の対象となること。

㈢ パターンⅠ—①【圧縮型】

同段落の「第二に……成立しているのである」を圧縮する。

解答ポイント

〈人間社会の倫理の適用＝個々の動物間の弱肉強食を否定→食物連鎖が成り立たなくなる→生態系の安定が失われる→種の存続が不可能になる→その動物種の破滅を招く〉という図式が説明できていればよい。

注意点

「人間社会の倫理の適用」と「その動物種の破滅を招く」という表現は本来は解答に含めなくてはならないのだが、両方を含めることは字数的に無理なので両方とも省く。

解答例

個々の動物間の弱肉強食を否定しては、種の存続のために必要な食物連鎖が成り立たなくなるから。

㈣ パターンⅠ—①【圧縮型】

第六段落における生態系の概念の説明を、第三段落から第五段落までの自然の概念の説明との相違点に注目してまとめ圧縮する。機械論的に把握された自然の概念との相違点は二つ（解答ポイント参照）である。

解答ポイント

ポイントは二つ。①生態系の概念では生物群集と非生物的環境の二つに分けられる。②食物連鎖のシステム。

解答例

生態系の概念は自然の概念とは違い、生物群集と非生物的環境の二つに分けられ、食物連鎖のシステムという内容を含むということ。

㈤ パターンⅦ【要旨要約型】

二〇〇〇年度から新設されたパターンの設問。「この文章の論旨をふまえて」という設問条件がある。

「この文章」は、環境保護運動に対して保護すべき環境とは何かをまずはっきりさせるべきだということを主張している。それが「論旨」である。この「論旨」をふまえて、なぜ「自覚がまず必要」なのか、その理由を述べる。この「自覚」がないために「不適切」な「スローガン」を掲げる環境保護運動があることが述べられている。したがって、「自覚」は環境保護運動が「不適切」にならないために必要であるとわかる。

解答ポイント　ポイントは二つ。①保護すべき環境とは何かの説明。②「自覚」が必要な理由の説明。

解答例

地球環境を守れという場合に守らなければならないのは、没価値的な自然ではなく人為が加えられた人間の生存にとって好都合な環境である。このことを自覚していないと、環境保護運動が誤った方向に行く可能性があるから。（一〇二字）

㈥【漢字】

解　答

a	b	c	d	e
微妙	局地	脅	維持	犠牲

第四問

二〇〇〇年度　文科

出典　三木卓『海辺の博物誌』

(一)　パターンⅡ【具体一般化型】

擬人法の説明である。前後の「素材をちがえ……だけである」と「自分のつくった網から出ることはむずかしい」などがヒント。「自分のつくった網」とはすでに表現してしまった「自分のみえたぎりぎりの世界」のことを言っている。

解答ポイント　自分がいったん表現してしまったぎりぎりの世界を超えることは難しいという内容が必須。「素材をちがえ構成をちがえ文章のスタイルをちがえたところで」をいかにコンパクトに表現するかが鍵。

解答例

自分がいったん表現してしまったぎりぎりの世界は小手先の変化ぐらいではなかなか超えられないということ。

(二)　パターンⅡ【具体一般化型】

比喩を一般的な言葉で言い換える問題。傍線部の「デジタルで表示されるポイントと次のポイントのあいだ」は、同段落の「言葉と言葉のあいだ」の言い換えだとわかる。アナログ式の「秒針の動き」は「現実」の連続性の象徴である。「均質に動く保証は……ない」は現実が均質ではない、すなわち平板ではないことを意味している。

解答ポイント　言葉と言葉のあいだにはどうしても隙間があるので（すなわち言葉は非連続的にしか

世界を分節できないので）、連続していて決して平板ではない現実をうまく表現できないという内容が必要である。要するに言葉はデジタルなので、アナログでしかも均一でない現実はうまく表現できないということが書けていればよい。

解答例

世界を非連続的に分節する言葉では、連続しているが決して平板ではない現実をうまく表現できないということ。

㈢　パターンⅤ【指示語問題】

傍線部直前の「それ」は「自分が変化することをねがっていた」を指している。直後の「わたしが変れば、現実はもっともっと深いものを見せてくれる」が解答箇所。

解答ポイント

「自分が変化すれば現実がもっともっと深いものを見せてくれる」という内容があればよい。

注意点

「尊敬」の意を解答に含めること。

解答例

自分の変化を願うのはそれにより現実がより深いものを見せてくれるはずだという敬意ゆえだということ。

㈣　パターンⅤ【指示語問題】

傍線部の「そんなこと」は直前の「この五月……いくのか」を指している。「こめられているか」という設問なので、変化に対する期待といったところまで踏み込んだ解答が必要である。

解答ポイント

ポイントは二つ。①年齢を重ねることが、意外性ある未知の視角を体験する（現実のより深い部分を見ることができる）可能性につながる。②変化に対する期待。

注意点

「初夏の丘の変化」との関わりを解答に入れる。

解答例

活力ある丘の変化と同様に、年齢を重ねることは、より深い現実を見るための成長ではないかと期待する気持。

一九九九年度　文理共通　第一問

出典　鷲田清一『普通をだれも教えてくれない』

(一)　パターンⅣ【理由補填型】

逆から考える。第二段落冒頭に「身体はそれが正常に機能しているばあいには、ほとんど現われない」とある。ここから身体が正常に機能しなくなるので「異物」と意識されると考える。

解答ポイント　「身体が正常に機能しなくなるから」という内容が入っていることが必要。

解答例　正常な場合は意識されない身体が正常に機能しなくなると日常のごく自然な行為を妨げるから。

(二)　パターンⅠ─①＋Ⅲ【圧縮型】＋【具体的説明型】

二行前からの「それはたとえば……ことである」および直後の「つまり……『器官』である」を圧縮する。

解答ポイント　身体を道具として使って物を摑んだりしていることが書かれてあればよい。

注意点　傍線部は「身体」が主語であることを忘れないこと。

解答例　何かを自分のものとして意のままにしようとするとき身体を使ってそれを行っているということ。

(三)　パターンⅡ【具体一般化型】

次文「人称として……あるらしい」からちがいを考える。

解答ポイント　私と身体が乖離しているかしていないかというちがいが書かれていることが必要である。

注意点　「前者・後者」という形でまとめないと字数が足りなくなる。

解答例　前者では私と身体を乖離したものと捉え、後者では身体の経験を私の存在そのものの経験として捉えている。

(四)　パターンⅠ―①＋Ⅱ　【圧縮型】＋【具体一般化型】

理由は最終段落に具体的に書かれている。それを一般化しつつ圧縮する。

解答ポイント　ポイントは二つ。①私たちの身体とは意識されるテリトリー全体を指す。②そのテリトリーは気分次第で伸縮する。

解答例　私たちの身体とは意識されるテリトリー全体を指すので身体の表面を超えて気分次第で伸縮するものだから。

(五)　【漢字】

解答　a 染　b 襲　c 埋没　d 自明

一九九九年度　文科　第五問

出典　柳澤桂子『生と死が創るもの』

(一)　パターンⅠ―①【圧縮型】

第三段落に書かれてあるので、そこをまとめる。

解答ポイント　ポイントは三つ。①鮮明なイメージをもつ言葉を用いる。②特定の神経細胞を興奮させる。③その言葉に関連するイメージを記憶している神経細胞を興奮させる。

注意点　「短い詩型では」をできれば解答に含めるべきではあるが、字数が厳しいときは省いてもよい。

解答例

鮮明なイメージをもつ言葉で、特定の神経細胞とその言葉に関連する記憶をもつ神経細胞を興奮させることによって。

(二)　パターンⅣ【理由補塡型】

設問に「歌に即して」とあるので傍線部前半は歌に即して言い換える。問題はそれがなぜ「谷の深さまでも表現している」ことになるのかである。小さな桜の花びらが光って落ちていく軌跡の長さがおのずとイメージされ、それを受け容れる谷の深さを想像させるのである。

解答ポイント　なぜ「谷の深さまでも表現している」ことになるのかが書かれていないと得点にはならない。

注意点　「小さいもの」であることもひとつのポイントなので、必ず解答に含めること。

解答例

歌われているのは無数の小さな桜の花びらが光って落ちていく軌跡だが、その小さな無数の軌跡を受け容れる谷の深さまで想像されること。

㈢ パターンI―① 【圧縮型】

傍線部前後の「この歌は、地下道……ただようのである」をまとめる。

解答ポイント

ポイントは二つ。①地下道や街というイメージの喚起力の弱い言葉を突き放す。②読み手の心にいい知れぬ寂しさを強く印象づける。

解答例

イメージの喚起力の弱い言葉に、突き放したような言葉を続けることで、読み手の心にいい知れぬ寂しさを強く印象づける役割。

難関校過去問シリーズ

東大の現代文

25カ年［第12版］

別冊　問題編

教学社

東大の現代文25カ年［第12版］

別冊　問題編

二〇二三年度　文理共通　第一問

次の文章を読んで、後の設問に答えよ。

いまさらいうまでもなく、仮面はどこにでもあるというものではない。日本の祭に常に仮面が登場するわけではない。世界に視野を広げても、仮面を有する社会は、一部の地域にしか分布しない。オセアニアでは、メラネシアでしか、仮面はつくられていない。アフリカなら赤道をはさんで南北に広がる熱帯雨林やウッドランド、サヴァンナ地帯だけで仮面がつくられている。南北アメリカやユーラシアでは広い範囲で仮面の制作と使用が確認できるが、それでもすべての社会に仮面が存在するというわけではない。いまひとつ、仮面が農耕やシュリョウ・漁撈《ぎょろう》・採集を主たる生業とする社会にはみられても、牧畜社会にはみられないという点も忘れてはならない。いずれにせよ、仮面は、人類文化に普遍的にみられるものではけっしてない。

ただ、世界の仮面の文化を広くみわたして注目されるのは、仮面の造形や仮面の制作と使用を支える組織のありかたに大きな多様性がみられる一方で、随所に、地域や民族の違いを越えて、驚くほどよく似た慣習や信念がみとめられるという事実である。相互に民族移動や文化の交流がおこったとは考えられない、遠く隔たった場所で酷似した現象がみとめられるというのは、やはり一定の条件のもとでの人類に普遍的な思考や行動のありかたのあらわれだと考えてよい。その意味で、仮面の探求は、人間のなかにある普遍的なもの、根源的なものの探求につながる可能性をもっている。

地域と時代を問わず、仮面に共通した特性としてあげられるのは、それがいずれも、「異界」の存在を表現したものだという点である。ヨーロッパでいえば、ギリシアのディオニソスの祭典に用いられた仮面から、現代のカーニヴァルに登場する異形の仮面や魔女の仮面まで、日本でいえば、能・狂言や民俗行事のなかで用いられる神がみや死者の仮面から、現代の月光仮面（「月からの使者」といわれる）やウルトラマン（M78星雲からやって来た人類の味方）に至るまで、仮面はつねに、時間の変わり目や危機的な状況において、異界から一時的に来たり、人びとと交わって去っていく存在を可視化するために用いられてきた。それは、アフリカやメラネシアの葬儀や成人儀礼に登場する死者や精霊の仮面についてもあてはまる。そこにあるのは、異界を、山や森に設定するか、月に設定するか、あるいは宇宙の果てに設定するかの違いだけである。たしかに、知識の増大とともに、人間の知識の及ばぬ世界＝異界は、村をとりまく山や森から、月へ、そして宇宙へと、どんどん遠くへ退いていく。しかし、世界を改変するものとしての異界の力に対する人びとの憧憬《しょうけい》、異界からの来訪者への期待が変わることはなかったのである。

ただ、忘れてならないのは、人びとはその仮面のかぶり手を、あるときは歓待し、あるときは慰撫《いぶ》し、またあるときは痛めつけてきたということである。仮面は異界からの来訪者を可視化するものだとはいっても、それはけっして視《み》られるためだけのものではない。それは、あくまでもいったん可視化した対象に人間が積極的にはたらきかけるための装置であった。仮面は、大きな変化や危機に際して、人間がそうした異界の力を一時的に目にみえるかたちにし、それにはたらきかけることで、その力そのものをコントロールしようとして創《つく》りだしてきたもののように思われる。そして、テレビの画面のなかで繰り広げられる現代の仮面のヒーローたちの活躍もまた、それと同じ欲求に根ざしているのである。

ここでは、仮面が神や霊など、異界の力を可視化し、コントロールする装置であることを強調してきた。しかし、そのような装置は少なくとももうひとつある。神霊の憑依《ひょうい》、つまり憑霊である。しかも、仮面は、これまで、憑依の道具として語られることが多かった。いちいち引用の出典を記すまでもない。仮面をかぶった踊り手には、霊が依り憑《つ》き、踊り手はその霊になりきるのだ。あるいは、仮面をかぶった踊り手はもはや仮面をかぶる前の彼ではない、それは神そのものだといった議論は、世界各地の仮面についての民族誌のなかに数多く見いだされる。

たしかに、神や精霊に扮《ふん》した者は、少なくとも何がしか神や精霊の属性を帯びることになるという信念が維持されていなければ、彼らとかかわることで福や幸運が享受できるかもしれないという、かすかな期待を人びとが抱くことすら不可能になる。その意味で、儀礼における仮面と憑依との結びつきは、動かしえない事実のようである。

しかし、その一方で神事を脱し芸能化した仮面や子どもたちが好んでかぶる仮面に、憑依という宗教的な体験を想定することはできない。仮面のありかたの歴史的変化が語っているのは、イ仮面は憑依を前提としなくなっても存続しうるという事実である。そしてその点で、仮面は決定的に霊媒と異なる。霊媒は憑依という信念が失われた瞬間、存立しえなくなるからである。

4

仮面と憑依の相同性を強調した従来の議論に反して、民族誌的事実と歴史的事実は、このように、ともに仮面と憑依との違いを主張している。仮面は憑依と重なりあいつつも、それとは異なる固有の場をもっているのである。では、その固有性とは何か。それを考えるには、顔をもうひとつの顔で覆うという、仮面の定義に戻る以外にないであろう。そして、その定義において、仮面が人間の顔ないし身体をその存立の与件としている以上、仮面の固有性の考察も、私たちの身体とのかかわりにおいて進められなければならない。以下では、仮面を私たちの身体的経験に照らして考察することにする。

仮面と身体とのかかわり。それはいうまでもなく、仮面が顔、素顔の上につけられるものだという単純な事実に求められる。もちろん、世界を広くみわたしたとき、顔の前につける仮面は、必ずしも一般的だとはいえない。むしろ、顔と体の全体を覆ってしまうかぶりもののほうが多数を占めるかもしれない。しかし、その場合でも、顔が隠されることが要件であることは間違いない。変身にとって、顔を隠すこと、顔を変えることが核心的な意味をもつ理由をはじめて明確に示したのは、和辻《わつじ》哲郎であった。私たちは、たとえ未知の他人《ひと》であっても、その他人の顔を思い浮かべることなしに、その他人とかかわることはできない。また、肖像画や肖像彫刻にみるように、顔だけで人を表象することはできても、顔を除いて特定の人物を表象することはできない。このような経験をもとに、和辻は「人の存在にとっての顔の核心的意義」を指摘し、顔はたんに肉体の一部としてあるのでなく、「肉体を己れに従える主体的なるものの座、すなわち人格の座」を占めていると述べたのであった。

この和辻の指摘の通り、確かに私たちの他者の認識の方法は顔に集中している。逆にいえば、他者もまた私の顔から私についてのもっとも多くの情報を得ているということになる。しかし、他者が私を私として認知する要《かなめ》となるその顔を、私自身は見ることができない。自分の身体でも他の部分なら鏡を使わずになんとか見えるのに、顔だけは絶対に見ることができないのである。和辻の言葉を借りていえば、顔は私の人格の座であるはずなのに、その顔は私にとってもっとも不可知な部分として、終生、私につきまとうことになる。

顔は、しかも身体のなかでも、時々刻々ともっとも大きな変化を[b]トげている部分であろう。喜ぶとき、悲しむとき、笑うとき、苦しむとき、顔はひとときとして同じ状態でそこにあることはない。

もっとも他者から注目され、もっとも豊かな変化を示すにもかかわらず、けして自分ではみることのできない顔。仮面は、まさにそのような顔につけられる。そして、ウ他者と私とのあいだの新たな境界となる。

ここで仮面が、木製のものと繊維製のものとを問わず、それぞれにほぼ定まった形をもったものだという点を忘れてはならない。そのうえ、私たちは、その仮面、自分と他者との新たな境界を、自分の目で見て確かめることができる。仮面は、変転きわまりない私の顔に、固定し対象化したかたどりを与えるのである。したがって、「仮面をかぶると、それまでの自分とは違った自分になったような気がする」という、人びとが漏らす感想も、固定された素顔から別のかたちに固定された顔への変化にともなう感想なのではない。それはむしろ、常に揺れ動き定まることのなかった自身の可視的なありかたが、はじめて固定されたことにともなうcショウゲキの表明としてうけとられるべきである。また、精霊の仮面をかぶった男が精霊に憑依されたと確信するのも、そしてウルトラマンの仮面をかぶった少年がウルトラマンに「なりきれる」のも、仮面によってかぶり手の世界に対する関係がそのかたちに固定されてしまうからにほかならない。

仮面は、私たちにとって自分の目ではけっしてとらえられない二つの存在、すなわちエ「異界」と自分自身とを、つかの間にせよ、可視的なかたちでつかみ取るための装置なのである。

（吉田憲司「仮面と身体」による）

〔注〕　○ディオニソス――ギリシア神話の酒の神。
　　　○和辻哲郎――日本の倫理学者（一八八九〜一九六〇）。

設　問

㈠　「その意味で、仮面の探求は、人間のなかにある普遍的なもの、根源的なものの探求につながる可能性をもっている」（傍線部ア）とはどういうことか、説明せよ。

解答欄：一三・五㎝×二行

(二) 「仮面は憑依を前提としなくなっても存続しうる」(傍線部イ)とはどういうことか、説明せよ。　解答欄：一三・五㎝×二行

(三) 「他者と私とのあいだの新たな境界となる」(傍線部ウ)とはどういうことか、説明せよ。　解答欄：一三・五㎝×二行

(四) 「『異界』と自分自身とを、つかの間にせよ、可視的なかたちでつかみ取るための装置」(傍線部エ)とはどのようなことを言っているのか、本文全体の趣旨を踏まえて一〇〇字以上一二〇字以内で説明せよ(句読点も一字と数える)。

(五) 傍線部ａ・ｂ・ｃのカタカナに相当する漢字を楷書で書け。

ａ　シュリョウ　　ｂ　トげて　　ｃ　ショウゲキ

二〇二三年度　文科　第四問

次の文章を読んで、後の設問に答えよ。

それぞれに独自の、特殊な、具体的な経験の言葉を、「公共」の言葉や「全体」の意見というレベルに抽象して引きあげてしまうとき、そうした公準化の手つづきのうちにみうしなわれやすいのは、それぞれのもつとりかえのきかない経験を、それぞれに固有なしかたで言葉化してゆく意味＝方向をもった努力なのだ。たとえどのように仮構の言葉であっても、言葉は、その言葉をどう経験したかという一人の経験の具体性の裏書きなしには、その額面がどんなにおおきくとも割れない手形でしかない、ただ「そうともいいたい」言葉であるしかできない。

たとえば、「平和」や「文化」といったような言葉に、わたしはどんなふうに出会ったかをおもいだす。「平和」も「文化」も、どのようにも抽象的なしかたで、誰もが知ってて誰もが弁《わきま》えていないような言葉として、ア観念の錠剤のように定義されやすい言葉だけれども、わたしがはじめてそれらの言葉をおぼえたのは、子どものころ暮らしていた川のある地方都市に新しくつくられた「平和通り」「文化通り」という二つの街路の名によって、日々の光景のなかに開かれた街路の具体的な名をとおしてだった。

「舟場町」といった江戸以来の町名、「万世町」といった明治以来の町名をもつ古い小都市にできた「平和通り」「文化通り」といった人通りのおおい新しい街路の名は、いかにも戦後という時代をかんじさせるものだった。たかが街の通りの名というだけにすぎないかもしれないが、しかしわたしたちが戦後という一つの時代を経験することがなかったならば、そうした言葉をそんなふうなしかたで知るということはおそらくなかっただろう。「平和」という言葉、「文化」という言葉についてかんがえるとき、いまもまずおもいうかぶのは、わたしのそだった地方の小都市の、殺風景だったが、闊然《かつぜん》としていた街路のイメージである。

一つの言葉がじぶんのなかにはいってくる。そのはいってくるきかたのところから、その言葉の一人のわたしにとっての関係の根をさだめてゆくことをしなければ、イ言葉にたいする一人のわたしの自律をしっかりとつくってゆくことはできない。言葉にたいする一人のわたしの自律がつらぬかれなければ、「そうとおもいたい」言葉にじぶんを預けてみずからあやしむことはないのだ。「そうとおもいたい」言葉にくみするということは、言葉を一人のわたしの経験をいれる容器としてでなく、言葉を社会の合言葉のようにかんがえるということである。

わたしたちの戦後の言葉が、たがいにもちあえる「共通の言葉」をのぞみながら、そのじつウ「公共」の言葉、「全体」の意見というような口吻《こうふん》をかりて合言葉によってかんがえる、一人のわたしの自律をもたない言葉との関係を、社会的につくりだしてきたということがなかったか、どうなのか。合言葉としての言葉は、その言葉によってたがいのあいだに、まずもって敵か味方かという一線をどうしようなく引いてしまうような言葉である。しかし、言葉を合言葉としてつかって、逆に簡単に独善の言葉にはしって、たがいのあいだに敵か味方かというしかたでしか差異をみない、あるいはみとめないような姿勢が社会的につくられてゆくことへの怖《おそ》れが、わたしのなかには打ち消しがたくあり、わたしは言葉というものを先験的に、不用意に信じきるということはできない。

言葉というものを、それを信じるものとしてでなく、むしろそれによってみずから疑うことを可能にするものとしてかんがえたい。わたしたちはふつう他者を、じぶんとの平等においてみとめるのではなく、じぶんとの差異においてみとめる。この単純な原理を活《い》かすすべを、わたしたちの今日の言葉の大勢はどこか決定的に欠いているのではないか。「私」については饒舌《じょうぜつ》に語りえても、他者について非常にまずく、すくなくしか語ることのできない言葉だ。そうしたわたしたちのもつ今日の言葉の足腰のよわさは、「共通の言葉」をのぞんでいまだそれをじゅうぶんに獲得しえないでいる結果であるというよりは、むしろ、わたしたちの言葉がみずから「差異の言葉」であることを正面きって受けいれることができないままできたことの必然の結果、なのではないだろうか。

たがいのあいだにある差異をじゅうぶん活かしてゆけるような「差異の言葉」をつくりだしてゆくことが、ひつようなのだ。わたしたちはたがいに現にさまざまなかたち、位相で、差異をもちあっているのだから、一つひとつの言葉をとおして、わたしたちがいま、ここに何を共有しえていないかを確かめてゆく力を、じぶんにもちこたえられるようにする。言葉とはつまるところ、一人のわたしにとってひつような他者を発見することなのだ、とおもう。わたしたちは言葉をとおして他者をみいだし、他者をみいだすことによって避けがたくじぶんの限界をみいだす。エ一つの言葉は、そこで一人のわたしが他者と出会う場所である。たいせつなのは、だから、わたしたちの何がおなじか、をでなく、何がちがうかを、まっすぐに語りうる言葉なのだ。

（長田弘『詩人であること』による）

〔注〕○割れない手形――現金化できない証券。

設　問

(一)「観念の錠剤のように定義されやすい」（傍線部ア）とはどういうことか、説明せよ。

解答欄：一三・五㎝×二行

(二)「言葉にたいする一人のわたしの自律」（傍線部イ）とはどういうことか、説明せよ。

解答欄：一三・五㎝×二行

(三)「『公共』の言葉、『全体』の意見というような口吻をかりて合言葉によってかんがえる」（傍線部ウ）とはどういうことか、説明せよ。

解答欄：一三・五㎝×二行

(四)「一つの言葉は、そこで一人のわたしが他者と出会う場所である」（傍線部エ）とはどういうことか、説明せよ。

解答欄：一三・五㎝×二行

二〇二二年度　文理共通

第一問

次の文章を読んで、後の設問に答えよ。

五年ほど前の夏のことだ。カイロの考古学博物館で私はある小さな経験をした。一人で見学をしていたとき、ふと見ると日本のツアー団体客がガイドの説明に耳を傾けていた。私は足を止め、団体の後ろで何とはなしにその解説を聞いていた。その前にすでに、仕事柄多少は理解できる他の言葉、英語やフランス語で他の国々の団体客向けになされていた解説もそれとなく耳に入っていたから、私にはそれは、ごく自然な、行為ともいえないような行為だった。ところが、日本人のガイドはぴたりと説明を止め、私を指差してこう言ったのだ。「あなたこのグループの人じゃないでしょ。説明を聞く資格はありません！」

要するに、あっちに行けということである。エジプトの博物館で、日本人が日本人に、お前はそこにいる権利はないと言われたのである。そのとき自分がどんな表情をしていたか、われながら見てみたいものだと思う。むっとしていたか、それともきまり悪そうに小さな笑みを浮かべていたか。少なくとも、とっさに日本人でないふりをすることはできなかった。

この状況は、ちょっと考えてみるとなかなか奇妙なものだ。というのも、私がこんな目に遭う危険は、日本以外の国のツアー客に「パラサイト」しているときにはまずありえないからだ。英語やフランス語のガイドたちは自分のグループのそばに「アジア人」が一人たたずんでいても気にも止めないだろう。それに、顧客以外の誰かが自分の説明に耳を傾けていたとして、それがガイドにどんな不都合になるというのか。博物館内の、障壁のない、公的な空間で、自分の言葉を対価を払った人々の耳だけに独占的に届けよう、どんなにおとなしくしていても「たかり」は「たかり」、「盗み聞き」は断固許すまじという使命感。それは空しい使命感にちがいない。日本語の分かる非日本人はいまではどこにでもいるし、私のような顔をしていないかもしれないし、まして私のような反応は、おそらく誰もしないだろうから。

しかし、その日ガイドの「排外神経」の正確な標的になったのは私だった。彼女は私が日本人であることを見切り、見とがめられたのちの私の反応も読んでいた。私は自分の油断を反省した。日本人がこのような状況でこのように振る舞いうることをうっかり忘れていたのである。日本にいるときはこちらもそれなりに張りつめている神経が、外国だからこそユルんでいたらしい。日本のなかでは日本人同士種々の集団に分かれてたがいに壁を築く。しかし、ひとたび国外に出れば……。だがそれは、菊の紋章付きの旅券を持つ者の、無意識の、甘い想定だったようだ。その「甘さ」において私はまぎれもなく「日本人」だった。「日本人」だったからこそ日本人にパラサイトの現場を押さえられ、追い払われ、そして、逆説的にも、その排除を通じてある種の帰属を確認することを余儀なくされたのである。

　この些細《ささい》でコッケイな場面が、このところ、「ナショナルな空間」というものの縮図のように思えることがある。ときどき考えるのだが、このときの私とガイドを較《くら》べた場合、どちらがより「ナショナリスト」と言えるだろう。「同じ日本人なんだからちょっと説明を聞くくらい……」と、「甘えの構造」の「日本人」よろしくどうやら思っていたらしい私の方だろうか。それとも、たとえ日本人でも「よそ者」は目ざとく見つけ容赦なく切り捨てるガイドの方だろうか。確かだと思えるのは、私のような「日本人」ばかりではナショナリズムを「立ち上げる」のは容易ではないだろうということ、日本のナショナリズムは、かつても現在も、このガイドのようにきちんと振る舞える人々を欠かせない人材として要請し、養成してきたに違いないということである。少なくとも可能的に、「国民」の一部を「非国民」として、「獅子《しし》身中の虫」として、摘発し、切断し、除去する能力、それなくしてナショナリズムは「外国人」を排除する「力」をわがものにできない。それはどんなナショナリズムにも共通する一般的な構造だが、日本のナショナリズムはこの点で特異な道を歩んでもきた。この数十年のあいだ中流幻想に浸っていた日本人の社会は、いまふたたび、急速に階級に分断されつつある。それにつれてナショナリズムも、ふたたび、その残忍な顔を、〈外〉と〈内〉とに同時に見せ始めている。

　もちろん私は、この出来事の後、外国で日本人の団体ツアーにはけっして近づかないようにしている。「折り目正しい」日本人でないことが、いつ、なぜ、どうして「ばれる」か知れたものではないからだ。しかし、外国では贅沢《ぜいたく》にも、私は日本人の団体に近づかない「自由」がある。でも、日本ではどうだろう。日本人の団体の近くにいない「自由」があるだろうか。この「自由」がないかきわめて乏しいことこそは、近代的な意味で「ナショナルな空間」と呼ばれるものの本質ではないだろうか。

子供も、大人も、日本にいる人はみな、たとえ日本で生まれても、日本人の親から生まれても、ただひとり日本人に取り囲まれている。生まれてから死ぬまで。そして、おそらく、死んだあとも。「ただひとり」なのは、生地も血統も、その人の「生まれ」にまつわるどんな「自然」も、自然にその人を日本人にはしてくれないからだ。

ナショナリズム nationalism というヨーロッパ起源の現象を理解しようとするなら、nation という言葉の語源だけは知っておきたい。それはラテン語で「生まれる」という意味の nasci という動詞である。この動詞から派生した名詞 natio はまず「出生」「誕生」を意味するが、ラテン語のなかですでに「人種」「種族」「国民」へと意味の移動が生じていた。一方、「自然」を意味するラテン語、英語やフランス語の nature のもととなった natura も、実は同じ動詞から派生したもう一つの名詞なのだ。この言葉もやはりまず「出生」を意味する。そして英語で naturally と言えば、「自然に」から転じて「当然に」「自明に」「無論」という意味になる。

「生まれ」が「同じ」者の間で、「自然」だからこそ「当然」として主張される平等性。そして、それと表裏一体の、「生まれ」が「違う」者に対する排他性。歴史的状況や文化的文脈によってナショナリズムにもさまざまな異型があるが、この性格はこの政治現象の不変の核と言っていいだろう。だからいまも、世界のほとんどの国で、国籍は生地か血統にもとづいて付与されている。

しかし、生地にしても血統にしても、「生まれ」が「同じ」とはどういう意味だろう。ある土地の広がりが「フランス」とか「日本」という名で呼ばれるかどうかは少しも「自然」ではない。ウ文字通りの「自然」のなかには、もともとどんな名も存在しないからだ。また両親が「同じ」でも、たとえ一卵性双生児でも、人は「ただひとり」生まれることにかわりはない。私たちは知らないうちに名を与えられ、ある家族の一員にされる。それがどのようになされたかは、言葉を身につけたのち、人づてに聞くことができるだけだ。親が本当に「生みの親」かどうか、自然に、感覚的確信に即して知っている人は誰もいない。苗字《みょうじ》が同じであることも、母の言葉が母語になったことも、顔が似ていることも、何も私の血統を自然にはしない。

一言で言えば、あらゆるナショナリズムが主張する「生まれ」の「同一性」の自然的性格は仮構されたものなのだ。それは自然ではなく、ひとつの制度である。ただし、他のどんな制度よりも強力に自然化された制度である。日本語で「帰化」(もともとは天皇の権威に帰順するという意味)と呼ばれる外国人による国籍の取得は、フランス語や英語では naturalis(z)ation、「自然化」と呼ばれる。この言葉は意味cシンチョウだ。なぜなら、外国人ばかりでなく、たとえば血統主義の国籍法を採用する日本で日本人の親から生まれた人でも、その人に国籍が付与されるとき、あるいはその人がなにがしかの国民的同一性を身につけるとき、それはいつでも、自然でないものを自然なものとする操作、つまり「自然化」によってなされるしかないからだ。

「自然化」とは、繰り返すが、自然でないものを自然なものとする操作のことである。言い換えれば、この操作はけっして完了することがない。そして、いつ逆流するか分からない。「非自然化」はいつでも起こりうる。昨日まで自然だったこと、自然だと信じていたことが、突然自然でなくなることがある。だから、エ日本人であることに、誰も安心はできない。

（鵜飼哲「ナショナリズム、その〈彼方〉への隘路《あいろ》」による）

〔注〕　○パラサイト――寄生。

○菊の紋章付きの旅券――日本国旅券（パスポート）のこと。表紙に菊の紋章が印刷されている。

○「甘えの構造」――ここでは、精神分析学者の土居健郎が提唱した著名な日本人論を指す。日本人の心性の大きな特徴として「甘え」の心理を論じた。

設　問

(一)　「その『甘さ』において私はまぎれもなく『日本人』だった」（傍線部ア）とはどういうことか、説明せよ。

解答欄：一三・五cm×二行

(二)　「その残忍な顔を、〈外〉と〈内〉とに同時に見せ始めている」（傍線部イ）とはどういうことか、説明せよ。

解答欄：一三・五cm×二行

(三)　「文字通りの『自然』のなかには、もともとどんな名も存在しない」（傍線部ウ）とはどういうことか、説明せよ。

解答欄：一三・五cm×二行

(四)　「日本人であることに、誰も安心はできない」（傍線部エ）とはどういうことか、本文全体の趣旨を踏まえて一〇〇字以上一二〇字以内で説明せよ（句読点も一字と数える）。

㈤　傍線部ａ・ｂ・ｃのカタカナに相当する漢字を楷書で書け。

ａ　ユルんで　　ｂ　コッケイ　　ｃ　シンチョウ

二〇二二年度　文科

第四問

次の文章を読んで、後の設問に答えよ。

私がこれまでに作曲した音楽の量は数時間あまりにすぎない。たぶんそれは、私がひととしての意識を所有しはじめてからの時間の総量に比べれば瞬間ともいえるほどに短い。しかもそのなかで他人にも聴いて欲しいと思える作品は僅か数曲なのである。私は、今日までの全ての時間を、この無にも等しい短い時のために費やしたのであろうか。あるいは、私が過ごした時の大半が、宇宙的時間からすれば無にちかい束《つか》の間であり、この、惑星のただ一回の自転のために必要な時間にも充《み》たない数時間の作品と、これからの僅かな時が、ひととしての私を定めるのであろうか、などと考えるのであるが、それは、もうどうでも良いことであり、いずれにせよ私がすることなどはたかが知れたことであり、それだから後ろめたい気分にたえず落ちいることもなしにやっても行けるのだろう、と思うのである。

寒気の未だ去らない信州で、棘《とげ》のように空へ立つ裸形の樹林を歩き、頂を灰褐色の噴煙にかくした火山のそこかしこに雪を残した黒々とした地表を凝視《みつ》めていると、知的生物として、宇宙そのものと対峙《たいじ》するほどの意識をもつようになった人類も、結局は大きな、眼《め》には感知しえない仕組の内にあるのであり、宇宙の法則の外では一刻として生きることもなるまいと感じられるのである。

生物としての進化の階梯《かいてい》を無限に経て、然《しか》し人間は何処《どこ》へ行きつくのであろうか。

八年程前、ハワイ島のキラウエア火山にのぼり、火口に臨むロッジの横長に切られた窓から、私は家族と友人たち、それに数人の泊り客らとぼんやりと外景を眺めていた。日没時の窓の下に見えるものはただ水蒸気に煙る巨大なクレーターであった。朱の太陽が、灰色の厚いフェルトを敷きつめた雲の涯《はて》に消えて闇がたちこめると、クレーターはいっそう深く黯《くら》い様相をあらわにしてきた。それは、陽のあるうちは気づかずにいた地の火が、クレーターの遥《はる》かな底で星のように輝きはじめたからであった。

誰の仕業であろうか、この地表を穿《うが》ちあけられた巨大な火口は、私たちの空想や思考の一切を拒むもののようであった。それはどのような形容をもア排《しりぞ》けてしまう絶対の力をもっていた。今ふりかえって、あの沈黙に支配された時空とそのなかに在った自分を考えると、そこでは私のひととしての意識は少しも働きはしなかったのである。しかし私は言いしれぬ力によって突き動かされていた。あの時私の意識が働かなかったのではなく、意識は意識それ自体を超える大いなるものにとらえられていたのであろうと思う。私は意識の彼方《かなた》からやって来るものに眼と耳を向けていた。私は何かを聴いたし、また見たかも知れないのだが、いまそれを記憶してはいない。

その時、同行していた作曲家のジョン・ケージが私を呼び、かれは微笑しながらnonsense！と言った。そして日本語で歌うようにバカラシイと言うのだった。そこに居合せた人々はたぶんごく素直な気持でその言葉を受容《うけい》れていたように思う。そうなのだ、これはバカラシイことだ。私たちの眼前にあるのは地表にぽかっと空いたひとつの穴にすぎない。それを気むずかしい表情で眺めている私たちはおかしい。人間もおかしければ穴だっておかしい。だが私を含めて人々はケージの言葉をかならずしも否定的な意味で受けとめたのではなかった。またケージはこの沈黙の劇に註解《ちゅうかい》をくわえようとしたのでもない。イ周囲の空気にかれはただちょっとした振動をあたえたにすぎない。

昨年の暮れから新年にかけて、フランスの学術グループに加わり、インドネシアを旅した。デンパサル（バリ島の中心地）から北西へ四十キロほど離れた小さなヴィレッジへガムランの演奏を聴きに行った夜のことだ。寺院の庭で幾組かのグループが椰子油《やし》を灯《とも》してあちこちで一斉に演奏していた。群衆はうたいながら踊りつづけた。私は独特の香料にむせながら、聴こえてくる響きのなかに身を浸した。そこでは聴くということは困難だ、音の外にあって特定のグループの演奏する音楽を択《えら》ぶことなどはできない。「聴く」ということは（もちろん）だいじなことには違いないのだが、私たちはともすると記憶や知識の範囲でその行為を意味づけようとしがちなのではないか。ほんとうは、聴くということはそうしたことを超える行為であるはずである。それは音の内に在るということで音そのものと化すことなのだろう。

フランスの音楽家たちはエキゾチックなウガムランの響きに夢中だった。かれらの感受性にとってそれは途方もない未知の領域から響くものであった。そして驚きのあとにかれらが示した反応は〈これは素晴らしい新資源《ニュー・ソース》だ〉ということだった。私は現地のインドネシアの人々とも、またフランスの音楽家たちとも異なる反応を示す自分を見出していた。私の生活は、バリ島の人々のごとくには、その音楽と分《わか》ちがたく一致することはないだろう。かといってフランスの音楽家のようには、その異質の音源を自分たちの音楽表現の論理へ組みこむことにも熱中しえないだろう。

　通訳のベルナール・ワヤンが寺院の隣の庭で影絵《ワヤン・クリット》が演じられているというので、踊る人々をぬけて石の門をくぐった。急に天が低く感じられたのは、夜の暗さのなかで星が砂礫《されき》のように降りしきって見えたからであった。庭の一隅の、そこだけはなおいっそう夜の気配の濃い片隅で影絵《ワヤン・クリット》は演じられていた。奇異なことに一本の蠟燭《ろうそく》すら点《とも》されていない。影絵《ワヤン・クリット》は精緻に切抜かれた型をスクリーンに映して宗教的な説話を演ずるものである。事実、その後ジャワ島のどの場所で観た影絵《ワヤン・クリット》も灯を用いないものはなかった。私は、演ずる老人のまぢかに寄ってゆき、布で張られたスクリーンに眼をこらした。無論なにも見えはしない。老人の側に廻《まわ》ってみると、かれは地に坐《ざ》し、組まれた膝の前に置かれた多くの型のなかからひとつあるいはふたつを手にとっては呟《つぶや》くように説話を語りながらスクリーンへ翳《かざ》していた。私は通訳のワヤンに訊《たず》ねた、老人は何のためにまた誰のために行なっているのか。ワヤンの口を経て老人は、自分自身のためにそして多くの精霊のために星の光を通して宇宙と会話《コレスポンデンス》しているのだと応えた。そして何かを、宇宙からこの世界《ユニヴァース》へ返すのだと言ったらしいのだ。たぶん、これもまたバカラシイことかもしれない。だ（エ）<u>がその時、私は意識の彼方からやってくるものがあるのを感じた。私は何も現われはしない小さなスクリーンを眺めつづけた。そして、やがて何かをそこに見出したように思った。</u>

（武満徹「影絵《ワヤン・クリット》の鏡」『武満徹著作集１』新潮社刊）

〔注〕○ジョン・ケージ――John Milton Cage Jr.（一九一二～九二）。アメリカの作曲家。
○ガムラン――インドネシアの民族音楽。さまざまな銅鑼《どら》や鍵盤打楽器で行われる合奏。
○影絵《ワヤン・クリット》――インドネシアの伝統芸能で、人形を用いた影絵芝居。

設問

㈠「私のひととしての意識は少しも働きはしなかったのである」（傍線部ア）とあるが、それはなぜか、説明せよ。

解答欄：一三・五㎝×二行

㈡「周囲の空気にかれはただちょっとした振動をあたえたにすぎない」（傍線部イ）とはどういうことか、説明せよ。

解答欄：一三・五㎝×二行

㈢「かれらが示した反応は〈これは素晴らしい新資源《ニュー・ソース》だ〉ということだった」（傍線部ウ）とはどういうことか、説明せよ。

解答欄：一三・五㎝×二行

㈣「そして、やがて何かをそこに見出したように思った」（傍線部エ）とはどういうことか、説明せよ。

解答欄：一三・五㎝×二行

二〇二一年度　文理共通　第一問

次の文章を読んで、後の設問に答えよ。

「近代化」は、それがどの範囲の人びとを包摂するかによって異なる様相を示す。「第一の近代」と呼ばれるフェーズでは、市民権をもつのは一定以上の財産をもつ人にかぎられている。それは、個人の基盤が私的所有におかれており、財の所有者であってはじめて自己自身を所有するという意味での自由を有し、ゆえに市民権を行使することができるとみなされたからである。この制限は徐々に取り払われ、成人男子全員や女性に市民権が拡張されていく。市民権の拡張とともに今度は、社会的所有という考えにもとづき財を再配分する社会保障制度によって、「第一の近代」から排除されていた人びとが包摂され、市民としての権利を享受できるようになる。これがいわゆる福祉国家であり、人びとはそこで健康や安全など生の基盤を国家によって保障されることになったのである。それでも、理念的には国民全体を包摂するはずの福祉国家の対象から排除される人びとはつねに存在する。

人類学者が調査してきたなかには、国家を知らない未開社会の人びとだけではなく、すでに国民国家という枠組みに包摂されたなかで生きる人たちもいる。ただそこには、なんらかの理由で国家の論理とは別の仕方で生きている人たちがいて、国家に抗したり、その制度を利用したりしながら生きており、そうした人たちから人類学は大きなインスピレーションを得てきた。ここでは、国家のなかにありながら福祉国家の対象から排除された人びとが形づくる生にまつわる事例を二つ紹介しておこう。

第一の例は、田辺繁治が調査したタイのＨＩＶ感染者とエイズを発症した患者による自助グループに関するものである。タイでは一九八〇年代末から九〇年代初頭にかけてＨＩＶの爆発的な感染が起こった。そのなかでタイ国家がとった対策は、感染していない国民の感染予防であり、その結果すでに感染していた者たちは逆に医療機関から排除され、さらには家族や地域社会からも差別され排除されることになった。孤立した感染者・患者たちは互いに見知らぬ間柄であったにもかかわらず、生き延びるために、エイズとはどんなものでそれをいかに治療するか、この病気をもちながらいかに自分の生を保持するかなどをめぐって情報を交換し、徐々に自助グループを形成していった。

ＨＩＶをめぐるさまざまな苦しみや生活上の問題に耳を傾けたり、マッサージをしたりといった相互的なケアのなかで、感染者たちは自身の健康を保つことができたのだ。それは「新たな命の友」と呼ばれ、医学や疫学の知識とは異なる独自の知や実践を生み出していく。そこには非感染者も参加するようになり、アケアをする者とされる者という一元的な関係とも家族とも異なったかたちでの、ケアをとおした親密性にもとづく「ケアのコミュニティ」が形づくられていった。「近代医療全体は人間を徹底的に個人化することによって成立するものであるが、そこに出現したのはその対極としての生のもつ社会性」（田辺）だったのである。

こうした社会性は、福祉国家における公的医療のまっただなかにも出現しうる。たとえば筆者が調査したイタリアでは、精神障害者は二〇世紀後半にいたるまで精神病院に隔離され、市民権を剝奪され、実質的に福祉国家の対象の埒外《らちがい》に置かれていた。なぜなら精神障害者は社会的に危険であるとみなされていて、彼らから市民や社会を防衛しなければならないと考えられていたからである。精神病院は治療の場というより、社会を守るための隔離と収容の場であった。

しかしこうした状況は、精神科医をはじめとする医療スタッフと精神障害をもつ人びとによる改革によって変わっていく。一九六〇年代に始まった反精神病院の動きは一九七八年には精神病院を廃止する法律の制定へと展開し、最終的にイタリア全土の精神病院が閉鎖されるまでに至る。病院での精神医療に取って代わったのは地域での精神保健サービスだった。これは医療の名のもとで病院に収容する代わりに、苦しみを抱える人びとが地域で生きることを集合的に支えようとするものであり、イ「社会」を中心におく論理から「人間」を中心におく論理への転換であった。精神医療から精神保健へのこうした転換は公的サービスのなかで起こったことであり、それは公的サービスのなかに国家の論理、とりわけ医療を介した管理と統治の論理とは異なる論理が出現したことを意味している。

その論理は、私的自由の論理というより共同的で公共的な論理であった。たとえば、病院に代わって地域に設けられた精神保健センターで働く医師や看護師らスタッフは、患者のほうがセンターにやってくるのを待つのではなく、自分たちの方から出かけて行く。たとえば、地域に住む若者がひきこもっているような場合、個人の自由の論理にしたがうことで状況を放置すると、結局その若者自身と家族は自分たちではどうすることもできないところまで追い込まれてしまうことになる。そのような事態を回避し、地域における集合的な精神保健の責任をスタッフは負うのである。そこにはたしかに予防的に介入してリスクを管理するという側面がともないはするが、そうした統治の論理を最小限化しつつ、苦しむ人びとの傍らに寄り添い彼らの生の道程を共に歩むというケアの論理を最大化しようとするのである。

　二つの人類学的研究から見えてくるのは、個人を基盤にしたものとも社会全体を基盤におくものとも異なる共同性の論理である。この論理を、明確に取り出したのがアネマリー・モルである。モルはオランダのある町の大学病院の糖尿病の外来[a]シンサツ室でフィールドワークを行い、それにもとづいて実践誌を書いた。そのなかで彼女は、糖尿病をもつ人びとと医師や看護師の協働実践に見られる論理の特徴を「ケアの論理」として、「選択の論理」と対比して取り出してみせた。

　[ウ]選択の論理は個人主義にもとづくものであるが、その具体的な存在のかたちは市民であり顧客である。この論理の下で患者は顧客となる。医療に従属させられるのではなく、顧客はみずからの欲望にしたがって商品やサービスを主体的に選択する。医師など専門職の役割は適切な情報を提供するだけである。選択はあなたの希望や欲望にしたがってご自由に、というわけだ。これはよい考え方のように見える。ただこの選択の論理の下では、顧客は一人の個人であり、孤独に、しかも自分だけの責任で選択することを強いられる。インフォームド・コンセントはその典型的な例である。しかも選択するには自分が何を欲しているかあらかじめ知っている必要があるが、それは本人にとってもそれほど自明ではない。

　対してケアの論理の出発点は、人が何を欲しているかではなく、何を必要としているかである。それを知るには、当人がどういう状況で誰と生活していて、何に困っているか、どのような人的、技術的リソースが使えるのか、それを使うことで以前の生活から何を[b]アキラめなければならないのかなどを理解しなければならない。重要なのは、選択することではなく、状況を適切に判断することである。

　そのためには感覚や情動が大切で、痛み苦しむ身体の声を無視してたとえば薬によっておさえこもうとするのではなく、身体に深く棲《す》みこむことが不可欠である。脆弱《ぜいじゃく》であり予測不可能で苦しみのもとになる身体は、同時に生を享受するための基体でもある。この薬を使うとたとえ痛みが軽減するとしても不快だが、別のやり方だと痛みがあっても気にならず心地よいといった感覚が、ケアの方向性を決めるラシン盤になりうる。それゆえケアの論理では、身体を管理するのではなく、身体の世話をし調《ととの》えることに主眼がおかれる。そこではさらに、身体の養生にかかわる道具や機械、他の人との関係性など、かかわるすべてのものについて絶え間なく調整しつづけることも必要となる。つまりケアとは、「ケアをする人」と「ケアをされる人」の二者間での行為なのではなく、家族、関係のある人びと、同じ病気をもつ人、薬、食べ物、道具、機械、場所、環境などのすべてから成る共同的で協働的な作業なのである。それは、人間だけを行為主体と見る世界像ではなく、関係するあらゆるものに行為の力能を見出す生きた世界像につながっている。

（松嶋健「ケアと共同性――個人主義を超えて」による）

設問

(一) 「ケアをする者とされる者という一元的な関係とも家族とも異なったかたちでの、ケアをとおした親密性」（傍線部ア）とはどういうことか、説明せよ。　解答欄：一三・五cm×二行

(二) 「『社会』を中心におく論理から『人間』を中心におく論理への転換」（傍線部イ）とはどういうことか、説明せよ。　解答欄：一三・五cm×二行

(三) 「選択の論理は個人主義にもとづくものである」（傍線部ウ）とはどういうことか、説明せよ。　解答欄：一三・五cm×二行

(四) 「それは、人間だけを行為主体と見る世界像ではなく、関係するあらゆるものに行為の力能を見出す生きた世界像につながっている」（傍線部エ）とはどういうことか、本文全体の趣旨を踏まえて一〇〇字以上一二〇字以内で説明せよ（句読点も一

字と数える)。

(五)　傍線部a・b・cのカタカナに相当する漢字を楷書で書け。

a　シンサツ　　b　アキラめ　　c　ラシン

二〇二一年度　文科　第四問

次の文章は、夏目漱石が正岡子規を偲《しの》んで記したものである。子規は闘病のかたわら「写生」を唱えて短歌・俳句の革新運動を行い、三十代半ばで逝去した。これを読んで、後の設問に答えよ。

余は子規の描いた画《え》をたった一枚持っている。亡友の記念《かたみ》だと思って長い間それを袋の中に入れてしまって置いた。年数の経つにつれて、ある時はまるで袋の所在を忘れて打ち過ぎることも多かった。近頃ふと思い出して、ああして置いては、転宅の際などに何処《どこ》へ散逸するかも知れないから、今のうちに表具屋へやって懸物《かけもの》にでも仕立てさせようという気が起こった。渋紙の袋を引き出して塵《ちり》をはたいて中を検《しら》べると、画は元のまま湿っぽく四つ折りに畳んであった。画のほかに、無いと思った子規の手紙も幾通《いくつう》か出て来た。余はその中《うち》から子規が余に宛てて寄こした最後のものと、それから年月の分からない短いものとを選び出して、その中間に例の画を挟んで、三つを一まとめに表装させた。

画は一輪ざしに挿した東菊《あずまぎく》で、図柄としては極めて単簡《たんかん》なものである。傍《わき》に「これは萎《しぼ》みかけた所と思いたまえ。ア下手《まず》いのは病気の所為《せい》だと思いたまえ。嘘《うそ》だと思わば肱《ひじ》をついて描いて見たまえ」という註釈《ちゅうしゃく》が加えてある所を以《もっ》て見ると、自分でもそう旨《うま》いとは考えていなかったのだろう。子規がこの画を描いた時は、余はもう東京にはいなかった。彼はこの画に、東菊活《い》けて置きけり火の国に住みける君が帰り来るかなという一首の歌を添えて、熊本まで送って来たのである。

壁にかけて眺めて見るとイいかにも淋《さび》しい感じがする。色は花と茎《くき》と葉と硝子《ガラス》の瓶とを合わせてわずかに三色《みいろ》しか使ってない。花は開いたのが一輪に蕾《つぼみ》が二つだけである。葉の数を勘定して見たら、すべてでやっと九枚あった。それに周囲が白いのと、表装の絹地が寒い藍《あい》なので、どう眺めても冷たい心持ちが襲って来てならない。

子規はこの簡単な草花を描くために、非常な努力を惜しまなかったように見える。わずか三茎の花に、少なくとも五六時間の手間をかけて、どこからどこまで丹念に塗り上げている。これほどの骨折りは、ただに病中の根気仕事としてよほどの決心を要するのみならず、いかにも無雑作《むぞうさ》に俳句や歌を作り上げる彼の性情からいっても、明らかな矛盾である。思うに画ということに初心《しょしん》な彼は当時絵画における写生の必要を不折などから聞いて、それを一草一花の上にも実行しようと企てながら、彼が俳句の上で既に悟入した同一方法を、この方面に向かって適用することを忘れたか、または適用する腕がなかったのであろう。

　東菊によって代表された子規の画は、拙《まず》くてかつ真面目である。才を呵《か》して直ちに章をなす彼の文筆が、絵の具皿に浸ると同時に、たちまち堅くなって、穂先の運行がねっとり竦《すく》んでしまったのかと思うと、ウ余は微笑を禁じ得ないのである。虚子が来てこの幅《ふく》を見た時、正岡の絵は旨いじゃありませんかといったことがある。余はその時、だってあれだけの単純な平凡な特色を出すのに、あのぐらい時間と労力を費やさなければならなかったかと思うと、何だか正岡の頭と手が、いらざる働きを余儀なくされた観がある所に、隠しきれない拙《せつ》が溢《あふ》れていると思うと答えた。馬鹿律儀なものに厭味《いやみ》も利いた風《ふう》もありようはない。そこに重厚な好《こう》所《しょ》があるとすれば、子規の画はまさに働きのない愚直ものの旨さである。けれども一線《せん》一画《かく》の瞬間作用で、優に始末をつけられべき特長を、咄嗟《とっさ》に弁ずる手際がないために、やむを得ず省略の捷径《しょうけい》を棄《す》てて、几帳面《きちょうめん》な塗抹主義を根気に実行したとすれば、拙の一字はどうしても免れ難い。

　子規は人間として、また文学者として、もっとも「拙」の欠乏した男であった。永年彼と交際をしたどの月にも、どの日にも、余はいまだかつて彼の拙を笑い得るの機会を捉え得たためしがない。また彼の拙に惚《ほ》れ込んだ瞬間の場合さえもたなかった。彼の歿後《ぼつご》ほとんど十年になろうとする今日《こんにち》、彼のわざわざ余のために描いた一輪の東菊の中《うち》に、確かにこの一拙字を認めることのできたのは、その結果が余をして失笑せしむると感服せしむるとに論なく、余にとっては多大の興味がある。ただ画がいかにも淋しい。できうるならば、子規にこの拙な所をもう少し雄大に発揮させて、エ淋しさの償いとしたかった。

（夏目漱石「子規の画」による）

〔注〕○東菊――キク科の多年草。切り花として好まれる。
○火の国――熊本。漱石は熊本の第五高等学校に赴任していた。

○不折――中村不折（一八六六～一九四三）。洋画家・書家。漱石と子規の共通の友人。
○虚子――高浜虚子（一八七四～一九五九）。俳人。
○才を呵して直ちに章をなす――才能のおもむくままに作品ができあがる。
○捷径――ちかみち。

設問

㈠「下手《まず》いのは病気の所為《せい》だと思いたまえ」（傍線部ア）にあらわれた子規の心情について説明せよ。

解答欄：一三・五㎝×二行

㈡「いかにも淋《さび》しい感じがする」（傍線部イ）とあるが、それはなぜか、説明せよ。

解答欄：一三・五㎝×二行

㈢「余は微笑を禁じ得ないのである」（傍線部ウ）とあるが、それはなぜか、説明せよ。

解答欄：一三・五㎝×二行

㈣「淋しさの償いとしたかった」（傍線部エ）にあらわれた「余」の心情について説明せよ。

解答欄：一三・五㎝×二行

二〇二〇年度　文理共通

第一問

次の文章を読んで、後の設問に答えよ。

学校教育を媒介に階層構造が再生産される事実が、日本では注目されてこなかった。米国のような人種問題がないし、英国のように明確な階級区分もない。エリートも庶民もほぼ同じ言語と文化を共有し、話をするだけでは相手の学歴も分からない。「一億総中流」という表現もかつて流行した。そんな状況の中、教育機会を均等にすれば、貧富の差が少しずつ解消されて公平な社会になると期待された。しかし、ここに大きな落とし穴があった。

機会均等のパラドクスを示すために、二つの事例に単純化して考えよう。ひとつは戦前のように庶民と金持ちが別々の学校に行くやり方。もうひとつは戦後に施行された一律の学校制度だ。どちらの場合も結果はあまり変わらない。見かけ上は自由競争でも、実は出来レースだからだ。それも競馬とは反対に、より大きなハンディキャップを弱い者が背負う競争だ。だが、生ずる心理は異なる。貧乏が原因で進学できず、出世を断念するならば、当人のせいではない。不平等な社会は変えるべきだ。批判の矛先が外に向く。対して自由競争の下では違う感覚が生まれる。成功しなかったのは自分に能力がないからだ。社会が悪くなければ、変革運動に関心を示さない。

アファーマティブ・アクション（積極的差別是正措置）は、個人間の能力差には適用されない。人種・性別など集団間の不平等さえ是正されれば、あとは各人の才能と努力次第で社会上昇が可能だと信じられている。だからこそ、弱肉強食のルールが正当化される。[ア]不平等が顕著な米国で、社会主義政党が育たなかった一因はそこにある。

子どもを分け隔てることなく、平等に知識を[a]ツチカう理想と同時に、能力別に人間を格付けし、差異化する役割を学校は担う。そこに矛盾が潜む。出身階層という過去の桎梏《しっこく》を逃れ、自らの力で未来を切り開く可能性として、能力主義（メリトクラシー）は歓迎された。そのための機会均等だ。だが、それは巧妙に仕組まれた罠《わな》だった。「地獄への道は善意で敷き詰められている」という。平等な社会を実現するための方策が、かえって既存の階層構造を正当化し、永続させる。社会を開くはずのメカニズムが、逆に社会構造を固定し、閉じるためのイデオロギーとして働く。しかし、それは歴史の皮肉や偶然のせいではない。近代の人間像が必然的に導く袋小路だ。

親から子を取り上げて集団教育しない限り、家庭条件による能力差は避けられない。そのような政策は現実に不可能であるし、仮に強行しても遺伝の影響はどうしようもない。身体能力に恵まれる者も、そうでない者もいるように、勉強のできる子とそうでない子は必ず現れる。算数や英語の好きな生徒がいれば、絵や音楽あるいはスポーツに夢中になる子もいる。それに誰もが同じように努力できるわけではない。

近代は神を棄て、〈個人〉という未曾有《みぞう》の表象を生み出した。自由意志に導かれる主体の[b]タンジョウだ。所与と行為を峻《しゅん》別《べつ》し、家庭条件や遺伝形質という〈外部〉から切り離された、才能や人格という〈内部〉を根拠に自己責任を問う。

だが、これは虚構だ。人間の一生は受精卵から始まる。才能も人格も本を正せば、親から受けた遺伝形質に、家庭・学校・地域条件などの社会影響が作用して形成される。我々は結局、外来要素の沈殿物だ。確かに偶然にも左右される。しかし偶然も外因だ。能力を遡及的に分析してゆけば、いつか原因は各自の内部に定立できなくなる。社会の影響は外来要素であり、心理は内発的だという常識は誤りだ。認知心理学や脳科学が示すように意志や意識は、蓄積された記憶と外来情報の相互作用を通して脳の物理・化学的メカニズムが生成する。外因をいくつ掛け合わせても、内因には変身しない。したがって[イ]自己責任の根拠は出てこない。

遺伝や家庭環境のせいであろうと、他ならぬ当人の所与である以上、当人が責任を負うべきであり、したがって所与に応じて格差が出ても仕方ない。そう考える人は多い。では身体障害者はどうするのか。障害は誰のせいでもない。それでも、不幸が起きたのが、他でもない当人の身体であるがゆえに自業自得だと言うのか。能力差を自己責任とみなす論理も、それと同じだ。

封建制度やカースト制度などでは、貧富や身分を区別する根拠が、神や自然など、共同体の〈外部〉に投影されるため、不平等があっても社会秩序は安定する。人間の貴賤《きせん》は生まれで決まり、貧富や身分の差があるのは当然だ。平等は異常であり、社会の歯車が狂った状態に他ならない。

対して、自由な個人が共存する民主主義社会では平等が建前だ。人は誰もが同じ権利を持ち、正当な理由なくして格差は許されない。しかし現実にはヒエラルキーが必ず発生し、貧富の差が現れる。平等が実現不可能な以上、常に理屈を見つけて格差を弁明しなければならない。だが、どんなに考え抜いても人間が判断する以上、貧富の基準が正しい保証はない。下層に生きる者は既存秩序に不満を抱き、変革を求め続ける。〈外部〉に支えられる身分制と異なり、人間が主体性を勝ち取った社会は原理的に不安定なシステムだ。近代の激しい流動性の一因がここにある。

支配は社会および人間の同義語だ。子は親に従い、弟子は師を敬う。部下が上司に頭を垂れ、国民が国家元首に恭順の意を表す。「どこにもない場所」というギリシア語の語源通り、支配のないユートピアは建設できない。ところでドイツの社会学者マックス・ヴェーバーが『経済と社会』で説いたように、支配関係に対する被支配者の合意がなければ、ヒエラルキーは長続きしない。強制力の結果としてではなく、ウ正しい状態として感知される必要がある。支配が理想的な状態で保たれる時、支配は真の姿を隠し、自然の摂理のごとく作用する。先に挙げたメリトクラシーの詭弁《きべん》がそうだ。

近代に内在する瑕疵《かし》を理解するために、正義が実現した社会を想像しよう。階層分布の正しさが確かな以上、貧困は差別のせいでもなければ、社会制度にcケッカンがあるからでもない。まさしく自分の資質や能力が他人に比べて劣るからだ。格差が正当ではないと信ずるおかげで、我々は自らの劣等性を認めなくて済む。しかし公正な社会では、この自己防衛が不可能になる。底辺に置かれる者に、もはや逃げ道はない。理想郷どころか、人間には住めない地獄の世界だ。

身分制が打倒されて近代になり、不平等が緩和されたにもかかわらず、さらなる平等化の必要が叫ばれるのは何故か。人間は常に他者と自分を比較しながら生きる。そして比較は必然的に優劣をつける。民主主義社会では人間に本質的な差異はないとされる。だからこそ人はお互いに比べあい、小さな格差に悩む。そして自らの劣等性を否認するために、社会の不公平を糾弾する。〈外部〉を消し去り、優劣の根拠を個人の〈内部〉に押し込めようと謀る時、必然的に起こる防衛反応だ。自由に選択した人生だから自己責任が問われるのではない。逆だ。格差を正当化する必要があるから、人間は自由だと社会が宣言する。努力しない者の不幸は自業自得だと宣告する。エ近代は人間に自由と平等をもたらしたのではない。不平等を隠蔽し、正当化する論理が変わっただけだ。

（小坂井敏晶「『神の亡霊』6　近代の原罪」による）

設問

㈠「不平等が顕著な米国で、社会主義政党が育たなかった一因はそこにある」（傍線部ア）とあるが、なぜそういえるのか、説明せよ。

解答欄：一三・五㎝×二行

㈡「自己責任の根拠は出てこない」（傍線部イ）とあるが、なぜそういえるのか、説明せよ。

解答欄：一三・五㎝×二行

㈢「先に挙げたメリトクラシーの詭弁《きべん》がそうだ」（傍線部ウ）とはどういうことか、説明せよ。

解答欄：一三・五㎝×二行

㈣「近代は人間に自由と平等をもたらしたのではない。不平等を隠蔽し、正当化する論理が変わっただけだ」（傍線部エ）とはどういうことか、本文全体の趣旨を踏まえて一〇〇字以上一二〇字以内で説明せよ（句読点も一字と数える）。

(五)　傍線部a・b・cのカタカナに相当する漢字を楷書で書け。

a　ツチカう　　b　タンジョウ　　c　ケッカン

二〇二〇年度　文科

第四問

次の文章を読んで、後の設問に答えよ。

「あなたが何を考えているのか知りたい」小田久郎さんはそうおっしゃった。電話口を通してぼそぼそと響いてきたその肉声だけが、私にとってこんな文章を綴《つづ》ろうとする唯一の理由だと、そんなふうに私は感じている。

編集者である小田さんの背後に、無限定な読者を想定することは、今の私にはむずかしい。私の考えることが、その人たちにとってどれだけ意味のあることか、私には確信がない。私の書くことはみな、まったく私的なことで、それを公表する理由がどこにあるのか見当がつかない、それが私の正直な気持ちだ。が、それでも私は電話口で小田さんの肉声に自分の肉声でためらいながらも答えたのである。

原稿を注文され、それをひきうけるという一種の商取引に私たち物書きは慣れ、その行為の意味を深く問いつめる余裕も持てないでいるけれど、その源にそんな肉声の変換があるとするならば、それを信じてみるのもいいだろう。

作品をつくること、たとえば詩であると自分でやみくもに仮定してかかっているある多くない分量のことばをつなぎあわせること、また歌や、子どもの絵本のためのことばを書くことと、このような文章を書くことの間には、私にとっては相当な距離がある。

ア作品をつくっているとき、私はある程度まで私自身から自由であるような気がする。自分についての反省は、作品をつくっている段階では、いわば下層に沈澱《ちんでん》していて、よかれあしかれ私は自分を濾過《ろか》して生成してきたある公的なものにかかわっている。私はそこでは自分を私的と感ずることはなくて、むしろ自分を無名とすら考えていることができるのであって、そこに私にとって第一義的な言語世界が立ち現れてくると言ってもいいであろう。

見えがかり上、どんなにこのような文章と似ていることばを綴っているとしても、私には作品と文章（適当なことばがないから仮にそう区別しておく）のちがいは、少なくとも私自身の書く意識の上では判然と分かれている。そこからただちにたとえば詩とは何かということの答えにとぶことは私には不可能だが、その意識のうえでの差異が、私に詩のおぼろげな輪郭を他のものを包みこんだ形で少しでもあきらかにしてくれていることは否めない。

もちろん私が仮に作品（創作と呼んでもいい）と呼ぶ一群の書きものから、詩と呼ぶ書きものを分離するということはまた、別の問題なので、作品中には当然散文も含まれてくるから、作品と文章の対比を詩と散文の対比に置きかえることはできない。強いていえば、虚構と非虚構という切断面で切ることはできるかもしれぬが、そういう切りかたでは余ってしまうものもあるにちがいない。作品においては無名であることが許されると感じる私の感じかたの奥には、詩人とは自己を超えた何ものかに声をかす存在であるという、いわば媒介者としての詩人の姿が影を落としているかもしれないが、そういう考えかたが先行したのではなく、言語を扱う過程で自然にそういう状態になってきたのだということが、私の場合には言える。

真の媒介者となるためには、その言語を話す民族の経験の総体を自己のうちにとりこみ、なおかつその自己の一端がある超越者（それは神に限らないと思う。もしかすると人類の未来そのものかもしれない）に向かって予見的に開かれていることが必要で、私はそういう存在からはほど遠いが作品をつくっているときの自分の発語の根が、こういう文章ではとらえきれないアモルフな自己の根源性（オリジナリティ）に根ざしているということは言えて、そこで私が最も深く他者と結ばれていると私は信じざるを得ないのだ。

そこには無論のこと多量のひとりよがりがあるわけだが、そういう根源性から書いていると信ずることが、私にある安心感を与える。これは私がこういう文章を書いているときの不安感と対照的なものなのだ。自分の書きものに対する責任のとりかたというものが、作品の場合と、文章の場合とでははっきりちがう。

これは一般的な話ではなくて、あくまで私個人の話だが、作品に関しては、そこに書かれている言語の正邪真偽に直接責任をとる必要はないと私は感じている。正邪真偽でないのなら、では美醜かとそう性急に問いつめる人もいるだろうが、美醜にさえ責任のとりようはなく、私が責任をとり得るのはせいぜい上手下手に関してくらいのものなのだ。創作における言語とは本来そのようなものだと、個人的に私はそう思っている。もしそういうものとして読まぬならば、その責任は読者にあるので、私もまた創作者であって同時に読者であるという立場においてのみ、自分の作品に責任を負うことができる。

　逆に言えばそのような形で言語世界を成立させ得たとき、それは作品の名に値するので、現実には作家も詩人も、創作者としての一面のみでなく、ある時代、ある社会の一員である俗人としての面を持つものだから、彼の発言と作品とを区別することは、とくに同時代者の場合、困難だろうし、それを切り離して評価するのが正しいかどうか確言する自信もないけれど、離れた時代の優れた作品を見るとき、あらゆる社会的条件にもかかわらずその作品に時代を超えてある力を与えているひとつの契機として、ウそのような作品の成り立ちかたを発見することができよう。

　〈作品〉と〈文章〉の対比を、言語論的に記述する能力は私にはない。私はただ一種の貧しい体験談のような形で、たどたどしく書いてゆくしかないので、初めに述べた私のこういう文章を書くことへのためらいもそこにある。エ作品を書くときには、ほとんど盲目的に信じている自己の発語の根を、文章を書くとき私は見失う。作品を書くとき、私は他者にむしろ非論理的な深みで賭けざるを得ないが、文章を書くときには自分と他者を結ぶ論理を計算ずくでつかまなければならない、そういうふうに言うこともできる。

　どんなに冷静にことばを綴っていても、作品をつくっている私の中には、何かしら呪術的な力が働いているように思う。インスピレーションというようなことばで呼ぶと、何か上のほうからひどく気まぐれに、しかも瞬間的に働く力のように受けとられるかもしれないが、この力は何と呼ぼうと、むしろ下のほうから持続的に私をとらえる。それは日本語という言語共同体の中に内在している力であり、私の根源性はそこに含まれていて、それが私の発語の根の土壌となっているのだ。

（谷川俊太郎『詩を考える――言葉が生まれる現場』による）

〔注〕○アモルフな――一定の形を持たない。

設問

㈠「作品をつくっているとき、私はある程度まで私自身から自由であるような気がする」（傍線部ア）とあるが、それはなぜか、説明せよ。

解答欄：一三・五㎝×二行

㈡「そこで私が最も深く他者と結ばれている」（傍線部イ）とはどういうことか、説明せよ。

解答欄：一三・五㎝×二行

㈢「そのような作品の成り立ちかた」（傍線部ウ）とはどういうことか、説明せよ。

解答欄：一三・五㎝×二行

㈣「作品を書くときには、ほとんど盲目的に信じている自己の発語の根を、文章を書くとき私は見失う」（傍線部エ）とあるが、それはなぜか、説明せよ。

解答欄：一三・五㎝×二行

第一問

二〇一九年度　文理共通

次の文章を読んで、後の設問に答えよ。

「カオスの縁《ふち》」という言葉をご存知だろうか？　この「カオスの縁」とは、一九六〇年代から行われているセル・オートマトンと呼ばれるコンピューター上のプログラムを使った研究が端緒となり提唱された概念である。とても大雑把に言えば、二つの大きく異なった状態（相）の中間には、その両側の相のいずれとも異なった、複雑性が非常に増大した特殊な状態が現れる、というようなことを指している。

身近なイメージで言えば、〝水〟を挙げられるだろうか。ご存知のように、水は気体・液体・固体という三つの形態をとる。たとえば気体の水蒸気は、水分子の熱運動が大きくなり、各分子が分子同士の結合力の束縛から放たれ、空間の中で自由気ままに振舞っている非常に動的な姿である。一方、氷は水分子同士が強固に結合し、各分子は自身が持つ特性に従って規則正しく配列され、理にかなった秩序正しい形を保っている静的な状態だ。

その中間にある液体の、いわゆる〝水〟は、生命の誕生に大きくコウケン[a]したと考えられる、柔軟でいろんな物質と相互作用する独特な性質を多数持っている。水蒸気とも氷ともかなり異なった特性である。この〝水〟の状態で水分子が存在できる温度範囲は、宇宙のスケールで考えるなら、かなり狭いレンジであり、実際〝水〟を湛《たた》えた星はそうそう見つからない。巨視的に見れば〝水〟は分子同士が強固に束縛された氷という状態から、無秩序でカオス的に振舞う水蒸気という状態への過渡期にある特殊な状態、すなわち「カオスの縁」にある姿と言えるのかもしれない。

この「カオスの縁」という現象が注目されたのは、それが生命現象とどこかつながりを感じさせるものだったからである。生き物の特徴の一つは、この世界に「形」を生み出すことだ。それは微視的には有機物のような化学物質であり、少し大きく見れば、細胞であり、その細胞からなる我々人間のような個体である。そして、さらに巨視的に見れば、その個体の働きの結果できてくるアリ塚であったり、ビーバーのダムであったり、東京のような巨大なメガロポリスであったりする。

　しかし、こういった生物の営みは、ア自然界ではある意味、例外的なものである。何故なら、この世界は熱力学第二法則（エントロピー増大の法則）に支配されており、世界にある様々な分子たちは、より無秩序に、言葉を変えればカオスの方向へと、時間と共に向かっているはずだからである。そんなカオスへ向かいつつある世界の中で、「形あるもの」として長期間存在できるのは、一般的に言えば、それを構成する原子間の結合が極めて強いものであり、鉱物や氷といった化学的な反応性に乏しい単調な物質が主なものである。

　ところが、生命はそんな無秩序へと変わりつつある世界から、自分に必要な分子を取り入れ、そこに秩序を与え「形あるもの」を生み出していく。その姿はまるで「カオスの縁」にたたずみ、形のないカオスから小石を拾い、積み上げているかのようである。また、その積み上げられる分子の特徴は、鉱石などと違い、反応性に富んだ物質が主であり、〝不動〟のものとして作り出されるのではなく、偶発的な要素に反応し、次々に違う複雑なパターンとして、この世に生み出されてくる。そして、それらは生命が失われれば、また形のない世界へと飲み込まれ、そこへと還《かえ》っていくのだ。それは分子の、この世界における在り方という視点で考えれば、〝安定〟と〝無秩序〟の間に存在する、極めて特殊で複雑性に富んだ現象である。

　また、生命の進化を考えてみよう。進化は、自己複製、つまり「自分と同じものを作る」という、生命の持続を可能とする静的な行為と、変異、つまり「自分と違うものを作る」という、秩序を破壊する、ある種、危険を伴った動的な行為の、二つのベクトルで成り立っている。現在の地球上に溢《あふ》れる、大きさも見た目も複雑さもその生態も、まったく違う様々な生命は、その静的・動的という正反対のベクトルが絶妙なバランスで作用する、その〝はざま〟から生まれ出てきたのだ。

　生命は、原子の振動が激しすぎる太陽のような高温環境では生きていけないし、逆に原子がほとんど動かない絶対零度のような静謐《せいひつ》な結晶の世界でも生きていけない。この単純な事実を挙げるまでもなく、様々な意味で生命は、秩序に縛られた静的な世界と、形を持たない無秩序な世界の間に存在する、イ何か複雑で動的な現象である。「カオスの縁」、つまりそのはざまの空間こそが、生命が生きていける場所なのである。

「生きている」科学にも、少しこれと似た側面がある。科学は、混沌《こんとん》とした世界に、法則やそれを担う分子機構といった何かの実体、つまり「形」を与えていく人の営為と言える。たとえば、あなたが街を歩いている時、突然、太陽がなくなり、真っ暗になってしまったとする。一体、何が起こったのか、不安に思い、混乱するだろう。実際、古代における日食や月食は、そんな出来事だった。不吉な出来事の予兆とか、神の怒りとして、恐れられてきた歴史がある。

しかし、今日では日食も月食も物理法則により起こる現象であることが科学によって解明され、何百年先の発生場所、その日時さえ、きちんと予測することができる。それはある意味、人類が世界の秩序を理解し、変わることない〝不動〟の姿を、つかんだということだ。何が起こったのか訳が分からなかった世界に、確固とした「形」が与えられたのだ。

一方、たとえばガンの治療などは、現在まだ正答のない問題として残されている。外科的な手術、抗ガン剤、放射線治療。こういった標準治療に加えて、免疫療法、鍼灸《しんきゅう》、食事療法などダイタイ医療と呼ばれる療法などもあるが、どんなガンでもこれをやれば、まず完治するというような療法は存在しない。そこには科学では解明できていない、形のはっきりしない闇のような領域がまだ大きく広がっている。しかし、この先、どんなガンにも効果があるような特効薬が開発されれば、ガンの治療にはそれを使えば良い、ということになるだろう。

それは、かつてサイキンの感染症に対して抗生物質が発見された時のように、世界に新しい「形」がまた一つ生まれたことを意味することになる。このように人類が科学により世界の秩序・仕組みのようなものを次々と明らかにしていけば、世界の姿は固定され、新たな「形」がどんどん生まれていく。それは人類にもたらされる大きな福音だ。

しかし、また一方、こんなことも思うのだ。もし、そうやって世界の形がどんどん決まっていき、すべてのことが予測でき、何に対しても正しい判断ができるようになったとして、その世界は果たして、人間にとってどんな世界なのだろう? 生まれてすぐに遺伝子診断を行えば、その人がどんな能力やリスクを持っているのか、たちどころに分かり、幼少時からその適性に合わせた教育・訓練をし、持ち合わせた病気のリスクに合わせて、毎日の食事やエクササイズなども最適化されたものが提供される。結婚相手は、お互いに遺伝子型の組合せと、男女の相性情報の膨大なデータベースに基づいて自動的に幾人かの候補者が選ばれる。

科学がその役目を終えた世界。病も事故も未知もない、そんな神様が作ったユートピアのような揺らぎのない世界に、むしろ「息苦しさ」を感じてしまうのは、私だけであろうか？

少なくとも現時点では、この世界は結局のところ、「分からないこと」に覆われた世界である。目をつぶって何かに、それは科学であれ、宗教であれ、すがりつく以外、心の拠《よ》りどころさえない。しかし、物理的な存在としての生命が、「カオスの縁」に立ち、混沌から分子を取り入れ「形」を作り生きているように、知的な存在としての人間はこの「分からない」世界から、少しずつ「分かること」を増やし「形」を作っていくことで、また別の意味で「生きて」いる。その営みが、何か世界に〝新しい空間〟を生み出し、その営みそのものに人の〝喜び〟が隠されている。そんなことを思うのだ。

だから、世界に新しい「形」が与えられることが福音なら、実は「分からないこと」が世界に存在することも、また福音ではないだろうか。目をつぶってしがみつける何かがあることではなく。

「分からない」世界こそが、人が知的に生きていける場所であり、世界が確定的でないからこそ、人間の知性や「決断」に意味が生まれ、そして「アホな選択」も、また許される。エいろんな「形」、多様性が花開く世界となるのだ。それは神の摂理のような〝真実の世界〟と、混沌が支配する〝無明の世界〟とのはざまにある場所であり、また「科学」と、まだ科学が把握できていない「非科学」のはざま、と言い換えることができる空間でもある。

（中屋敷均「科学と非科学のはざまで」による）

設問

㈠「自然界ではある意味、例外的なものである」（傍線部ア）とはどういうことか、説明せよ。

解答欄：一三・六㎝×二行

㈡「何か複雑で動的な現象」（傍線部イ）とはどういうことか、説明せよ。

解答欄：一三・六㎝×二行

㈢「人類にもたらされる大きな福音」（傍線部ウ）とはどういうことか、説明せよ。

解答欄：一三・六㎝×二行

㈣「いろんな『形』、多様性が花開く世界」（傍線部エ）とはどういうことか、本文全体の趣旨を踏まえて一〇〇字以上一二〇字以内で説明せよ（句読点も一字として数える）。

㈤傍線部a・b・cのカタカナに相当する漢字を楷書で書け。

a　コウケン　　b　ダイタイ　　c　サイキン

二〇一九年度　文科

第四問

次の文章を読んで、後の設問に答えよ。

迷い子になった。

僕が六歳か七歳の時だったと思う。母とふたりで買いものに出掛けた帰り途《みち》。乗り慣れた東武東上線の電車の中での出来事だった。車窓の風景を見るのが何より好きだった僕は、座っている母から少し離れたドアの前に立ち、夕暮れの街並みを目で追っていた。風景が止まり、又動き出す、その繰り返しに夢中になっていた僕は視界から遠ざかっていく「下赤塚」という駅名に気付いて凍りついた。それは僕たちが降りるはずの駅だった。あわてて車内を振り返ったが、母の姿は既にそこには無かった。あとになってわかったことだが、乗降客の波に一瞬僕を見失った母は、下赤塚で降りた別の少年を僕と見間違い、改札の外まで追い掛けてしまったらしい。

次の駅で降りれば、そこから家までは小学校の通学路だ。ひとりでもなんとか家に辿《たど》り着けるだろう。母はそう考えて、そのまま家へ戻り、夕飯を作りながら僕の帰りを待つことにしたようだ。しかし、車内に残された僕がそのことに気付いたのは、既に電車が次の駅を通過した後だった。その二度目の失敗に余程動揺したのだろう、僕は会社帰りのサラリーマンでほぼ座席の埋まった車内をウロウロと歩き始めた。

(どうしようどうしよう)じっとしていることに耐えられず、僕は途方に暮れてただ右往左往を繰り返した。その時の、僕の背負い込んだ不幸には何の関心も示さない乗客たちの姿が強く印象に残っている。それはぞっとするくらい冷たい風景だった。アその風景の、僕との無縁さが不安を一層加速させた。そのまま放って置いたら、終点の池袋まで連れて行かれてしまったと思うのだが、途中でひと組の母娘《おやこ》が僕に声を掛けてくれたらしい。らしい、というのはその瞬間は僕の記憶からはスッポリと抜け落ちてしまっているからだ。

記憶の中の次のシーンでは、僕は駅のホームに設けられた薄暗い駅員室のような場所にポツンと座っている。恐らく彼らがかわいそうに思って僕を連れて電車を降り、駅員を呼んでくれたのだろう。僕はその部屋で母の迎えを待つことになったのだ。すっかり暗くなってしまった風景の中、恩人のふたりが、再び電車に乗って去っていく姿を覚えている。窓ガラス越しに見えた中学生くらいの女の子は（もう大丈夫よ）というように少し微笑《ほほえ》んでいた。

母を待っている姿があんまり寂しそうだったからか、そばにいた駅員が僕の手のひらに菓子をひとつ握らせてくれた。ヌガーだった。キャラメルのような歯ごたえの、あの白いやつだ。駅員の顔は覚えていない。恥ずかしくてたぶん見られなかったのだろう。僕はお礼も言わずに、そのヌガーをほおばった。しばらく噛《か》んでいると甘さの奥にピーナッツの香《こう》ばしさが口いっぱいに広がった。美味《おい》しかった。あぁ……今度このお菓子を母親に買ってもらおうと、その時思った。イその瞬間、僕の中から不安は消えていた。

迷い子になったときにその子供を襲う不安は、両親を見失ったというような単純なものでは恐らくない。それは、僕のことなど誰も知ることのない「世界」と、そしてその無関心と、否応《いやおう》なく直面させられるという大きな戸惑《とまど》いである。その疎外感の体験が少年を恐怖の底につき落とすのだろう。自分を無条件に受け入れ庇護《ひご》してくれる存在の元を離れ、「他者」（それが善意であれ悪意であれ）としての世界と向き合う――人が大人になっていく過程でいずれは誰もが経験しなくてはいウけないこのような邂逅《かいこう》を、予行演習として暴力的に体験させられる――それが迷い子という経験なのではないだろうか。だからこそ迷い子は、産まれたての赤ん坊のように泣き叫ぶのだ。たったひとりで世界へ放り出されたことへの恐怖から、これでもかと泣くのだ。そして、どんなに泣いても、もう孤独に世界と向き合っていかなくてはいけないのだと悟った時、少年は迷い子であることと訣別《けつべつ》し、大人になるのだと思う。その時を境にして、母は、自分を包み込んでくれる世界そのものではなく、世界の片隅で自分を待っていてくれるだけの小さな存在に変質してしまう――。かつて迷い子だった大人は、そのことに気付いた時、エ今度はこっそりと泣くのである。

あの日の夜、駅まで迎えに来てくれた母のことはどうしたわけか、全く覚えていない。ただ、今でも一緒に電車に乗ると、母はこの時のことを思い出しては「でもほんとうにお前に似た子だったんだよ、後ろ姿が……」と、申し訳無さそうな顔を僕へ向けるのである。

（是枝裕和「ヌガー」）

設　問

(一)「その風景の、僕との無縁さが不安を一層加速させた」（傍線部ア）とはどういうことか、説明せよ。

解答欄：一三・四㎝×二行

(二)「その瞬間、僕の中から不安は消えていた」（傍線部イ）とあるが、それはなぜか、説明せよ。

解答欄：一三・四㎝×二行

(三)「このような邂逅を、予行演習として暴力的に体験させられる」（傍線部ウ）とはどういうことか、説明せよ。

解答欄：一三・四㎝×二行

(四)「今度はこっそりと泣くのである」（傍線部エ）とあるが、それはなぜか、説明せよ。

解答欄：一三・四㎝×二行

第一問

二〇一八年度 文理共通

次の文章を読んで、後の設問に答えよ。

余りに単純で身もフタもない話ですが、過去は知覚的に見ることも、聞くことも、触ることもできず、ただ想起することができるだけです。その体験的過去における「想起」に当たるものが、歴史的過去においては「物語り行為」であるというのが僕の主張にほかなりません。つまり、過去は知覚できないがゆえに、その「実在」を確証するためには、想起や物語り行為をもとにした「探究」の手続き、すなわち発掘や史料批判といった作業が不可欠なのです。

そこで、過去と同様に知覚できないにも拘《かかわ》らず、われわれがその「実在」を確信して疑わないものを取り上げましょう。それはミクロ物理学の対象、すなわち素粒子です。電子や陽子や中性子を見たり、触ったりすることはどんなに優秀な物理学者にもできません。素粒子には質量やエネルギーやスピンはありますが、色も形も味も匂いもないからです。われわれが見ることができるのは、霧箱や泡箱によって捉えられた素粒子の飛跡にすぎません。それらは荷電粒子が通過してできた水滴や泡、すなわちミクロな粒子の運動のマクロな「痕跡」です。その痕跡が素粒子の「実在」を示す証拠であることを保証しているのは、量子力学を基盤とする現代の物理学理論にほかなりません。その意味では、素粒子の「実在」の意味は直接的な観察によってではなく、間接的証拠を支えている物理学理論によって与えられていると言うことができます。逆に、物理学理論の支えと実験的証拠の裏づけなしに物理学者が「雷子」なる新粒子の存在を主張したとしても、それが実在するとは誰も考えませんし、だいいち根拠が明示されなければ検証や反証のしようがありません。ですから、素粒子が「実在」することは背景となる物理学理論のネットワークと不即不離なのであり、それらから独立に存在主張を行うことは意味をなしません。

科学哲学では、このように直接的に観察できない対象のことを「理論的存在（theoretical entity）」ないしは「理論的構成体（theoretical construct）」と呼んでいます。むろん理論的存在と言っても「理論的虚構」という意味はまったく含まれていないことに注意してください。それは知覚的に観察できないというだけで、れっきとした「存在」であり、少なくとも現在のところ素粒子のような理論的存在の実在性を疑う人はおりません。しかし、その「実在」を確かめるためには、サイクロトロンを始めとする巨大な実験装置と一連の理論的手続きが要求されます。ですから、見聞臭触によって知覚的に観察可能なものだけが「実在」するという狭隘《きょうあい》な実証主義は捨て去らねばなりませんが、他方でその「実在」の意味は理論的「探究」の手続きと表裏一体のものであることにも留意せねばなりません。

以上の話から、物理学に見られるような理論的「探究」の手続きが、「物理的事実」のみならず「歴史的事実」を確定するためにも不可欠であることにお気づきになったと思います。そもそも「歴史（history）」の原義が「探究」であったことを思い出してください。歴史的事実は過去のものであり、もはや知覚的に見たり聞いたりすることはできませんので、その「実在」を主張するためには、直接間接の証拠が必要とされます。また、歴史学においては史料批判や年代測定など一連の理論的手続きが要求されることもご存じのとおりです。その意味で、歴史的事実を一種の「理論的存在」として特徴づけることは、抵抗感はあるでしょうが、それほど乱暴な議論ではありません。

実際ポパーは、『歴史主義の貧困』の中で「社会科学の大部分の対象は、すべてではないにせよ、抽象的対象であり、それらは理論的構成体なのである（ある人々には奇妙に聞こえようが、「戦争」や「軍隊」ですら抽象的概念である。具体的なものは、殺される多くの人々であり、あるいは制服を着た男女等々である）」と述べています。同じことは、当然ながら歴史学にも当てはまります。歴史記述の対象は「もの」ではなく「こと」、すなわち個々の「事物」ではなく、関係の糸で結ばれた「事件」や「出来事」だからです。「戦争」や「軍隊」と同様に、「フランス革命」や「明治維新」が抽象的概念であり、それらが「知覚」ではなく、「思考」の対象であることは、さほど抵抗なく納得していただけるのではないかと思います。

「理論的存在」と言っても、ミクロ物理学と歴史学とでは分野が少々かけ離れすぎておりますので、もっと身近なところ、歴史学の[b]リンセツ分野である地理学から例をとりましょう。われわれは富士山や地中海をもちろん目で見ることができますが、同じ地球上に存在するものでも、「赤道」や「日付変更線」を見ることはできません。確かに地図の上には赤い線が引いてありますが、太平洋を航行する船の上からも赤道を知覚的に捉えることは不可能です。しかし、船や飛行機で赤道や日付変更線を「通過」することは可能ですから、その意味ではそれらは確かに地球上に「実在」しています。その「通過」を、われわれは目ではなく六分儀などの「計器」によって確認します。計器による計測を支えているのは、地理学や天文学の「理論」にほかなりません。ですから赤道や日付変更線は、直接に知覚することはできませんが、地理学の理論によってその「実在」を保証された「理論的存在」と言うことができます。この「理論」を「物語り」と呼び換えるならば、われわれは歴史的出来事の存在論へと一歩足を踏み入れることになります。

具体的な例を挙げましょう。仙台から平泉へ向かう国道四号線の近くに「衣川の古戦場」があります。ご承知のように、前九年の役や後三年の役の戦場となった場所です。僕も行ったことがありますが、現在目に見えるのは草や樹木の生い茂った何もないただの野原にすぎません。しかし、この場所で行われた安倍貞任《あべのさだとう》と源義家の戦いがかつて「実在」したことをわれわれは疑いません。その確信は、言うまでもなく『陸奥話記《むつわき》』や『古今著聞集《ここんちょもんじゅう》』をはじめとする文書史料の記述や『前九年合戦絵巻』などの絵画資料、あるいは武具や人骨などの発掘物に関する調査など、すなわち「物語り」のネットワークに支えられています。このネットワークから独立に「前九年の役」を同定することはできません。それは物語りを超越した理想的年代記作者、すなわち「神の視点」を要請することにほかならないからです。だいいち「前九年の役」という[c]コショウそのものが、すでに一定の「物語り」のコンテクストを前提としています。つまり「前九年の役」という歴史的出来事はいわば「物語り負荷的」な存在なのであり、その存在性格は認識論的に見れば、素粒子や赤道などの「理論的存在」と異なるところはありません。言い換えれば、[エ]歴史的出来事の存在は「理論内在的」あるいは「物語り内在的」なのであり、フィクションといった誤解をあらかじめ防止しておくならば、それを「物語り的存在」と呼ぶこともできます。

（野家啓一『歴史を哲学する――七日間の集中講義』による）

〔注〕○霧箱――水やアルコールの蒸気で過飽和の気体の中を荷電粒子が通過するとき、進路に沿って発生する霧滴によって、粒子の飛跡を観測する装置。

○泡箱――沸点以上に加熱された液体の中を荷電粒子が通過するとき、進路に沿って発生する微小な気泡によって、粒子の飛跡を観測する装置。

○サイクロトロン――荷電粒子を加速する円形の装置。原子核の人工破壊や放射性同位体の製造に利用する。

○ポパー――Karl Raimund Popper（一九〇二～一九九四）。イギリスの哲学者。

○六分儀――天体などの目標物の高度や角度を計測する器具。外洋を航行するとき現在地を知るためなどに用いる。

○安倍貞任――平安時代中期の武将（?～一〇六二）。

○『陸奥話記』――平安時代後期に書かれた軍記。

設問

(一)「その痕跡が素粒子の『実在』を示す証拠であることを保証しているのは、量子力学を基盤とする現代の物理学理論にほかなりません」（傍線部ア）とはどういうことか、説明せよ。

解答欄：一三・五㎝×二行

(二)「『理論的虚構』という意味はまったく含まれていない」（傍線部イ）とはどういうことか、説明せよ。

解答欄：一三・五㎝×二行

㈢「『フランス革命』や『明治維新』が抽象的概念であり、それらが『知覚』ではなく、『思考』の対象であること」（傍線部ウ）とはどういうことか、説明せよ。

解答欄：一三・五㎝×二行

㈣「歴史的出来事の存在は『理論内在的』あるいは『物語り内在的』なのであり、フィクションといった誤解をあらかじめ防止しておくならば、それを『物語り的存在』と呼ぶこともできます」（傍線部エ）とあるが、「歴史的出来事の存在」はなぜ「物語り的存在」といえるのか、本文全体の論旨を踏まえた上で、一〇〇字以上一二〇字以内で説明せよ（句読点も一字と数える）。

㈤ 傍線a・b・cのカタカナに相当する漢字を楷書で書け。

a フタ　b リンセツ　c コショウ

二〇一八年度　文科　第四問

次の文章を読んで、後の設問に答えよ。

有袋類は胎生であって胎盤がない。そのために胎児は不完全な発育状態で生まれてしまう。カンガルウは受胎してから約四十日後には生まれるが、そのままでは育たないので、育児嚢《のう》という袋があって、生まれた子供は多分自力でその袋の中にもぐり込んで発育を続ける。

これは動物学の復習である。どうして同じ哺乳類でありながら胎盤のない種類がいるのか。これは動物学では考えないことにしている問題である。それは専門を決めた学者にとっては、用心しなければならない穽《おとしあな》である。それに動物学の中でもこれに似た奇妙な例はいくらでも挙げられる。そして人間だけには、理解しにくいような奇妙な器官がないなどと思ってはならない。

鳥類は卵を産み、それを放っておけば孵化《ふか》しない。それを抱きあたためるために、鳥には抱卵斑《ほうらんはん》というものがある。そこには綿毛や脂肪がなくて血管が集まり、卵をあたためるのに都合がいいように皮膚の温度が高くなっている。

その他、自分の子供を育てるために、また敵から子供を守るために、どれほどの配慮が行われているか、それらの書かれている動物の本は興味を持たれ、感動を与える。

親は自分の少年少女時代の感動を蘇《よみがえ》らせて、ある機会にそれらの話を子供に聞かせ、動物の生活を書いた本を読ませる。ア人間はこうして教育の材料を見付け出すのが巧みである。それに効果も期待できる。

しかしお膳立てのでき過ぎた与え方は効果が薄れ、時には逆の効果の現われる虞《おそ》れもある。

それよりも、子供はある機会に、動物の生活の一部分に出会うことが必ずあると信じよう。その時には余計な口出しをしてはならない。たとい、いきなり残酷に見える行動に出ても、それも黙って見ている忍耐を養っておかなければならない。自分が産み、自分が育てている子供のことは、自分以上に知っている者はいないという自信は必要だが、自信は思い上がりに変貌しやすい。

親の眼に残酷に映る子供の行動には必ず何か別の意味が含まれている。残酷な行為だと親に教えられるよりも、自分からそれを感得する方がどれほど値打ちがあるかをまず考えることである。それが親にとっては一番難しいところかもしれない。

動物と子供との間には、特殊な対話がある。だが、それを題材にして大人が創った物語にはかなり用心しなければならない。それらの大部分はイ人間性の匂い豊かな舞台で演じられた芝居のように書かれているからだ。シートンの『動物記』を子供に与えていいものかと躊躇《ちゅうちょ》している親は、この本をかなりよく読み、大事なところを読み落としていない。

ファーブルは子供のような人であった。昆虫の気持ちを知ろうとしてしばしば苛立《いらだ》ち、プロヴァンスの畑の中で、時々は残酷とも見えることをしていた。

動物をじっと見ている子供に、最初から何が何でも動物愛護の精神を期待したり、生命の尊重を悟らせようとしてもそれは無理である。蚤《のみ》を飼育してみようと思い立ったある少年は、蚤の食事の時間を決めて、自分の腕にとまらせて血を与えた。その方法は自分の皮膚の最もやわらかい部分を毒虫に提供し、時計を見ながら何分後には虫が毒針を刺した部分がどんな変化を見せたかを記録しているファーブルの思いつきによく似ている。

ウこの少年を動物愛護の模範生のように扱う人がいたら、その思い違いを嘲《あざわら》う。それよりも蚤を飼育する子供を黙って見護《みまも》っていた親を讃《ほ》めなければならない。

親はしばしば子供に玩具の一つとして小動物を与える。愛玩用として選ばれたさまざまの小動物の多くは、その親子の犠牲になる。犠牲のすべてを救い出そうとする憐愍《れんびん》の情は、直接何の関係もない第三者が抱いて、それによって批評をするものである。その批評に耳を傾けてみると、子供と動物との間での対話がどの程度大切なものかを忘れているか、さもなければ見誤っている。

対話という言葉もある雰囲気は持っているがそれだけにごまかしが含まれていてあまり使いたくない。玩具の一種として親は動物を与える。子供は掌《てのひら》に乗るほどの小型自動車と、一日中車を回転させている二十日鼠《はつかねずみ》とはきちんと区別をしている。本来はどちらかを選ばせるということのできない別種のものである。小型自動車とは子供は対話をしない。そこまで言うと、エ子供がしている小動物との対話の意味がそろそろ理解されてくる。人形に向って子供はよく話しかけるが、それは大人の真似《まね》に過ぎない。動物との大切な対話は沈黙のうちに行われているのが普通である。名前をつけてその名をよび、餌を与えたり叱ったりしている時は人形への話しかけと同じである。それは大した問題にはならない。

その、沈黙の間に行われる対話の聞こえる耳を持っている者は、残念ながら一人もいない。

（串田孫一『緑の色鉛筆』による）

〔注〕○シートン――Ernest Thompson Seton（一八六〇～一九四六）。アメリカの作家・博物学者。
○ファーブル――Jean-Henri Fabre（一八二三～一九一五）。フランスの昆虫学者。
○プロヴァンス――Provence　フランスの南東部の地方の名。

設　問

(一)「お膳立てのでき過ぎた与え方は効果が薄れ、時には逆の効果の現われる虞れもある」（傍線部ア）とあるが、それはなぜか、説明せよ。

解答欄：一三・四㎝×二行

(二)「人間性の匂い豊かな舞台で演じられた芝居のように書かれている」（傍線部イ）とはどういうことか、説明せよ。

解答欄：一三・四㎝×二行

㈢「この少年を動物愛護の模範生のように扱う人がいたら、その思い違いを嘲う」（傍線部ウ）とあるが、なぜ嘲うのか、説明せよ。

解答欄：一三・四㎝×二行

㈣「子供がしている小動物との対話」（傍線部エ）とはどういうことか、説明せよ。

解答欄：一三・四㎝×二行

二〇一七年度　文理共通

第一問

次の文章を読んで、後の設問に答えよ。

与えられた困難を人間の力で解決しようとして営まれるテクノロジーには、問題を自ら作り出し、それをまた新たな技術の開発によって解決しようとするというかたちで自己展開していく傾向が、本質的に宿っているように私には思われる。科学技術によって産み落とされた環境破壊が、それを取り戻すために、新たな技術を要請するといった事例は、およそ枚挙にいとまないし、感染防止のためのワクチンに対してウィルスが[a]タイセイを備えるようになり、新たな開発を強いられるといったことは、毎冬のように耳にする話である。東日本大震災の直後稼働を停止した浜岡原発に対して、中部電力が海抜二二メートルの防波堤を築くことによって、「安全審査」を受けようとしているというニュースに接したときも、同じ思いがリフレインするとともに、こうした展開にはたして終わりがあるのだろうかという気がした。技術開発の展開が無限に続くとは、たしかにいい切れない。次のステージになにが起こるのか、当の専門家自身が予測不可能なのだから、先のことは誰にも見えないというべきだろう。けれども[ア]科学技術の展開には、人間の営みでありながら、有無をいわせず人間をどこまでも牽引《けんいん》していく不気味なところがある。いったいそれはなんであり、世界と人間とのどういった関係に由来するのだろうか。

医療技術の発展は、たとえば不妊という状態を、技術的克服の課題とみなし、人工受精という技術を開発してきた。その一つ体外授精の場合、受精卵着床の確率を上げるために、排卵誘発剤を用い複数の卵子を採取し受精させたうえで子宮内に戻す、といったことが行なわれてきたが、これによって多胎妊娠の可能性も高くなった。多胎妊娠は、母胎へのフィジカルな影響や出産後の経済的なことなど、さまざまな負担を患者に強いるため、現在は子宮内に戻す受精卵の数を制限するようになっている。だが、この制限によっても多胎の「リスク」は、自然妊娠の二倍と、なお完全にコントロールできたわけではないし、複数の受精卵からの選択、また選択されなかった「もの」の「処理」などの問題は、依然として残る。

いずれにせよ、こうした問題に関わる是非の判断は、技術そのものによって解決できる次元には属していない。体外授精に比してより身近に起こっている延命措置の問題。たとえば胃瘻《いろう》などは、マスコミもとりあげ関心を惹《ひ》くようになったが、もはや自ら食事をとれなくなった老人に対して、胃に穴をあけるまでしなくても、鼻からチューブを通して直接栄養を胃に流し込むことは、かなり普通に行なわれている。このような措置が、ほんのその一部でしかない延命に関する技術の進展は、以前なら死んでいたはずの人間の生命を[b]キュウサイし、多数の療養型医療施設を生み出すに到っている。

しかしながら老齢の人間の生命をできるだけ長く引き伸ばすということは、可能性としては現代の医療技術から出てくるが、現実化すべきかどうかとなると、その判断は別なカテゴリーに属す。「できる」ということが、そのまま「すべき」にならないのは、核爆弾の技術をもつことが、その使用を是認することにならないのと一般である。テクネー（τέχνη）である技術は、ドイツ語 Kunst の語源が示す通り、「できること（können）」の世界に属すものであって、「すべきこと（sollen）」とは区別されねばならない。

テクノロジーは、本質的に「一定の条件が与えられたときに、それに応じた結果が生ずる」という知識の集合体である。すなわち、「どうすればできるのか」についての知識、ハウ・トゥーの知識だといってよい。それは、結果として出てくるものが望ましいかどうかに関する知識、それを統御する目的に関する知識ではないし、またそれとは無縁でなければならない。その限りのところでは、テクノロジーは、ニュートラルな道具だと、いえなくもない。ところが、こうして「すべきこと」から離れているところに、それが[イ]単なる道具としてニュートラルなものに留まりえない理由もある。

テクノロジーは、実行の可能性を示すところまで人間を導くだけで、そこに行為者としての人間を放擲《ほうてき》するのであり、放擲された人間は、かつてはなしえなかったがゆえに、問われることもなかった問題に、しかも決断せざるをえない行為者として直面する。

妊婦の血液検査によって胎児の染色体異常を発見する技術には、そのまま妊娠を続けるべきか、中絶すべきかという判断の是非を決めることはできないが、その技術と出会い行使した妊婦は、いずれかを選び取らざるをえない。いわゆる「新型出生前診断」が二〇一三年四月に導入されて以来一年の間に、追加の羊水検査で異常が認められた妊婦の九七％が中絶を選んだという。

療養型医療施設における胃瘻や経管栄養が前提としている生命の可能な限りの延長は、否定しがたいものだし、それを入所条件として掲げる施設があることも、私自身経験して知っている。だが、飢えて死んでいく子供たちが世界に数えきれないほど存在している現実を前にするならば、自ら食事をとることができなくなった老人の生命を、公的資金の投入まで行なって維持していくことが、社会的正義にかなうかどうか、少なくとも私自身は躊躇《ちゅうちょ》なく判断することができない。

ここで判断の是非を問題にしようというのでは、もちろんないし、選択的妊娠中絶の問題一つをとってみても、最終的な決定基準があるなどとは思えない。むしろ肯定・否定を問わず、いかなる論理をもってきても、それを基礎づけるものが欠けていること、そういう意味で実践的判断が虚構的なものでしかないことは明らかだと、私は考えている。

たとえば現世代の化石燃料の消費を将来世代への責任《レスポンシビリティー》によって制限しようとする論理は、物語としては理解できるが、現在存在しないものに対する責任など、応答《レスポンス》の相手がいないという点で、想像力の産物でしかないといわざるをえない。同じ想像力を別方向に向ければ、そもそも人類の存続などといったことが、この生物種に宿る尊大な欲望でしかなく、人類が、他の生物種から天然痘や梅毒のように根絶を祈願されたとしても、かかる人類殲滅《せんめつ》の野望は、人間がこれら己《おの》れの敵に対してもっている憎悪と、本質的には寸分の違いもないといいうるだろう。その他倫理的基準なるものを支えているとされる概念、たとえば「個人の意思」や「社会的コンセンサス」などが、その美名にもかかわらず、虚構性をもっていることは、少しく考えてみれば明らかである。主体となる「個人」など、確固としたものであるはずがなく、その判断が、時と場合によって、いかに動揺し変化するかは、誰しもが経験することであり、そもそも「個人の意思」を書面で残して「意思表明」とするということ自体、かかる「意思」なるものの可変性をまざまざと表わしている。また「コンセンサス」づくりの「公聴会」なるものが権力関係の追認でしかないことは、私たち自身、いやというほど繰り返し経験していることではなかろうか。

だが、行為を導くものの虚構性の指摘が、それに従っている人間の愚かさの摘発に留まるならば、それはほとんど意味もないことだろう。虚構とは、むしろ人間の行為、いや生全体に不可避的に関わるものである。人間は、虚構とともに生きる、あるいは虚構を紡ぎ出すことによって己れを支えているといってもよい。問題は、テクノロジーの発展において、虚構のあり方が大きく変わったところにある。テクノロジーは、それまでできなかったことを可能にすることによって、人間が従来それに即して自らを律してきた虚構、しかもその虚構性が気づかれなかった虚構、すなわち神話を無効にさせ、もしくは変質をヨギなくさせた。それは、不可能であるがゆえにまったく判断の必要がなかった事態、「自然」に任すことができた状況を人為の範囲に落とし込み、これに呼応する新たな虚構の産出を強いるようになったのである。そういう意味でテクノロジーは、人間的生のあり方を、その根本のところから変えてしまう。

（伊藤徹『芸術家たちの精神史』一部省略）

〔注〕○排卵誘発剤——卵巣からの排卵を促進する薬。
○多胎妊娠——二人以上の子供を同時に妊娠すること。
○胃瘻——腹壁を切開して胃内に管を通し、食物や水、薬などを流入させる処置。

設問

㈠「科学技術の展開には、人間の営みでありながら、有無をいわせず人間をどこまでも牽引していく不気味なところがある」（傍線部ア）とはどういうことか、説明せよ。　解答欄：一三・五㎝×二行

㈡「単なる道具としてニュートラルなものに留まりえない理由」（傍線部イ）とはどういうことか、説明せよ。　解答欄：一三・五㎝×二行

㈢「実践的判断が虚構的なものでしかないことは明らかだ」（傍線部ウ）とあるが、なぜそういえるのか、説明せよ。　解答欄：一三・五㎝×二行

㈣「テクノロジーは、人間的生のあり方を、その根本のところから変えてしまう」（傍線部エ）とはどういうことか、本文全体の論旨を踏まえた上で、一〇〇字以上一二〇字以内で説明せよ（句読点も一字と数える）。

㈤ 傍線部ａ・ｂ・ｃのカタカナに相当する漢字を楷書で書け。

ａ　タイセイ　　ｂ　キュウサイ　　ｃ　ヨギ

二〇一七年度　文科

第四問

次の文章を読んで、後の設問に答えよ。

住む所に多少の草木があったのは、郊外の農村だったからである。もちろん畑たんぼの作物があり、用水堀《ぼり》ぞいに雑木の藪《やぶ》もあり、植木屋の植溜《うえだめ》もいくつかあったし、またどこの家にもたいがい、なにがしか青いものが植えてあった。子供たちはひとりでに、木や草に親しんでいた。

そういう土地柄のうえに、私のうちではもう少しよけいに自然と親しむように、ア親が世話をやいた。私は三人きょうだいだが、めいめいに木が与えられていた。不公平がないように、同じ種類の木を一本ずつ、これは誰のときめて植えてあった。だから蜜柑《みかん》も三本、柿《かき》も三本、桜も椿《つばき》も三本ずつあって、持主がきまっていた。持主は花も実も自由にしていいのだが、その代り害虫を注意すること、施肥をしてもらうとき、植木屋さんに礼をいっておじぎをすること等々を、いいつかっていた。敷地にゆとりがあったから、こんなこともできたのだろうが、花の木実の木と、子供の好くように配慮して、関心をもたせるようにしたのだとおもう。

父はまた、木の葉のあてっこをさせた。木の葉をとってきて、あてさせるのである。その葉がどの木のものか、はっきりおぼえさせるためだろう。姉はそれが得意だった。枯れ葉になって干からびていても、虫が巣にして筒のように巻きあげているのも、羽状複葉の一枚をとってきたのでも、難なく当ててしまう。まだ葉にひらいていない、かがまった芽でさえ、ぴたりとあてた。私もいくつかは当てることができるのだが、干からびたのなどだされると、つかえてしまう。そこを横から姉が、さっと答えて、父をよろこばす。私はいい気持ではなかった。姉のその高慢ちきがにくらしく、口惜《くや》しかった。しかし、どうやっても私はかなわなかった。そんなにくやしがるなら、自分もしっかり覚えればいいものを、そこが性格だろうか、どこか締りがゆるいとみえて、不確かにずっこけた。ここが出来のいい子と出来のわるい子との、別れ道だった。出来のいい姉を、父は文句なくよろこんで、次々にもっと教えようとした。姉にはそれが理解できるらしかったが、私はそうはいかなかった。姉はいつも父と連立ち、妹はいつも置去《おきざ》りにされ、でも仕方がないから、うしろから一人でついていく。イ嫉妬の淋《さび》しさがあった。一方はうまれつき聡《さと》いという恵まれた素質をもつ上に、教える人を喜ばせ、自分もたのしく和気あいあいのうちに進歩する。一方は鈍いという負目《おいめ》をもつ上に、教える人をなげかせ、自分も楽しまず、ねたましさを味《あじわ》う。まことに仕方のない成りゆきである。環境も親のコーチも、草木へ縁をもつ切掛《きっか》けではあるが、姉への嫉妬がその切掛けをより強くしているのだから、すくなからず気がさす。

しかし、姉は早世した。のちに父は追憶して、あれには植物学をさせてやるつもりだったのに、としばしば残念がってこぼしていたところをみると、やはり相当の期待をもっていたことがわかるし、その子に死なれてしまって気の毒である。出来が悪くても子は子である。姉がいなくなったあとも、父は私にも弟にも、花の話木の話をしてくれた。教材は目の前にたくさんある。大根の花は白く咲くが、何日かたつうちに花びらの先はうす紫だの、うす紅だのに色がさす。みかんの花は匂《にお》いがいいばかりではない、花を裂いて、花底をなめてみれば、どんなにかぐわしい蜜《みつ》を貯《たくわ》えていることか。あんずの花と桃の花はどこがちがうか。いぬえんじゅ、猫《ねこ》やなぎ、ねずみもち、なぜそんなことというのか知ってるか。蓮《はす》の花は咲くとき音がするといわれているが、嘘《うそ》かほんとか、試してみる気はないか――そんなことをいわれると、私は夢中になって早起きをした。私のきいた限りでは、花はポンなんていわなかった。だが、音はした。こすれるような、ずれるような、かすかな音をきいた。あの花びらには、ややこわい縦の筋が立っていて、ごそっぽい触感がある。開くときそれがきしんで、ざらつくのだろうか。

ウこういう指示は私には大へんおもしろかった。うす紫に色をさした大根の花には、畑の隅《すみ》のしいんとしたうら淋しさがあり、虻《あぶ》のむらがる蜜柑の花には、元気にいきいきした気分があり、蓮の花や月見草の咲くのには、息さえひそめてうっとりした。ぴたっと身に貼《は》りつく感動である。興奮である。子供ながら、それが鬼ごっこや縄《なわ》とびのおもしろさとは、全くちがうたちのものだということがわかっていた。

　ふじの花も印象ふかかった。いったいに蝶形《ちょうがた》の花ははなやかである。ましてそれが房になって咲けば、また格別の魅力がある。子供たちが見逃すわけがない。ただこの花は取ることができにくかった。川べりの藪に這《は》いかかっているのは危《あぶな》くてだめだし、野生のせいか花房も短い。庭のものは長い房で美しいが、勝手にとるわけにはいかない。そこで空家の軒とか、廃園の池とかの花の下を遊び場にする。私もそこへ行きたかった。けれども父親からきびしく禁止されていた。そんな場所の藤棚《ふじだな》は、一見なんでもなく見えて、実はもう腐れがきていることが多く、ひょっとした弾みに一度につぶれるから危険だ、という。ことに水の上へさし出して作った棚は、植木屋でさえ用心するくらいで、子供は絶対に一人で行ってはいけない、といい渡されていた。

　荒れてはいるが留守番も置いて、門をしめている園があった。藤を藤をと私がせがむので父はそこへ連れていってくれた。俗にひょうたん池と呼ばれる中くびれの池があって、くびれの所に土橋がかかっていた。だがかなり大きい池だし、植込みが茂っていて、瓢簞《ひょうたん》というより二つの池というような趣《おもむ》きになっていた。藤棚は大きい池に大小二つ、小さい池に一つあってその小さい池の花がひときわ勝《すぐ》れていた。紫が濃く、花が大きく、房も長かった。棚はもう前のほうは崩れて、そこの部分の花は水にふれんばかりに、低く落ちこんで咲いていた。いまが盛りなのだが、すでに下り坂になっている盛りだったろうか。しきりに花が落ちた。ぽとぽとと音をたてて落ちるのである。落ちたところから丸い水の輪が、ゆらゆらとひろがったり、重なって消えたりする。明るい陽《ひ》がさし入っていて、そんな軽い水紋のゆらぎさえ照り返して、棚の花は絶えず水あかりをうけて、その美しさはない。沢山《たくさん》な虻が酔って夢中なように飛び交う。羽根の音が高低なく一つになっていた。しばらく立っていると、花の匂いがむうっと流れてきた。誰もいなくて、陽と花と虻と水だけだった。虻の羽音と落花の音がきこえて、ほかに何の音もしなかった。ぼんやりというか、うっとりというか、父と並んで無言で佇《たたず》んでいた。エ飽和というのがあの状態のことか、と後に思ったのだが、別にどういうことがあったわけでもなく、ただ藤の花を見ていただけなのに、どうしてああも魅入られたようになったのか、ふしぎな気がする。

（幸田文「藤《ふじ》」）

設問

(一)「親が世話をやいた」（傍線部ア）とはどういうことか、説明せよ。

解答欄：一三・五㎝×二行

(二)「嫉妬の淋しさ」（傍線部イ）とはどういうことか、説明せよ。

解答欄：一三・五㎝×二行

(三)「こういう指示は私には大へんおもしろかった」（傍線部ウ）とあるが、なぜおもしろかったのか、説明せよ。

解答欄：一三・五㎝×二行

(四)「飽和というのがあの状態のことか、と後に思った」（傍線部エ）とあるが、どう思ったのか、説明せよ。

解答欄：一三・五㎝×二行

二〇一六年度　文理共通

第一問

次の文章を読んで、後の設問に答えよ。

ホーフスタッターはこう書いている。

反知性主義は、思想に対して無条件の敵意をいだく人びとによって創作されたものではない。まったく逆である。教育ある者にとって、もっとも有効な敵は中途半端な教育を受けた者であるのと同様に、指折りの反知性主義者は通常、思想に深くかかわっている人びとであり、それもしばしば、[a]チンプな思想や認知されない思想にとり憑《つ》かれている。反知性主義に陥る危険のない知識人はほとんどいない。一方、ひたむきな知的情熱に欠ける反知識人もほとんどいない。

（リチャード・ホーフスタッター『アメリカの反知性主義』田村哲夫訳、強調は引用者）

この指摘は私たちが日本における反知性主義について考察する場合でも、つねに念頭に置いておかなければならないものである。反知性主義を駆動しているのは、単なる[b]タイダや無知ではなく、ほとんどの場合「ひたむきな知的情熱」だからである。

この言葉はロラン・バルトが「無知」について述べた卓見を思い出させる。バルトによれば、無知とは知識の欠如ではなく、知識に飽和されているせいで未知のものを受け容《い》れることができなくなった状態を言う。実感として、よくわかる。「自分はそれについてはよく知らない」と涼しく認める人は「自説に固執する」ということがない。他人の言うことをとりあえず黙って聴く。聴いて「得心がいったか」「腑《ふ》に落ちたか」「気持ちが片づいたか」どうかを自分の内側をみつめて判断する。[ア]そのような身体反応を以《もっ》てさしあたり理非の判断に代えることができる人を私は「知性的な人」だとみなすことにしている。その人においては知性が活発に機能しているように私には思われる。そのような人たちは単に新たな知識や情報を加算しているのではなく、自分の知的な枠組みそのものをそのつど作り替えているからである。知性とはそういう知の自己刷新のことを言うのだろうと私は思っている。個人的な定義だが、しばらくこの仮説に基づいて話を進めたい。

「反知性主義」という言葉からはその逆のものを想像すればよい。反知性主義者たちはしばしば恐ろしいほどに物知りである。一つのトピックについて、手持ちの合切袋《がっさいぶくろ》から、自説を基礎づけるデータやエビデンスや統計数値をいくらでも取り出すことができる。けれども、それをいくら聴かされても、私たちの気持ちはあまり晴れることがないし、解放感を覚えることもない。というのは、イこの人はあらゆることについて正解をすでに知っているからである。正解をすでに知っている以上、彼らはことの理非の判断を私に委ねる気がない。「あなたが同意しようとしまいと、私の語ることの真理性はいささかも揺るがない」というのが反知性主義者の基本的なマナーである。「あなたの同意が得られないようであれば、もう一度勉強して出直してきます」というようなことは残念ながら反知性主義者は決して言ってくれない。彼らは「理非の判断はすでに済んでいる。あなたに代わって私がもう判断を済ませた。だから、あなたが何を考えようと、それによって私の主張することの真理性には何の影響も及ぼさない」と私たちに告げる。そして、そのような言葉は確実に「呪い」として機能し始める。というのは、そういうことを耳元でうるさく言われているうちに、こちらの生きる力がしだいに衰弱してくるからである。「あなたが何を考えようと、何をどう判断しようと、それは理非の判定に関与しない」ということは、ウ「あなたには生きている理由がない」と言われているに等しいからである。

私は私をそのような気分にさせる人間のことを「反知性的」と見なすことにしている。その人自身は自分のことを「知性的」であると思っているかも知れない。たぶん、思っているだろう。知識も豊かだし、自信たっぷりに語るし、反論されても少しも動じない。でも、やはり私は彼を「知性的」とは呼ばない。それは彼が知性を属人的な資質や能力だと思っているからである。だが、私はそれとは違う考え方をする。

知性というのは個人においてではなく、集団として発動するものだと私は思っている。知性は「集合的叡智《えいち》」として働くのでなければ何の意味もない。単独で存立し得るようなものを私は知性と呼ばない。

わかりにくい話になるので、すこしていねいに説明したい。

私は、知性というのは個人に属するものというより、集団的な現象だと考えている。人間は集団として情報を採り入れ、その重要度を衡量し、その意味するところについて仮説を立て、それにどう対処すべきかについての合意形成を行う。エその力動的プロセス全体を活気づけ、駆動させる力の全体を「知性」と呼びたいと私は思うのである。

ある人の話を聴いているうちに、ずっと忘れていた昔のできごとをふと思い出したり、しばらく音信のなかった人に手紙を書きたくなったり、凝った料理が作りたくなったり、家の掃除がしたくなったり、たまっていたアイロンかけをしたくなったりしたら、それは知性が活性化したことの具体的な徴候である。私はそう考えている。「それまで思いつかなかったことがしたくなる」というかたちでの影響を周囲にいる他者たちに及ぼす力のことを、知性と呼びたいと私は思う。

知性は個人の属性ではなく、集団的にしか発動しない。だから、ある個人が知性的であるかどうかは、その人の個人が私的に所有する知識量や知能指数や演算能力によっては考量できない。そうではなくて、その人がいることによって、その人の発言やふるまいによって、彼の属する集団全体の知的パフォーマンスが、彼がいない場合よりも高まった場合に、事後的にその人は「知性的」な人物だったと判定される。

個人的な知的能力はずいぶん高いようだが、その人がいるせいで周囲から笑いが消え、疑心暗鬼を生じ、勤労意欲が低下し、誰も創意工夫の提案をしなくなるというようなことは現実にはしばしば起こる。きわめてcヒンパンに起こっている。その人が活発にご本人の「知力」を発動しているせいで、彼の所属する集団全体の知的パフォーマンスが下がってしまうという場合、私はそういう人を「反知性的」とみなすことにしている。これまでのところ、オこの基準を適用して人物鑑定を過ったことはない。

（内田樹《たつる》「反知性主義者たちの肖像」）

〔注〕○リチャード・ホーフスタッター——Richard Hofstadter（一九一六～一九七〇）。アメリカの歴史学者・思想家。

○ロラン・バルト——Roland Barthes（一九一五～一九八〇）。フランスの哲学者・批評家。

設問

㈠「そのような身体反応を以てさしあたり理非の判断に代えることができる人」（傍線部ア）とはどういう人のことか、説明せよ。

解答欄：一三・五㎝×二行

㈡「この人はあらゆることについて正解をすでに知っている」（傍線部イ）とはどういうことか、説明せよ。

解答欄：一三・五㎝×二行

㈢「『あなたには生きている理由がない』と言われているに等しい」（傍線部ウ）とはどういうことか、説明せよ。

解答欄：一三・五㎝×二行

㈣「その力動的プロセス全体を活気づけ、駆動させる力」（傍線部エ）とはどういう力のことか、説明せよ。

解答欄：一三・五㎝×二行

㈤「この基準を適用して人物鑑定を過ったことはない」（傍線部オ）とはどういうことか、本文全体の趣旨を踏まえた上で一〇〇字以上一二〇字以内で説明せよ（句読点も一字と数える）。

㈥ 傍線a、b、cのカタカナに相当する漢字を楷書で書け。

a　チンプ　　b　タイダ　　c　ヒンパン

二〇一六年度　文科

第四問

次の文章を読んで、後の設問に答えよ。

その日、変哲もない住宅街を歩いている途中で、私は青の異変を感じた。空気が冷たくなり、影をつくらない自然の調光がほどこされて、あたりが暗く沈んでゆく。大通りに出た途端、鉄砲水のような雨が降り出し、ほぼ同時に稲光をともなった爆裂音が落ちてきた。電流そのものではなく、来た、という感覚が身体の奥の極に流れ込んで、私は十数分の非日常を、まぎれもない日常として生きた。雨が上がり、空は白く膨らんでまた縮み、青はその縮れてできた端の余白から滲《にじ》み出たのちに、やがて一面、鮮やかな回復に向かった。

青空の青に不穏のにおいが混じるこの夏の季節を、私は以前よりも楽しみに待つようになった。平らかな空がいかにかりそめの状態であるのか、不意打ちのように示してくれる午後の天候の崩れに、ある種の救いを求めていると言っていいのかもしれない。

強烈な夏の陽射《ひざ》しと対になって頭上に迫ってくる空が、とつぜん黒々とした雲に覆われ、暗幕を下ろしたみたいに世の中が一変するさまに触れると、そのあとさらになにかが起きるのではないかとの期待感がつのり、嵐の前ではなく後でなら穏やかになると信じていた心に、それがちょっとした破れ目をつくる。

このささやかな破れ目につながる日々の感覚は、あらかじめ得られるものではない。自分のアンテナを通じて入って来た瞬間にそれが現実の出来事として生起する、つまり予感とほとんど時差のないひとつの体験であって、なにかが起こってから、あれはよい意味での虫の知らせだったとするのはどこか不自然なのだ。予報は、ときに、こちらの行動を縛り、息苦しくする。晴れわたった青空のもと街を歩いていて、すれちがいざま、これから降るらしいよといった会話を耳に挟んだりすると、ア何かひどく損をした気さえする。

空の青が湿り気を帯び、薄墨を掃いたように黒い雲をひろげる。ひんやりした風があしもとに流れて舞いあがり、頬《ほお》をなでる。来る、と感じた瞬間に最初の雨粒が落ち、稲光とともに雷鳴が響いたとき、日常の感覚の水位があがる。ずぶ濡《ぬ》れになったらどうしよう、雨宿りをして約束に遅れたらどうしようなどとはなぜか思わない。それを一瞬の、ありがたい仕合わせと見なし、空の青みの再生に至る契機を、一種の恩寵《おんちょう》として受けとめるのだ。

しばらくのあいだ青を失っていた空の回復を、私は待つ。崩れから回復までの流れを、予知や予報を介在させず、日々の延長のなかでとらえてみようとする。

イ青は不思議な色である。海の青は、手を沈めて水をすくったとたん青でなくなる。あの色は幻だといってもいい。しかし海は極端に色を変えたとき、幻を重い現実に変える力を持つ。海の青を怖《おそ》れるのは、それを愛するのと同程度に厳しいことなのだ。

空の青も、じつは幻である。天上の青はいったん空気中の分子につかまったあと放出された青い光の散乱にすぎないから、他の色を捨てたのではなく、それらといっしょになれなかった孤独な色でもある。その色に、私たちは背伸びをしても手を届かせることができない。

いつも遠い。当たり前のように遠い。それが空である。飛行機で空を飛んだら、それは近すぎてもう空の属性を失っている。遠く眺めて、はじめてその乱反射の幻が生きる。空の青こそが、いちばん平凡でいちばん穏やかな表情を見せながら、弾《はじ》かれつづける青の粒の運動を静止したひろがりとして示すという意味において、日常に似ているのではないか。

単調な日々を単調なまま過ごすには、ときに暴発的なエネルギーが必要になる。しかしその暴発は、あくまで自分の心のなかで静かに処分するものだから、表にあらわれでることはない。心の動きは外から見るかぎりどこまでも平坦《へいたん》である。内壁が劣化し、全体の均衡を崩す危険性があれば、気づいた瞬間に危ない壁を平然と剝《は》ぎとる。ウそういう裏面のある日常とこの季節の乱脈な天候との相性は、案外いいのだ。

青空の急激な変化を待ち望むのは、見えるはずのない内側の崩れの兆しを、天地を結ぶ磁界のなかで一挙に中和するためでもある。そのようにして中和された青は、もうこれまでの青ではない。ぽおっと青を見上げている自分もまた、さっきまでの自分ではない。この小さな変貌の断続的な繰り返しが体験の質を高め、破れ目を縫い直したあとでまた破るような、べつの出来事を呼び寄せるのだ。

天気の崩れと内側の暴発を経たのちにあらわれた新しい空。雨に降られたあと、たちまち乾いた亜熱帯の大通りを渡るために、私は目の前の歩道橋の階段をのぼりはじめた。事件は、そこで起きた。いちばん上から、人の頭ほどの赤い生きものが、ふわりふわりと降りてきたのである。

風船だった。糸が切れ、飛翔《ひしょう》の力を失った赤い風船。一段一段弾むようにそれは近づき、すれちがったあともおなじリズムで降りて行く。私は足を止め、振り向いて赤の軌跡を眼《め》で追った。貴重な青は、天を目指さない風船の赤に吸収され、空はこちらの視線といっしょに地上へと引き戻される。エ青の明滅に日常の破れ目を待つという自負と願望があっさり消し去られたことに奇妙な喜びを感じつつ、私は茫然《ぼうぜん》としていた。再び失われた青の行方を告げるように、遠く、雷鳴が響いていた。

（堀江敏幸「青空の中和のあとで」）

設問

㈠「何かひどく損をした気さえする」（傍線部ア）とあるが、なぜそういう気がするのか、説明せよ。

解答欄：一三・五㎝×二行

㈡「青は不思議な色である」（傍線部イ）とあるが、青のどういうところが不思議なのか、説明せよ。

解答欄：一三・五㎝×二行

㈢「そういう裏面のある日常」（傍線部ウ）とはどういうことか、説明せよ。

解答欄：一三・五㎝×二行

㈣「青の明滅に日常の破れ目を待つという自負と願望があっさり消し去られた」（傍線部エ）とはどういうことか、説明せよ。

解答欄：一三・五㎝×二行

二〇一五年度　文理共通

第一問

次の文章を読んで、後の設問に答えよ。

昨日机に向かっていた自分と現在机に向かっている自分、両者の関係はどうなっているのだろう。身体的にも意味的にも、昨日の自分と現在の自分とが微妙に違っていることは確かである。しかし、その違いを認識できるのは、その違いにもかかわらず成立している不変の自分なるものがあるからではないのか。こういった発想は根強く、誘惑的でさえある。だが、このような見方は出発点のところで誤っているのである。このプロセスを時間的に分断し、対比することで、われわれは過去の自分と現在の自分とを別々のものとして立て、それから両者の同一性を考えるという道に迷いこんでしまう。過去の自分と現在の自分という二つの自分があるのではない。あるのは、今働いている自分ただ一つである。生成しているところにしか自分はない。

過去の自分は、身体として意味として現在の自分のなかに統合されており、その限りで過去の自分は現在の自分と重なることになる。身体として統合されているとは、たとえば、運動能力に明らかである。最初はなかなかできないことでも、訓練を通じてわれわれはそれができるようになる。そして、いったん可能となると、今度はその能力を当たり前のものとしてわれわれは使用する。また、意味として統合されているとは、われわれが過去の経験を土台として現在の意味づけをなしていることに見られるとおりである。現在の自分が身体的、意味的統合を通じて、結果として過去の自分を回収する。換言すれば、回収されて初めて、過去の自分は「現在の自分の過去」という資格をカクトクできるのである。

統合が意識されている場合もあれば、意識されていない場合もある。したがって、現在の自分へと回収されている過去の自分が、それとして常に認識されているとは限らない。むしろ、忘れられていることの方が多いと思われる。二十年前の今日のことが記憶にないからといって、それ以前の自分とそれ以後の自分とが断絶しているということにはならない。第一、二十年前から今日現在までのことを、とぎれることなく記憶していること自体不可能である。重要なのは、何を忘れ、何を覚えているかである。つまり、自分の出会ったさまざまな経験を、どのようなものとして引き受け、意味づけているかである。そして、そのような過去への姿勢を、現在の世界への姿勢として自らの行為を通じて表現するということが、働きかけるということであり、他者からの応答によってその姿勢が新たに組み直されることが、自分の生成である。そしてこの生成の運動において、いわゆる自分の自分らしさというものも現れるのである。

イこの運動を意識的に完全に制御できると考えてはならない。つまり、自分の自分らしさは、自らがそうと判断すべき事柄ではないし、そうあろうと意図して実現できるものでもない。具体的に言えば、自分のことを人格者であるとか、bコウケツな人柄であるとか考えるなら、それはむしろ、自分がそのような在り方からどれほど遠いかを示しているのである。また、人格者となろうとする意識的努力は、それがどれほど真摯なものであれ、いや、真摯なものであればあるほど、どうしてもそこには不自然さが感じられてしまう。ここには、自分の自分らしさは他人によって認められるという逆説が成立する。このことは、とりわけ意識もせずに、まさに自然に為《な》される行為に、その人のその人らしさが紛《まご》う方なく認められるという、日常の経験を考えてみても分かるだろう。

自分とはこういうものであろうと考えている姿と、現実の自分とが一致していることはむしろ稀《まれ》である。それは、現実の自分とはあくまで働きであり、その働きは働きの受け手から判断されうるものだからである。しかし、そうであるならば、自分の自分らしさは他人によって決定されてしまいはしないか。ここが面倒なところである。自分らしさは他人によって認められるのではあるが、決定されるわけではない。自分らしさは生成の運動なのだから、固定的に捉えることはできない。それでも、自分らしさが認められるというのは、自分について他人が抱いていた漠然としたイメージを、一つの具体的行為として自分が現実化するからである。しかし、ウその認められた自分らしさは、すでに生成する自分ではなく、生成する自分の残した足跡でしかない。

いわゆる他人に認められる自分の自分らしさは、生成する自分という運動を貫く特徴ではありえない。かといって、自分で自分の自分らしさを捉えることもできない。結局、生成する自分の方向性などというものはないのだろうか。

生成の方向性は生成のなかで自覚される以外にない。ただこの場合、何か自分についての漠然としたイメージが具体化することで、生成の方向性が自覚されるというのではない。というのは、ここで自覚されるのは[c]イゼンとして生成の足跡でしかないからである。生成の方向性は、棒のような方向性ではなく、生成の可能性として自覚されるのである。自分なり、他人なりが抱く自分についてのイメージ、それからどれだけ自由になりうるか。どれだけこれまでの自分を否定し、逸脱できるか。この「……でない」という虚への志向性が現在生成する自分の可能性であり、方向性である。そして、これはまさに自分が生成する瞬間に、生成した自分を背景に同時に自覚されるのである。

このような可能性のどれかが現実のなかで実現されていくが、それもわれわれの死によって終止符を打たれる。こうして、自分の生成は終わり、後には自分の足跡だけが残される。

だが、本当にそうか。なるほど、自分はもはや生成することはないし、その足跡はわれわれの生誕と死によってはっきりと限られている。しかし、働きはまだ生き生きと活動している。ある人間の死によって、その足跡のもっている運動性も失われるわけではない。つまり、[エ]残された足跡を辿《たど》る人間には、その足の運びの運動性が感得されるのであり、その意味で足跡は働きをもっているのである。われわれがソクラテスの問答に直面するとき、ソクラテスの力強い働きをまざまざと感じるのではないか。

自分としてのソクラテスは死んでいるが、働きとしてのソクラテスは生きている。生成する自分は死んでいるが、その足跡は生きている。正確に言おう。自分の足跡は他人によって生を与えられる。われわれの働きは徹頭徹尾他人との関係において成立し、他人によって引き出される。そして、自分が生成することを止めてからも、その働きが可能であるとするならば、その可能性はこの現在生成している自分に含まれているはずである。そのように、自分の可能性はなかば自分に秘められている。[オ]この秘められた、可能性の自分に向かうのが、虚への志向性としての自分の方向性でもある。

（池上哲司『傍らにあること——老いと介護の倫理学』）

設　問

㈠「このような見方は出発点のところで誤っているのである」（傍線部ア）とあるが、なぜそういえるのか、説明せよ。

解答欄：一三・五㎝×二行

㈡「この運動を意識的に完全に制御できると考えてはならない」（傍線部イ）とあるが、なぜそういえるのか、説明せよ。

解答欄：一三・五㎝×二行

㈢「その認められた自分らしさは、すでに生成する自分ではなく、生成する自分の残した足跡でしかない」（傍線部ウ）とはどういうことか、説明せよ。

解答欄：一三・五㎝×二行

㈣「残された足跡を辿る人間には、その足の運びの運動性が感得される」（傍線部エ）とはどういうことか、説明せよ。

解答欄：一三・五㎝×二行

㈤「この秘められた、可能性の自分に向かうのが、虚への志向性としての自分の方向性でもある」（傍線部オ）とあるが、どういうことか。本文全体の論旨を踏まえた上で、一〇〇字以上一二〇字以内で説明せよ（句読点も一字と数える）。

㈥　傍線a、b、cのカタカナに相当する漢字を楷書で書け。

a　カクトク　　b　コウケツ　　c　イゼン

二〇一五年度　文科　第四問

次の文章を読んで、後の設問に答えよ。

私はここ十数年南房総と東京の間を行ったり来たりしているのだが、南房総の山中の家には毎年天井裏で子猫を産む多産猫がいる。人間の年齢に換算すればすでに六十歳くらいになるのだがいまだに産み続けているのである。さすがに一回に産む数は少なくなっているが、私の知る限りかれこれ総計四、五十四は産んでいるのではなかろうか。猫の子というよりまるでメンタイコのようである。

そういった子猫たちは生まれてからどうなったかというと、このあたりの猫はまだ野生の掟《おきて》や本能のようなものが残っていて、ある一定の時期が来ると、とつぜん親が子供が甘えるのを拒否しはじめる。それでもまだ猫なで声で体をすりよせてきたりすると、威嚇してときには手でひっぱたく。そのような過程を経て徐々に子は親のもとを離れなければならないのだという自覚が生まれる。

親から拒絶されて行き場のなくなった直後の子猫というものは不安な心許《こころもと》ない表情を浮かべ、痛々しさを禁じえないが、これがいざ自立を決心したとき、その表情が一変するのに驚かされる。徐々にではなくある日急変するのである。目つきも姿勢も急に大人っぽくなって、その視線が内にでなく外に向けられはじめる。それから何日かのちのこと、不意に姿を消している。帰ってくることはまずない。

一体それが何処《どこ》に行ったのか、私はしばしば対面する山影を見ながらそのありかを想像してみるのだが、こころ寂しい半面アなにか悠久の安堵《あんど》感のようなものに打たれる。見事な親離れだと思う。親も見事であれば子も見事である。子離れ、親離れのうまくいかない人間に見せてやりたいくらいだ。

かえりみるに、私はそういった健気《けなげ》な猫たちの姿をすでに何十と見てきているわけだが、それらの猫に餌をやったという経験は一度しかない。釣ってきた魚をつい与えてしまい、その猫が餌づいてしまったのである。しかしその猫も野生の血が居残っていると見え、ある年の春不意に姿を消した。それ以降私は野良《のら》猫には餌をやらないことにしている。それはこれらの猫は都会の猫と違って自然に一体化したかたちで彼らの世界で自立していると思っているからだ。自分の気まぐれと楽しみで猫の世界に介入することによってそのような猫の生き方のシステムが変形していくことがあるとすれば、それは避けなければならないということがよくわかったのである。

ところが私は再びへまをした。イ死ぬべき猫を生かしてしまったのだ。

二年前の春のことである。すでに生まれて一年になる四匹の子猫のうちの一匹が死にそうになったときのことである。遅咲きの水仙がずいぶん咲いたので、それを親戚に送ろうと思い、刈り取って玄関わきの金盥《かなだらい》に生かしていた。二、三百本もの束の大きなやつだ。

朝刈り取り、昼になにげなく窓から花の束に目をやったとき、一匹の野良猫の子が盥に手をかけて一心にその水を飲んでいる姿が見えた。その子猫は遺伝のせいか外見的にはあきらかに病気持ちである。体が痩せ細っていて背骨や肋骨《ろっこつ》が浮き出ている。汚い話だがいつもよだれを垂らし、口の回りの毛は固くこびりついたようになっている。右手に血豆のように腫れた湿瘡《しっそう》が出来ており、判コのように膿《うみ》まじりの血の手形をあちこちにつけながら歩き、これが一向に治る気配がない。口の中にも湿瘡ができており、食べ物がそれに触れると痛がる。近くに寄るとかなり強烈な腐ったような臭いがする。一年も生きているのが不思議なくらい、この子猫はあらゆる病気を抱え込んでいるように見えた。

しかしそれも宿命であり、野生の掟にしたがってこの猫は短い寿命を与えられているわけだから、私がそれに手を貸すことはよくないことだと思い、そのまま生きるように生きさせておいた。

この猫が盥の水を飲んでいたわけだが、飲んでから、四、五分もたったときのことである。七転八倒で悶《もだ》えはじめた。そしてよだれまじりの大量の嘔吐物《おうとぶつ》を吐き苦しそうに唸《うな》りはじめる。はじめ私は猫に一体なにが起こったのかさっぱりわからなかった。一瞬、死期がおとずれたのかなと思った。しかしそれにしては壮絶である。

そのとき私の脳裏にさきほどこの猫が盥の水をずいぶん飲んでいた、あの情景が過《よぎ》ったのである。ひょっとしたら、と思う。あの水は有毒なものに変化していたのかも知れないと。球根植物にはよくアルカロイド系の毒素が含まれていることがあるものだ。以前保険金殺人の疑惑のかかったある事件もトリカブトという植物が使用されたという推測がなされたし、また秋の彼岸花などにもこの毒がある。水仙に毒があるということは聞いたことがないが、ひょっとしたらこの植物もアルカロイド系の毒を含んでいるのではないか。私は猫の苦しむ様子をみながら、そのようなことを思いめぐらし、間接的にその苦しみを私が与えたような気持ちに陥った。

そのような経緯で私はつい猫を家に入れてしまったのである。猫がぐったりしたとき、私は洗面器の中に布を敷き、それを抱いて寝かせた。せめて虫の息の間だけでも快適にさせてやりたかったのである。

ところがこの病猫、元来病気持ちであるがゆえにしぶといというか、再び息を吹き返したのである。二日三日はふらふらしていたが、四、五日目にはもとの姿に戻った。そしてそのまま家に居着いてしまった。立ち直ったときにまた外に出せばよかったのだが、このそんなに寿命の長そうではない病猫につい同情してしまったのが運のつきである。可愛い動物も人の気持ちを虜《とりこ》にするものだが、こういった欠陥のある動物もべつの意味で人の気持ちを拘束してしまうもののようだ。ときに人がやってきたとき、家の中にあまり芳しくない臭気を漂わせながら、あたりかまわずよだれを垂らし、手からは血膿の判コを押してまわるこの痩せ猫を見てよくこんなものの面倒をみているなぁとだいたい感心する。その感心の中にはときに私のボランティア精神に対する共感の意味も含まれているわけだが、私はそれはそういうことではない、と薄々感じはじめていた。《ウ》

人間に限らず、その他の動物から、そしてあるいは植物にいたるまで、およそ生き物というものはエゴイズムに支えられて生きながらえていると言っても過言ではない。無償の愛、という美しい言葉があるが、それは言葉のみの抽象的な概念であって、そこに生き物の関係性が存在するかぎり完璧な無償というものはなかなか存在しがたい。

以前アメリカのポトマック川で航空機が墜落したとき、ヘリコプターから降ろされた命綱をつぎつぎと他の人に渡して自分は溺死してしまったという人がいた。この人が素晴らしい心の持ち主であることは疑いようがない。本音優先の東洋人の中ではなかなか起こらない出来事である。彼はほとんど無償で自分の命を他者に捧げたわけだが、敬虔《けいけん》なクリスティアンである彼が、彼が習ってきた教養の中に濃厚にある他者のために犠牲心を払うということによる〝冥利《みょうり》〟にまったく触れなかったとは考えにくい。

そういうものと比較するのは少しレベルが違うが、私が病気の猫を飼いつづけたのは他人が思うような自分に慈悲心があるからではなく、その猫の存在によって人間であるなら誰の中にも眠っている慈悲の気持ちが引き出されたからである。つまり逆に考えればその猫は自らが病むという犠牲を払って、他者に慈悲の心を与えてくれたということだ。誰が見ても汚く臭いという生き物が、他のどの生き物よりも可愛《かわい》いと思いはじめるのは、その二者の関係の中にそういった輻輳《ふくそう》した契約が結ばれるからである。

この猫は、それから二年間を生き、つい最近、眠るように息をひきとった。あの体では長く生きた方であると思う。死ぬと同時に、あの肉の腐りかけたような臭気が消えたのだが、誰もが不快だと思うその臭気がなくなったとき、エ不意にその臭いのことが愛《いと》しく思い出されるから不思議なものである。

（藤原新也「ある風来猫の短い生涯について」）

設問

㈠「なにか悠久の安堵感のようなものに打たれる」（傍線部ア）とあるが、どういうことか、説明せよ。

解答欄：一三・五㎝×二行

㈡「死ぬべき猫を生かしてしまったのだ」（傍線部イ）とあるが、どういうことか、説明せよ。

解答欄：一三・五㎝×二行

㈢「私はそれはそういうことではない、と薄々感じはじめていた」（傍線部ウ）とあるが、どういうことか、説明せよ。

解答欄：一三・五㎝×二行

㈣「不意にその臭いのことが愛しく思い出されるから不思議なものである」（傍線部エ）とあるが、どういうことか、説明せよ。

解答欄：一三・五㎝×二行

二〇一四年度　文理共通

第一問

次の文章は、ある精神分析家が自身の仕事と落語とを比較して述べたものである。これを読んで、後の設問に答えよ。

いざ仕事をしているときの落語家と分析家に共通するのは、まず圧倒的な孤独である。落語家は金を払って「楽しませてもらおう」とわざわざやってきた客に対して、たった一人で対峙《たいじ》する。多くの出演者の出る寄席の場合はまだいいが、独演会になるとそれはきわだつ。他のパフォーミングアート、たとえば演劇であれば、うまくいかなくても、共演者や演出家や劇作家や舞台監督や装置や音響のせいにできるかもしれない。落語家には共演者もいないし、みんな同じ古典の根多《ねた》を話しているので作家のせいにもできず、演出家もいない。すべて自分で引き受けるしかない。しかも落語の場合、反応はほとんどその場の笑いでキャッチできる。残酷なまでに結果が演者自身にはねかえってくる。受ける落語家と受けない落語家ははっきりしている。その結果に孤独に向き合い続けて、ともかくも根多を話し切るしかない。

分析家も毎日自分を訪れる患者の期待にひとりで対するしかない。そこには誰《だれ》もおらず、患者と分析家だけである。私のオフィスもそうだが、たいてい受付も秘書もおらず、まったく二人きりである。そこで自分の人生の本質的な改善を目指して週何回も金を払って訪れる患者と向き合うのである。分析料金はあまり安くない。普通の医者が一日数十人相手にできるのに対して、七、八人しか会えないので、一人の患者からある程度いただかないわけにはいかないからだが、たいてい高いと思われる。真っ当な鮨《すし》屋が最初高いように思えることと似ている。そういう料金を払っているわけであるから、患者たちは普通もしくは普通以上に[a]カセいでいる。社会では一人前かそれ以上に機能しているのだが、パーソナルな人生に深い苦悩や不毛や空虚を抱えている人たちである。こういう人たちに子どもだましは通用しない。単なる[b]ナグサめや励ましはかえって事態をこじらす。そうしたなかで、分析家はひとりきりで患者と向き合うのである。何の成果ももたらさないセッションも少なくない。それでもそこに五十分座り続けるしかない。

多くの観衆の前でたくさんの期待の視線にさらされる落語家の孤独。たったひとりの患者の前でその人生を賭《か》けた期待にさらされる分析家の孤独。どちらがたいへんかはわからない。いずれにせよ、彼らは自分をゆすぶるほど大きなものの前でたったひとりで事態に向き合い、そこを生き残り、なお何らかの成果を生み出すことが要求されている。それに失敗することは、自分の人生が微妙に、しかし確実に[c]オビヤかされることを意味する。客が来なくなる。患者が来なくなる。

おそらく[ア]このこころを凍らせるような孤独のなかで満足な仕事ができるためには、ある文化を内在化して、それに内側からしっかりと抱えられる必要がある。濃密な長期間の修業、パーソナルで[d]ジョウショ的なものを巻き込んでの修業の過程は、それに役立っているだろう。落語家も分析家も文化と伝統に抱かれて仕事をする。しかし、そうした内側の文化がそのままで通用することは、落語でも精神分析でもありえない。ただ、根多を覚えたとおりにやっても落語にはならないし、理論の教えるとおりに解釈をしても精神分析にはならない。観客と患者という他者を相手にしているからだ。

演劇などのパフォーミングアートにはすべて、何かを演じようとする自分と見る観客を喜ばせようとする自分の分裂が存在する。それは「演じている自分」とそれを「見る自分」の分裂であり、世阿弥が「離見の見」として概念化したものである。落語、特に古典落語においては、習い覚えた根多の様式を踏まえて演《や》りながら、たとえばこれから自分が発するくすぐりをいま目の前にいる観客の視点からみる作業を不断に繰り返す必要がある。昨日大いに観客を笑わせたくすぐりが今日受けるとは限らない。彼はいったん今日の観客になって、演じる自分を見る必要がある。完全に異質な自分と自分との対話が必要なのである。

しかも落語という話芸には、他のパフォーミングアートにはない、さらに異なった次元の分裂の[e]ケイキがはらまれている。それは落語が直接話法の話芸であることによる。落語というものは講談のように話者の視点から語る語り物ではない。言ってみれば地の文がなく、基本的に会話だけで構成されている。端的に言って、落語はひとり芝居である。演者は根多のなかの人物に瞬間瞬間に同一化する。根多に登場する人物たちは、おたがいにぼけたり、つっこんだり、だましたり、ひっかけたりし合っている。そうしたことが成立するには、おたがいがおたがいの意図を知らない複数の他者としてその人物たちがそこに現れなければならない。落語が生き生きと観客に体験されるためには、この他者性を演者が徹底的に維持することが必要である。イ落語家の自己はたがいに他者性を帯びた何人もの他者たちによって占められ、分裂する。私の見るところ、優れた落語家のパフォーマンスには、この他者性の維持による生きた対話の運動の心地よさが不可欠である。それはある種のリアリティを私たちに供給し、そのリアリティの手ごたえの背景でくすぐりやギャグがきまるのである。

おそらく落語という話芸のユニークさは、こうした分裂のあり方にある。もっと言えば、そうした分裂を楽しんで演じている落語家を見る楽しみが、落語というものを観《み》る喜びの中核にあるのだと思う。そして、人間が本質的に分裂していることこそ、精神分析の基本的想定である。意識と無意識でもいい、自我と超自我とエスでもいい、精神病部分と非精神病部分でもいい、本当の自己と偽りの自己でもいい、自己のなかに自律的に作動する複数の自己があって、それらの対話と交流のなかにウひとまとまりの「私」というある種の錯覚が生成される。それが精神分析の基本的な人間理解のひとつである。落語を観る観客はそうした自分自身の本来的な分裂を、生き生きとした形で外から眺めて楽しむことができるのである。分裂しながらも、ひとりの落語家として生きている人間を見ることに、何か希望のようなものを体験するのである。

エ精神分析家の仕事も実は分裂に彩られている。分析家が患者の一部分になることを通じて患者を理解することを前に述べた。たとえば、こころのなかに激しく自分を迫害する誰かとそれにおびえてなすすべもない無力な自分という世界をもっている患者は、分析家に期待しながらも、迫害されることにおびえて、分析家を遠ざけ絶えず疑惑の目を向け拒絶的になる。分析家はやがてそのような患者を疎ましく感じ、苛立《いらだ》ち、ついに患者に微妙につらく当たるようになる。こうした過程を通して分析家はまさに患者のこころのなかの迫害者になってしまう。さらに別のことも起きる。分析家は何を言っても患者にはねかえされ、どうしようもないと感じ、なすすべもない無力感を味わう。それは患者のこころのなかの無力な自己になってしまったということである。こうして患者のこころの世界が精神分析状況のなかに具体的に姿を現し、分析家は患者の自己の複数の部分に同時になってしまい、その自己は分裂する。

もちろん、そうして自分でないものになってしまうだけでは、精神分析の仕事はできない。分析家はいつかは、分析家自身の視点から事態を眺め、そうした患者の世界を理解することができなければならない。そうした理解の結果、分析家は何かを伝える。そうして伝えられる患者理解の言葉、物語、すなわち解釈というものに患者は癒《いや》される部分があるが、おそらくそれだけではない。分裂から一瞬立ち直って自分を別の視点から見ることができるオ生きた人間としての分析家自身のあり方こそが、患者に希望を与えてもいるのだろう。自分はこころのなかの誰かにただ無自覚にふりまわされ、突き動かされていなくてもいいのかもしれない。ひとりのパーソナルな欲望と思考をもつひとりの人間、自律的な存在でありうるかもしれないのだ。

（藤山直樹『落語の国の精神分析』）

〔注〕○根多――「種《たね》」を逆さ読みにした語。

○くすぐり――本筋と直接関係なく挿入される諧謔《かいぎゃく》。

○自我と超自我とエス――フロイト（Sigmund Freud　一八五六〜一九三九）によって精神分析に導入された、自己に関する概念。

設問

㈠「このこころを凍らせるような孤独」（傍線部ア）とはどういうことか、説明せよ。

解答欄：一三・五㎝×二行

㈡「落語家の自己はたがいに他者性を帯びた何人もの他者たちによって占められ、分裂する」（傍線部イ）とはどういうことか、説明せよ。

解答欄：一三・五㎝×二行

㈢「ひとまとまりの「私」というある種の錯覚」（傍線部ウ）とはどういうことか、説明せよ。

解答欄：一三・五㎝×二行

㈣「精神分析家の仕事も実は分裂に彩られている」（傍線部エ）とはどういうことか、説明せよ。

解答欄：一三・五㎝×二行

㈤「生きた人間としての分析家自身のあり方こそが、患者に希望を与えてもいる」（傍線部オ）とあるが、なぜそういえるのか、落語家との共通性にふれながら一〇〇字以上一二〇字以内で説明せよ（句読点も一字と数える）。

㈥傍線a、b、c、d、eのカタカナに相当する漢字を楷書で書け。

a　カセ（いで）　b　ナグサ（め）　c　オビヤ（かされる）　d　ジョウショ　e　ケイキ

二〇一四年度　文科　第四問

次の文章を読んで、後の設問に答えよ。

仕事の打ち合わせでだれかとはじめて顔を合わせるとき。そんなときには、互いに、見えない触角を伸ばして話題を探すことになる。もともとは苦手だったそういう事柄が、いつからか嫌でなくなり、いまでは愉《たの》しいひとときにすらなってきた。どのみち避けられないから、嫌ではないはずと自己暗示を掛けているだけかもしれない。いずれにしても、初対面の人と向かい合う時間は、ア日常のなかに、ずぶりと差しこまれる。

先日は、理系の人だった。媒体が児童向けで、科学関係の内容を含むためだった。もちろん、それは対話を進めているうちにわかってくることだ。互いに、過不足のない自己紹介をしてから本題に入る、などということは起こらない。相手の話を聞いているうちに、ずいぶん動植物に詳しい人だなという印象が像を結びはじめる。もしかして、理系ですか、と訊《き》いてみる。

「ええ、そうです。いまの会社に来る前は、環境関係の仕事をしていました。それもあって、いまの仕事でも植物や動物を取材することが多いんです。この前は蓮《はす》田に行ってきました。蓮根を育てている蓮田です。蓮って、水の中の根がけっこう長いんですよ。思ったよりずっと長くて、びっくり。動物園に行くこともありますよ。撮影にゾウの糞が必要で、ゾウがするまで、じっと待っていたりして」。嬉々《きき》として説明してくれる。だれと会うときでも、相手がどんなことにどんなふうに関心をもっているのか、知ることは面白い。自分には思いもよらない事柄を、気に掛けて生きている人がいると知ることは、知らない本のページをめくる瞬間と似ている。

私たちの前にはカフェ・ラテのカップがあった。その飲み物の表面には、模様が描かれていた。その人は、自分のカップの上へ、首を伸ばすようにした。そして、のぞき見ると「あ、柄が崩れてる」といった。「残念、崩れてる」と繰り返す。私の方は崩れていない。崩れていても一向に構わないので、それならこちらのカップと交換しようと思った瞬間、その人は自分の分を持ち上げて、口をつけた。申し出るタイミングを失う。相手への親近感が湧いてくる。以前から知っている人のような気がしてくる。

「台風の後は、植物園に直行するんです」。相手は、秘密を打ち明けるように声をひそめる。「その植物園には、いろんな種類の松が植わっていて。台風の後は、こんな大きい松ぼっくりが拾えるんです」。両手で大きさを示しながら説明してくれる。「それを、リュックに入れて、もらってくるんです」。いっしょに行ったわけではないのに、いつか、そんなことがあった気がする。いっしょに、松ぼっくりを拾った気がする。植物園もまた本に似ている。イ風が荒々しい手つきでめくれば、新たなページが開かれて、見知らぬ言葉が落ちている。植物園への道を幾度も通うその人のなかにも、未知の本がある。耳を傾ける。生きている本は開かれないときもある。こちらの言葉が多くなれば、きっと開かれない。

その人の話を、もっと聞いていたいと思った。どんぐりに卵を産みつける虫の名前を、いくつも挙げられるような人なのだ。打ち合わせだから当然、雑談とは別に本題がある。本題が済めば、店を出る。都心の駅。地下道に入ると、神奈川県の海岸の話になった。相手は、また特別な箱から秘密を取り出すように、声をひそめた。「あのあたりでは、馬の歯を拾えるんです。海岸に埋められた中世の人骨といっしょに、馬の骨も出てくるんです。中世に、馬をたくさん飼っていたでしょう。だからです。私、拾いましたよ、馬の歯」。

「それ、本当に馬の歯ですか」。思わず問い返す。瞬間、相手は、ううんと唸《うな》る。それから「あれは馬です、馬の歯ですよ。本当に、出るんです」。きっぱり答えた。記憶と体験を一点に集める真剣さで、断言した。その口からこぼれる言葉が、一音、一音、遠い浜へ駆けていく。たてがみが流れる。大陸から輸送した陶器のかけらが出るという話題なら珍しくない。事実なのだ。けれど、馬の歯のことは、はじめて聞いた。それから、とくに拾いたいわけではないなと気づく。拾えなくてもいい。ただ、その内容そのものが、はじめて教えられたことだけが帯びるぼんやりとした明るさのなかにあって、心ひかれた。

拾えなくていいと思いながら、馬かどうか、時間が経っても気になる。その人とは、本題についてのやりとりで手いっぱいで、馬の歯のことを改めて訊く機会はない。脇へ置いたまま、いつまでも、幻の馬は脇に繋《つな》いだままで、別の対話が積み重なっていく。馬なのか、馬だったのか、確かめることはできない。

ある日、吉原幸子の詩集『オンディーヌ』（思潮社、一九七二年）を読んでいた。これまで、吉原幸子のよい読者であったことはないけれど、必要があって手に取った。愛、罪、傷など、この詩人の作品について語られるときには必ず出てくる単語が、結局はすべてを表しているように思いながら読み進めるうち、あるページで手がとまった。「虹《にじ》」という詩。その詩は、次のようにはじまる。

どうしたことか　雨のあとの
立てかけたやうな原っぱの斜面に
ぶたが一匹　草をたべてゐる
電車の速さですぐに遠ざかった
（うしでもやぎでもうさぎでもなく）
あれは　たしかにぶただったらうか

なんとなく笑いを誘う。続きを読んでいくと「こころのない人間／抱擁のない愛——」という言葉が出てきて、作者らしさを感じさせる。周囲に配置される言葉も、その重さのなかでぴしりと凍るのだけれど、それでも、第一連には紛れもない可笑《おか》しみがあって、この六行だけでも繰り返し読みたい気もちになる。あれは、なんだったのだろう。そんなふうに首を傾《かし》げて脳裡《のうり》の残像をなぞる瞬間は、日常のなかにいくつも生まれる。多くのことは曖昧《あいまい》なまま消えていく。足元を照らす明確さは、いつでも仮のものなのだ。そして、だからこそ、輪郭の曖昧な物事に輪郭を与えようと一歩踏み出すことからは、光がこぼれる。その一歩は消えていく光だ。「虹」という詩の終わりの部分を引用しよう。

いま　わたしの前に
一枚のまぶしい絵があって
どこかに　大きな間違ひがあることは
わかってゐるのに
それがどこなのか　どうしてもわからない

消えろ　虹

言葉の上に、苛立《いらだ》ちが流れる。わかることとわからないことのあいだで、途方に暮れるすがたを刻む。鮮度の高い苛立ちがこの詩にはあり、それに触れれば、どきりとさせられる。わからないこと、確かめられないことで埋もれている日々に掛かる虹はどんなだろう。それさえも作者にとっては希望ではない。消えろ、と宣告するのだから。

拾われる馬の歯。それが本当に馬の歯なら、いつ、だれに飼われていたものだろう。どんな毛の色だったか。人を乗せていただろうか。あるいは荷物を運んだのだろうか。わかることはなにもない。その暗がりのなかで、ただひとつ明らかなことは、これはなんだろう、という疑問形がそこにはあるということだ。問いだけは確かにあるのだ。

問いによって、あらゆるものに近づくことができる。だから、問いとは弱さかもしれないけれど、同時に、もっとも遠くへ届く光なのだろう。「馬の歯を拾えるんです」。その言葉を思い出すと、蹄《ひづめ》の音の化石が軽快に宙を駆けまわる。遠くへ行かれそうな気がしてくる。松ぼっくり。馬の歯。掌にのせて、文字のないそんな詩を読む人もいる。見えない文字がゆっくりと流れていく。

（蜂飼耳「馬の歯」）

設問

㈠「日常のなかに、ずぶりと差しこまれる」（傍線部ア）とはどういうことか、説明せよ。

解答欄：一三・五㎝×二行

㈡「風が荒々しい手つきでめくれば、新たなページが開かれて、見知らぬ言葉が落ちている」（傍線部イ）とはどういうことか、説明せよ。

解答欄：一三・五㎝×二行

㈢「その一歩は消えていく光だ」（傍線部ウ）とはどういうことか、説明せよ。

解答欄：一三・五㎝×二行

㈣「掌にのせて、文字のないそんな詩を読む人もいる」（傍線部エ）とはどういうことか、説明せよ。

解答欄：一三・五㎝×二行

二〇一三年度　文理共通　第一問

次の文章を読んで、後の設問に答えよ。

詩人―作家が言おうとすること、いやむしろ正確に言えば、その書かれた文学作品が言おう、言い表そうと志向することは、それを告げる言い方、表し方、志向する仕方と切り離してはありえない。人々はよく、ある詩人―作家の作品は「しかじかの主張をしている」、「こういうメッセージを伝えている」、「彼の意見、考え、感情、思想はこうである」、と言うことがある。筆者も、ときに（長くならないよう、短縮し、簡潔に省略するためにせよ）それに近い言い方をしてしまう場合がある。しかし、実のところ、ある詩人―作家の書いた文学作品が告げようとしているなにか、とりあえず内容・概念的なものとみなされるなにか、言いかえると、その思想、考え、意見、感情などと思われているなにかは、それだけで切り離され、独立して自存していることはないのである。〈意味され、志向されている内容〉は、それを〈意味する仕方、志向する仕方〉の側面、表現形態の面、意味するかたちの側面と一体化して作用することによってしか存在しないし、コミュニケートされない。だから〈意味されている内容・概念・イデー〉のみを抜き出して「これこそ詩人―作家の思想であり、告げられたメッセージである」ということはできないのだ。

それゆえまた、詩人―作家のテクストを翻訳する者は、次のような姿勢を避けるべきだろう。つまり翻訳者が、むろん原文テクストの読解のために、いったんそのテクストの語り方の側面、意味するかたちの側面を経由して読み取るのは当然なのであるが、しかしこのフォルム的側面はすぐに読み終えられ、通過されて、もうこの〈意味するかたちの側面〉を気づかうことをやめるという姿勢は取るべきでない。ア もっぱら自分が抜き出し、読み取ったと信じる意味内容・概念の側面に注意を集中してしまうという態度を取ってはならない。そうやって自分が読み取った意味内容、つまり〈私〉へと伝達され、

〈私〉によって了解された概念的中身・内容が、それだけで独立して、まさにこのテクストの〈言おう、語ろう〉としていることをなす（このテクストの志向であり、意味である）とみなしてはならないのである。

翻訳者は、このようにして自分が読み取り、了解した概念的中身・内容が、それだけで独立して（もうそのフォルム的側面とは無関係に）、このテクストの告げる意味であり、志向であるとみなしてはならず、また、そういう意味や志向を自分の母語によって読みやすく言い換えればよいと考えてはならないだろう。

自分が抜き出し、読み取った中身・内容を、自らの母語によって適切に言い換えればシュビ[a]よく翻訳できると考え、そう実践することは、しばしば読みやすく、理解しやすい翻訳作品を生み出すことになるかもしれない。ただし、そこには、大きな危うさも内包されているのだ。原文のテクストがその独特な語り口、言い方、表現の仕方によって、きわめて微妙なやり方で告げようとしているなにかを十分に気づかうことから眼をそらせてしまうおそれがあるだろう。

少し極端に言えば、たとえばある翻訳者が「これがランボーの詩の日本語訳である」として読者に提示する詩が、ランボーのテクストの翻訳作品であるというよりも、はるかに翻訳者による日本語作品である[イ]ということもありえるのだ。

それを避けるためには、やはり翻訳者はできる限り原文テクストをチクゴ[b]的にたどること、〈字句通りに〉翻訳する可能性を追求するべきだろう。原文の〈意味する仕方・様式・かたち〉の側面、表現形態の面、つまり志向する仕方の面に注意を凝らし、それにあたうかぎり忠実であろうとするのである。

その点を踏まえて、もう一度考えてみよう。ランボーが、《Tu voles selon......》（……のままに飛んでいく）と書いたことのうちには、つまりこういう語順、構文、語法として〈意味する作用や働き〉を行なおうとし、なにかを言い表そうと志向したこと、それをコミュニケートしようとしたことのうちには、なにかしら特有な、独特なもの、密かなものが含まれている。翻訳者は、この特有な独特さ、なにか密かなものを絶えず気づかうべきであろう。なぜならそこにはランボーという書き手の（というよりも、そうやって書かれた、このテクストの）独特さ、特異な単独性が込められているからだ。すなわち、通常ひとが〈個性〉と呼ぶもの、芸術家や文学者の〈天分〉とみなすものが宿っているからである。

こうして翻訳者は、相容《い》れない、両立不可能な、とも思える、二つの要請に同時に応えなければならないだろう。その一つは、原文が意味しようとするもの、言おうとし、志向し、コミュニケートしようとするものをよく読み取り、それをできるだけこなれた、達意の日本語にするという課題・任務であり、もう一つは、そのためにも、原文の〈かたち〉の面、すなわち言葉づかい（その語法、シンタックス、用語法、比喩法など）をあたう限り尊重するという課題・任務である。そういう課題・任務に応えるために、翻訳者は、見たとおり、原文＝原語と母語との関わり方を徹底的に考えていく。翻訳者は、原文の〈意味する仕方・様式・かたち〉の側面、表現形態の面、つまり志向する仕方の面を注意深く読み解き、それを自国語の文脈のなかに取り込もうとする。しかし、フランス語における志向する仕方は、日本語における志向する仕方と一致することはほとんどなく、むしろしばしば食い違い、齟齬《そご》をきたし、cマサツを起こす。それゆえ翻訳者は諸々の食い違う志向する仕方を必死になって和合させ、調和させようと努めるのだ。あるやり方で自国語（自らの母語）の枠組みや規範を破り、変えるところまで進みながら、ハーモニーを生み出そうとするのである。

　こうして翻訳者は、絶えずウ原語と母語とを対話させることになる。この対話は、おそらく無限に続く対話、終わりなき対話であろう。というのも諸々の食い違う志向の仕方が和合し、調和するということは、来るべきものとして約束されることはあっても、けっして到達されることや実現されることはないからだ。こうした無限の対話のうちに、まさしく翻訳の喜びと苦悩が表裏一体となって存しているだろう。

　もしかしたら、エ翻訳という対話は、ある新しい言葉づかい、新しい文体や書き方へと開かれているかもしれない。だからある意味で原文＝原作に新たな生命を吹き込み、成長をdウナガし、生き延びさせるかもしれない。翻訳という試み、原文と（翻訳者の）母語との果てしのない対話は、ことによると新しい言葉の在りようへとつながっているかもしれない。そう約束されているかもしれない。こういう約束の地平こそ、ベンヤミンがeシサした翻訳者の使命を継承するものであろう。

　そしてこのことは、もっと大きなパースペクティブにおいて見ると、諸々の言語の複数性を引き受けるということ、他者（他なる言語・文化、異なる宗教・社会・慣習・習俗など）を受け止め、よく理解し、相互に認め合っていかねばならないということ、そのためには必然的になんらかの「翻訳」の必然性を受け入れ、その可能性を探り、拡《ひろ》げ、掘り下げていくべきであるということに結ばれているだろう。翻訳は諸々の言語・文化・宗教・慣習の複数性、その違いや差異に細心の注意を払いながら、自らの母語（いわゆる自国の文化・慣習）と他なる言語（異邦の文化・慣習）とを関係させること、対話させ、競い合わせることである。そうだとすれば、オ翻訳という営為は、諸々の言語・文化の差異のあいだを媒介し、可能なかぎり横断していく営みであると言えるのではないだろうか。

（湯浅博雄「ランボーの詩の翻訳について」）

〔注〕○フォルム――forme（フランス語）、form（英語）に同じ。
○ランボー――Arthur Rimbaud（一八五四～一八九一）フランスの詩人。
○シンタックス――syntax　構文。
○ベンヤミン――Walter Benjamin（一八九二～一九四〇）ドイツの批評家。

設問

㈠「もっぱら自分が抜き出し、読み取ったと信じる意味内容・概念の側面に注意を集中してしまうという態度を取ってはならない」（傍線部ア）とあるが、それはなぜか、説明せよ。

解答欄：一三・五㎝×二行

㈡「はるかに翻訳者による日本語作品である」（傍線部イ）とはどういうことか、説明せよ。

解答欄：一三・五㎝×二行

㈢「原語と母語とを対話させる」（傍線部ウ）とはどういうことか、説明せよ。

解答欄：一三・五㎝×二行

㈣「翻訳という対話は、ある新しい言葉づかい、新しい文体や書き方へと開かれている」（傍線部エ）とあるが、なぜそういえるのか、説明せよ。

解答欄：一三・五㎝×二行

㈤「翻訳という営為は、諸々の言語・文化の差異のあいだを媒介し、可能なかぎり横断していく営みである」（傍線部オ）とあるが、なぜそういえるのか、本文全体の趣旨を踏まえた上で、一〇〇字以上一二〇字以内で説明せよ。

㈥傍線部a、b、c、d、eのカタカナに相当する漢字を楷書で書け。

a　シュビ　b　チクゴ　c　マサツ　d　ウナガ（し）　e　シサ

第四問

二〇一三年度　文科

次の文章を読んで、後の設問に答えよ。

　知覚は、知覚自身を超えて行こうとする一種の努力である。この努力は、まったく生活上のものとして為《な》されている。実際、私は今自分が見ているこの壺《つぼ》が、ただ網膜に映っているだけのものだとは決して考えない。私からは見えない側にある、この壺の張りも丸みも色さえも、私は見ようとしているし、実際見ていると言ってよい。見えるものを見るとは、もともとそうした努力なのだ。なるほど、ア その努力には、いろいろな記憶や一般観念がいつもしきりと援助を送ってくれるから、人は一体どこで見ることが終わり、どこから予測や思考が始まるのか、はっきりとは言うことができなくなっている。けれども、見ることが、純粋な網膜上の過程で終わり、後には純粋な知性の解釈が付け加わるだけだと思うのは、行き過ぎた主知主義である。

　主知主義の哲学者たちは、精神による知覚の解釈こそ重要なのだと主張した。知覚の誤謬《ごびゅう》を救うものは悟性しかないと。日本で一頃《ひところ》はやりの映画批評は、視《み》えるものの表層に踏みとどまることこそが重要だ、映画を視る眼《め》に必要な態度だと主張していた。これはある点までもっともな言い分だが、これも行き過ぎれば主知主義のシニカルな裏返しでしかなくなるだろう。視えるとは何なのか。たとえば、モネのような画家はこの問題を突き詰めて、恐ろしく遠くにまで行った。光がなければ物が視えないと人は言うが、視えているのは物ではない、刻々に変化する光の分散そのものである。あとは頭脳の操作に過ぎないではないか。むろん、こういうモネの懐疑主義と、彼の手が描いた積み藁《わら》の美しさとはまた別ものだろう。彼は視ただけではない、視えていると信じたものを描いたのだ。当然ながら、描くことは視ることを大きく超えていく、あるいは超えていこうとする大きな努力となるほかない。

メルロ=ポンティの知覚の現象学は、視えることが〈意味〉に向かい続ける身体の志向性と切り離しては決して成り立たないことを実に巧みに語っていた。W・ジェームズやJ・ギブソンの心理学にあるのも結局は同じ考え方だと言ってよい。私は自分が登っている丘の向こうに見える一軒家が、一枚の板のように立っているとは思いはしない。家の正面はわずかに見えてくる側面と見えないあちら側との連続的な係《かか》わりによってこそ正面でありうる。歩きながら、私はそういう全体を想像したり知的に構成したりするのではない、丘を見上げながら坂道を行く私の身体の上に、家はそうした全体として否応《いやおう》なくその奥行きを、〈意味〉を顕《あら》わしてくるのである。イ家を見上げることは、歩いている私の身体がこの坂道を延びていき、家の表面を包んでその内側を作り出す流体のようになることである。流体とは、私の身体がこの家に対して持つ止めどない行動可能性にほかならない。

十九世紀後半から人類史に登場してきた写真、そして映画は、見ることについての長い人類の経験に極めて深い動揺を与えた。むろん、この事実に敏感に応じた者も、そうでなかった者もいる。けれども、動揺は測り知れず深かったと言えるのだ。機械が物を見る、それは一体どういうことなのか。肉も神経系もなく、行動も努力もしない機械が物を見る時、何が起こってくるのか。これは単なるレトリックではない。実際、リュミエール兄弟たちが開発した感光板「エチケット・ブルー」によって驚くべきスナップ写真が生まれてきた時、人はそれまで決して見たことのなかった世界の切断面、たとえばバケツから飛び出して無数の形に光る水を見たのである。それは身体が知覚するあの液体だとか固体だとかではない、何かもっと別なもの、しかもこの世界の内に確実に在るものだった。

いや、スナップ写真でなくともよい。写真機が一秒の何千分の一というようなシャッタースピードを持つに至れば、肖像写真は静止した人の顔を決して私たちが見るようには顕わさない。写真機で撮ったあらゆる顔は、どこかしら妙なものである。職業的な写真家やモデルは、そこのところをよく心得ていて、その妙なところを消す技術を持っている。けれども、それはうわべのごまかしに過ぎない。顔は刻々に動き、変化している。変化は無数のニュアンスを持ち、ニュアンスのニュアンスを持ち、静止の瞬間など一切ない。私たちの日常の視覚は、そこに相対的なさまざまの静止を持ち込む。それが、生活の要求だから。従って、私たちのしかじかの身体が、その顔に向かって働きかけるのに必要な分だけの静止がそこにはある。写真という知覚機械が示す切断はそんなものではない。この切断は何のためでもなく為され、しかもそれはウ私たちの視覚が世界に挿し込む静止と較《くら》べれば桁《けた》外れの速さで為される。

写真のこの非中枢的な切断は、私たちに何を見させるだろうか。持続し、限りなく変化しているこの世界の、言わば変化のニュアンスそれ自体を引きずり出し、一点に凝結させ、見させる。おそらく、そう言ってよい。私たちの肉眼は、こんな一点を見たことはない、しかし、持続におけるそのニュアンスは経験している。生活上の意識がそれを次々と闇《やみ》に葬るだけだ。写真は無意識の闇にあったそのニュアンスを、ただ一点に凝結させ、実に単純な視覚の事実にしてしまう。エこれは、恐ろしい事実である。

（前田英樹『深さ、記号』）

〔注〕○モネ――Claude Monet（一八四〇～一九二六）フランスの画家。
○メルロ=ポンティ――Maurice Merleau-Ponty（一九〇八～一九六一）フランスの哲学者。
○W・ジェームズ――William James（一八四二～一九一〇）アメリカの哲学者・心理学者。
○J・ギブソン――James Gibson（一九〇四～一九七九）アメリカの心理学者。
○リュミエール兄弟――オーギュスト・リュミエール Auguste Lumière（一八六二～一九五四）とルイ・リュミエール Louis Lumière（一八六四～一九四八）の兄弟。フランスにおける映画の発明者。
○エチケット・ブルー――étiquette bleue（フランス語）「青色のラベル」の意味。

設　問

㈠「その努力には、いろいろな記憶や一般観念がいつもしきりと援助を送ってくれる」（傍線部ア）とはどういうことか、説明せよ。

解答欄：一三・五㎝×二行

㈡「家を見上げることは、歩いている私の身体がこの坂道を延びていき、家の表面を包んでその内側を作り出す流体のようになることである」（傍線部イ）とあるが、家を見上げるときに私の意識の中でどのようなことが起きているというのか、説明せよ。

解答欄：一三・五㎝×二行

㈢「私たちの視覚が世界に挿し込む静止」（傍線部ウ）とはどういうことか、説明せよ。

解答欄：一三・五㎝×二行

㈣「これは、恐ろしい事実である」（傍線部エ）とあるが、なぜこの前の文にいう「視覚の事実」が「恐ろしい事実」だと感じられるのか、説明せよ。

解答欄：一三・五㎝×二行

二〇一二年度　文理共通

第一問

次の文章を読んで、後の設問に答えよ。

環境問題は、汚染による生態系の劣悪化、生物種の減少、資源のコカツ[a]、廃棄物の累積などの形であらわれている。その原因は、自然の回復力と維持力を超えた人間による自然資源の搾取にある。環境問題の改善には、思想的・イデオロギー的な対立と国益の衝突を超えて、国際的な政治合意を形成して問題に対処していく必要がある。

しかしながら、環境問題をより深いレベルで捉《とら》え、私たちの現在の自然観・世界観を見直す必要性もある。というのも、自然の搾取を推進したその理論的・思想的背景は近代科学の自然観にあると考えられるからだ。もちろん、自然の搾取は人間社会のトータルな活動から生まれたものであり、環境問題の原因のすべてを近代科学に押しつけることはできない。

しかしながら、近代科学が、自然を使用するに当たって強力な推進力を私たちに与えてきたことは間違いない。その推進力とは、ただ単に近代科学がテクノロジーを発展させ、人間の欲求を追求するためのコウリツ[b]的な手段と道具を与えたというだけではない（テクノロジーとは、科学的知識に支えられた技術のことを言う）。それだけではなく、近代科学の自然観そのものの中に、生態系の維持と保護に相反する発想が含まれていたと考えられるのである。

近代科学とは、一七世紀にガリレオやデカルトたちによって開始され、次いでニュートンをもって確立された科学を指している。近代科学が現代科学の基礎となっていることは言うまでもない。近代科学の自然観には、中世までの自然観と比較して、いくつかの重要な特徴がある。

第一の特徴は、機械論的自然観である。中世までは自然の中には、ある種の目的や意志が宿っていると考えられていたが、近代科学は、自然からそれら精神性を剝奪《はくだつ》し、定められた法則どおりに動くだけの死せる機械とみなすようになった。

第二に、原子論的な還元主義である。自然はすべて微小な粒子とそれに外から課される自然法則からできており、それら原子と法則だけが自然の真の姿であると考えられるようになった。

ここから第三の特徴として、物心二元論が生じてくる。二元論によれば、身体器官によって捉えられる知覚の世界は、主観の世界である。自然に本来、実在しているのは、色も味も臭《にお》いもない原子以下の微粒子だけである。知覚において光が瞬間に到達するように見えたり、地球が不動に思えたりするのは、主観的に見られているからである。自然の感性的な性格は、自然本来の内在的な性質ではなく、自然をそのように感受し認識する主体の側にある。つまり、心あるいは脳が生み出した性質なのだ。

真に実在するのは物理学が描き出す世界であり、そこからの物理的な刺激作用は、脳内の推論、記憶、連合、類推などの働きによって、チツジョある経験（知覚世界）へと構成される。つまり、知覚世界は心ないし脳の中に生じた一種のイメージや表象にすぎない。物理学的世界は、人間的な意味に欠けた無情の世界である。

それに対して、知覚世界は、「使いやすい机」「嫌いな犬」「美しい樹木」「愛すべき人間」などの意味や価値のある日常物に満ちている。しかしこれは、主観が対象にそのように意味づけたからである。こうして、物理学が記述する自然の客観的な真の姿と、私たちの主観的表象とは、質的にも、存在の身分としても、まったく異質のものとみなされる。

これが二元論的な認識論である。そこでは、感性によって捉えられる自然の意味や価値は主体によって与えられるとされる。いわば、自然賛美の抒情詩《じょじょうし》を作る詩人は、いまや人間の精神の素晴らしさを讃《たた》える自己賛美を口にしなければならなくなったのである。こうした物心二元論は、物理と心理、身体と心、客観と主観、自然と人間、野生と文化、事実と規範といった言葉の対によって表現されながら、私たちの生活に深くシントウしている。日本における理系と文系といった学問の区別もそのひとつである。二元論は、没価値の存在と非存在の価値を作り出してしまう。

二元論によれば、自然は、何の個性もない粒子が反復的に法則に従っているだけの存在となる。こうした宇宙に完全に欠落しているのは、ある特定の場所や物がもっているはずの個性である。時間的にも空間的にも極微にまで切り詰められた自然は、場所と歴史としての特殊性を奪われる。近代的自然科学に含まれる自然観は、自然を分解して利用する道をこれまでないほどに推進した。最終的に原子の構造を砕いて核分裂のエネルギーを取り出すようになる。自然を分解して(知的に言えば、分析をして)、材料として他の場所で利用する。近代科学の自然に対する知的・実践的態度は、ウ自然をかみ砕いて栄養として摂取することに比較できる。

近代科学が明らかにしていった自然法則は、自然を改変し操作する強力なテクノロジーとして応用されていった。しかも自然が機械にすぎず、その意味や価値はすべて人間が与えるものにすぎないのならば、自然を徹底的に利用することに躊《ちゅう》躇《ちょ》を覚える必要はない。本当に大切なのは、ただ人間の主観、心だけだからだ。こうした態度の積み重ねが現在の環境問題を生んだ。

だが実は、この自然に対するスタンスは、人間にもあてはめられてきた。むしろその逆に、歴史的に見れば、人間に対する態度が自然に対するスタンスに反映したのかもしれない。近代の人間観は原子論的であり、近代的な自然観と同型である。近代社会は、個人を伝統的共同体の桎梏《しっこく》から脱出させ、それまでの地域性や歴史性から自由な主体として約束した。つまり、人間個人から特殊な諸特徴を取り除き、原子のように単独の存在として遊離させ、規則や法に従ってはたらく存在として捉えるのだ。こうした個人概念は、たしかに近代的な個人の自由をもたらし、人権の概念を準備した。

しかし、近代社会に出現した自由で解放された個人は、同時に、ある意味でアイデンティティを失った根無し草であり、誰《だれ》とも区別のつかない個性を喪失しがちな存在である。そうした誰ともeコウカン可能な、個性のない個人(政治哲学の文脈では「負荷なき個人」と呼ばれる)を基礎として形成された政治理論についても、現在、さまざまな立場から批判が集まっている。物理学の微粒子のように相互に区別できない個人観は、その人のもつ具体的な特徴、歴史的背景、文化的・社会的アイデンティティ、特殊な諸条件を排除することでなりたっている。

だが、そのようなものとして人間を扱うことは、本当に公平で平等なことなのだろうか。いや、それ以前に、近代社会が想定する誰でもない個人は、本当は誰でもないのではなく、どこかで標準的な人間像を規定してはいないだろうか。そこでは、標準的でない人々のニーズは、社会の基本的制度から密《ひそ》かに排除され、不利な立場に追い込まれていないだろうか。実際、マイノリティに属する市民、例えば、女性、少数民族、同性愛者、障害者、少数派の宗教を信仰する人たちのアイデンティティやニーズは、周辺化されて、軽視されてきた。個々人の個性と歴史性を無視した考え方は、ある人が自分の潜在能力を十全に発揮して生きるために要する個別のニーズに応《こた》えられない。

近代科学が自然環境にもたらす問題と、これらの従来の原子論的な個人概念から生じる政治的・社会的問題とは同型であり、並行していることを確認してほしい。

自然の話に戻れば、分解して個性をなくして利用するという近代科学の方式によって破壊されるのは、生態系であることは見やすい話である。自然を分解不可能な粒子と自然法則の観点のみで捉えるならば、自然は利用可能なエネルギー以上のものではないことになる。そうであれば、自然を破壊することなど原理的にありえないことになってしまうはずだ。

しかし、そのようにして分解的に捉えられた自然は、生物の住める自然ではない。自然を原子のような部分に還元しようとする思考法は、さまざまな生物が住んでおり、生物の存在が欠かせない自然の一部ともなっている生態系を無視してきた。

生態系は、そうした自然観によっては捉えられない全体論的存在である。生態系の内部の無機・有機の構成体は、循環的に相互作用しながら、長い時間をかけて個性ある生態系を形成する。エコロジーは博物学を前身としているが、博物学とはまさしく「自然史（ナチュラル・ヒストリー）」である。ひとつの生態系は独特の時間性と個性を形成する。そして、そこに棲息《せいそく》する動植物はそれぞれの仕方で適応し、まわりの環境を改造しながら、個性的な生態を営んでいる。自然に対してつねに分解的・分析的な態度をとれば、生態系の個性、歴史性、場所性は見逃されてしまうだろう。これが、環境問題の根底にある近代の二元論的自然観（かつ二元論的人間観・社会観）の弊害なのである。自然破壊によって人間も動物も住めなくなった場所は、そのような考え方がもたらした悲劇的帰結である。

（河野哲也『意識は実在しない』）

設問

㈠「物心二元論」（傍線部ア）とあるのはどういうことか、本文の趣旨に従って説明せよ。 解答欄：一三・五㎝×二行

㈡「自然賛美の抒情詩《じょじょうし》を作る詩人は、いまや人間の精神の素晴らしさを讃《たた》える自己賛美を口にしなければならなくなった」（傍線部イ）とあるが、なぜそのような事態になるといえるのか、説明せよ。 解答欄：一三・五㎝×二行

㈢「自然をかみ砕いて栄養として摂取することに比較できる」（傍線部ウ）とあるが、なぜそういえるのか、説明せよ。 解答欄：一三・五㎝×二行

㈣「従来の原子論的な個人概念から生じる政治的・社会的問題」（傍線部エ）とはどういうことか、説明せよ。 解答欄：一三・五㎝×二行

㈤「自然破壊によって人間も動物も住めなくなった場所は、そのような考え方がもたらした悲劇的帰結である」（傍線部オ）とはどういうことか、本文全体の論旨を踏まえた上で、一〇〇字以上一二〇字以内で説明せよ。（句読点も一字として数える。）

㈥ 傍線部a、b、c、d、eのカタカナに相当する漢字を楷書で書け。

a コカツ　b コウリツ　c チツジョ　d シントウ　e コウカン

二〇一二年度　文科　第四問

次の文章は歌人の河野裕子の随筆「ひとり遊び」で、文中に挿入されている短歌もすべて筆者の自作である。これを読んで、後の設問に答えよ。

熱中、夢中、脇目もふらない懸命さ、ということが好きである。

下の子が三歳で、ハサミを使い始めたばかりの頃のことである。晩秋の夕ぐれのことで部屋はもううす暗かった。四畳半の部屋中に新聞紙の切りくずが散乱し、もう随分長いこと、シャキシャキというハサミを使う音ばかりがしていた。下の子は、切りくずの中に埋まって、指先だけでなく身体ごとハサミを使っていた。道具ではなくて、ハサミが身体の一部のようにも見えた。自分のたてるハサミの音のリズムといっしょに呼吸しながら、ただただ一心に紙を切っているのである。呼んでも振り向く様子ではなかった。熱中。胸を衝《つ》かれた。ア私は黙って障子を閉めることにした。夕飯は遅らせていい。

このようなことは、日常の突出点などでは決してなく、むしろ子供にとってはあたりまえのことなのではないだろうか。大人の側が、それを見過ごしているのである。大人たちは、子供の熱中して遊ぶ姿にふと気づくことがある。そして胸を衝かれたりもするのである。

しかし、と私は思う。大人の私が、子供たちが前後を忘れて夢中になって遊ぶ姿を、まま見落としているにしても、当節の、すこしも遊ばなくなった、といわれる子供たちに較《くら》べれば格段によく遊ぶうちの子供たちにしても、私自身の子供時代に較べれば、やはり今の子供たちは、遊びへの熱意が稀薄《きはく》なように思われてならないのである。

子供時代に遊んだ遊びを思い出す。罐《かん》蹴り、影ふみ、輪まわし、石蹴り、砂ぞり遊び、鬼ごっこ、花いちもんめ、下駄《げた》かくし、数えあげればきりもない。これらはいずれも多くの仲間たちと群れをなして遊んだ遊びである。集団の熱気に統べられて遊んだ快い興奮を忘れることができない。

より多く思い出すのは、ひとり遊びのあれこれである。私が真に熱中して遊んだのは、ひとり遊びの時だったからである。集団遊びの場合は、何何遊びとか、何何ごっこと、れっきとした名前がついているのに、ひとり遊びは、ひとり遊びとしか言いようがない。よそ目には何をしているふうにも見えないが、その子供には結構楽しい遊びであることが多いからである。

しらかみに大き楕円《だえん》を描きし子は楕円に入りてひとり遊びす　（『桜森』）

おそらく子供は、ひとり遊びを通じて、それまで自分の周囲のみが仄《ほの》かに明るいとだけしか感じられなかった得体の知れない、暗い大きな世界との、初めての出逢《であ》いを果たすのであろう。世界といってしまっては、あまりに漠然と、大づかみに過ぎるというなら、人間と自然に関わる諸々の事物事象との、なまみの身体まるごとの感受の仕方ということである。その時の、鮮烈な傷のような痛みを伴った印象は、生涯を通じて消えることはない。生涯に何百度サルビアの緋《ひ》を愛《め》でようとも、幼い日に見た、あの鮮紅には到底及ぶものではないのと同じように。

ひとり遊びとは、自分の内部に没頭するという以上に、対象への没頭なのであろうと思う。川底の小蟹《こがに》を小半日見ていてなお飽きない、というようなことがよくあった。時間を忘れ、周囲を忘れ、一枚の柿の葉をいじったり、雨あがりのなまあったかい水たまりを裸足《はだし》でかきまわしたり、際限もなく砂絵を描いたりするのが子供は好きなのである。なぜかわからないけれどそれらは何と深い、他に較べようもないよろこびだったことだろう。

菜の花かのいちめんの菜の花にひがな隠れて鬼を待ちゐき
鬼なることのひとり鬼待つことのひとりしんしんと菜の花畑なのはなのはな

（『ひるがほ』）

菜の花畑でかくれんぼをしたことがあった。菜の花畑は、子供の鬼には余りに広すぎた。七歳の子供の探索能力を超えていたのである。私は鬼を待っていた。もう何十分も何時間も待っていたのだった。待つことにすら熱中できた子供時代。今始まったばかりの子供時代の、ゆっくりゆっくり動いてゆく時間に身を浸しているという、識閾《しきいき》にすらのぼらない充足感があったにちがいない。時代もまたそのように大どかに動く時間の中にたしかに呼吸していたのである。今日のように、自然性を分断された風景というものはなかった。大きな風景の中に、人間も生きていられたのである。菜の花畑のむこうにれんげ畑、れんげ畑のむこうに麦畑があり、それらは遠くの山のすそまで広がっているはずだった。

子供時代が終わり、少女期が過ぎ、大人になってからも、エずっと私はひとり遊びの世界の住人であった。何かひとつのことに熱中し、心の力を傾けていないと、自分が不安で落着かなかった。こうした私の性癖は、生き方の基本姿勢をも次第に決定して行ったようである。考え、計算しているより先に、ひたぶるに、一心に、暴力的に対象にぶつかって行く。幸か不幸か、現在の私は、実人生でよりも、歌作りの上で、はるかに強く意識的に、このことを実践している。歌作りの現場は、意志と体力と集中力が勝負である。歌作りとは、力業である。しかし一首の歌のために幾晩徹夜して励んだとしても、よそ目には遊びとしか見えないだろう。然《しか》り、と私は答えよう。一見役に立たないもの、無駄なもの、何でもないものの中に価値を見つけ出しそれに熱中する。ひとり遊びの本領である。

（『たったこれだけの家族』）

設問

㈠「私は黙って障子を閉めることにした」（傍線部ア）のはなぜか、考えられる理由を述べよ。

解答欄：一三・五㎝×二行

㈡「それまで自分の周囲のみが仄《ほの》かに明るいとだけしか感じられなかった得体の知れない、暗い大きな世界との、初めての出逢《であ》いを果たす」（傍線部イ）とはどういうことか、説明せよ。

解答欄：一三・五㎝×二行

㈢文中の短歌「鬼なることのひとり鬼待つことのひとりしんしんと菜の花畑なのはなのはな」（傍線部ウ）に表現された情景を、簡潔に説明せよ。

解答欄：一三・五㎝×二行

㈣「ずっと私はひとり遊びの世界の住人であった」（傍線部エ）とはどういうことか、説明せよ。

解答欄：一三・五㎝×二行

二〇一一年度　文理共通

第一問

次の文章を読んで、後の設問に答えよ。

河川は人間の経験を豊かにする空間である。人間は、本質的に身体的存在であることによって、空間的経験を積むことができる。このような経験を積む空間を「身体空間」と呼ぼう。河川という空間は、「流れ」を経験できる身体空間である。

河川の体験は、流れる水と水のさまざまな様態の体験である。と同時に、[ア]身体的移動のなかでの風景体験である。河川の整備と河川を活《い》かした都市の再構築ということであれば、流れる水の知覚とそこを移動する身体に出現する風景の多様な経験を可能にするような整備が必要だということである。

河川整備の意味は、河川の整備が同時に、河川に沿う道の整備でもあるという点に関わっている。場合によって、道は、水面に近いことも、あるいは水面よりもずいぶんと高くなっていることもある。どちらにしても、ひとは歩道を歩きながら、川を体験し、また川の背景となっている都市の風景を体験し、そしてまた、そこを歩く自己の体験を意識する。

河川の体験とは、河川空間での自己の身体意識である。風景とはじつはそれぞれの身体に出現する空間の表情にほかならないからである。風景の意味はひとそれぞれによって異なっている。河川の空間が豊かな空間であるということは、何かが豊かに造られているから豊かだ、ということではない。とりわけて何もつくられていなくても、たとえば、ただ川に沿って道があり、川辺には草が生えていて、水鳥が遊び、魚が[a]ハねる、ということであっても、そのような風景の知覚がひとそれぞれに多様な経験を与える。体験の多様性の可能性が空間の豊かさである。

豊かさの内容が固定化された概念によって捉《とら》えられると、その概念によって空間の再編が行われる。たとえば「親水護岸」は水に親しむという行為を可能にするように再編された空間であるから、空間を豊かにすることであるように思われるが、その空間は「水辺に下りる」「水辺を歩く」というコンセプトを実現する空間にすぎない。そこでひとは、たしかに水辺に下りること、水辺を歩くことはできるが、それ以外のことをする可能性は排除されてしまう。この排除は川という本来自然のものが概念という人工のものによって置換されるということを意味している。それは本来身体空間であるべきものが概念空間によって置換されている事態と捉えることができる。

たとえば、流れに沿って歩いていくと、河川整備の区間によってそれを整備した事業者の違いによって、景観がちぐはぐになっていることがある。もちろんこれは同じ風景が連続していることがよいということではない。問題なのは、土を中心につくられている上流の景観が下流にいくに従って、大きな石によって組み立てられているような場合である。これは、川の相を無視し、事業主体の概念が流れる川を区分けし、その区分けされた川のダンペンを概念化した結果である。川は、流れ来る未知なる過去と流れ去る未知なる未来とを結ぶ現在の風景である。この風景を完全に既知の概念によって管理すること、コントロールすることは、川の本質に逆らうことになる。「河川の空間デザイン」という言い方には、危ういところが感じられるが、それは川のもつ未知なるものを完全に人間の概念的思考によってコントロールしうるもの、すべきものという発想が隠れているからである。

完全にコントロールされた概念空間に対して、河川の空間にもとめられているのは、新しい体験が生まれ、新しい発想が生まれ出るような創造的な空間である。川は見えない空間から流れてきて、再び見えない空間へと流れ去る。だから川は人生に喩《たと》えられる。人生は、概念で完全にコントロールできるようなものではない。川が完全にコントロールされた存在であるならば、川の風景に出会うひとには、そのコントロールされた概念に出会うだけであろう。そうなると、川は、訪れた人びとそれぞれの創造性とは無縁のものとなってしまう。

都市空間は、設計から施工、竣《しゅん》工のプロセスで完成する。建造物が空間をセッティングして、そこで人びとの生活と活動が行われる。空間の創造は、その生活と活動の空間の創造である。人びとの活動の起点は建造物の建築の終点であるが、都市計画そのものは竣工の時点が終点である。しかし、河川空間の事情は異なっている。竣工の時点が河川空間の完成時ではない。むしろ河川工事の竣工は、河川の空間が育つ起点となる。それは庭園に類似している。樹木の植栽は、庭の完成ではなく、育成の起点だからである。

だから、河川を活かした都市の再構築というとき、時間意識が必要である。川は長い時間をかけて育つもの、自然の力によって育つものであり、人間はその手助けをすべきものである。自然の力と人間の手助けによって川に個性が生まれる。時間をかけて育てた空間だけが、その川の川らしさ、つまり、個性をもつことができる。

河川の空間は、時間の経過とともに履歴を積み上げていく。その履歴が空間に意味を与えるのである。では、この時間にもとづく意味付与は、概念的コントロールによる意味付与とどこが異なるのだろうか。概念的コントロールによる意味付与は、河川空間の設計者の頭のなかにある空間意味づけであり、河川とはこういうものであるべきだ、という強制力をもつ。そのような概念によってつくられた空間に接するとき、風景はヨクアツ的なものになってしまう。風景に接したひとが自由な想像力のもとでそれぞれの個性的な経験を積み、固有の履歴を積み上げることをソガイしてしまう。

流れる水が過去から流れてきて、未来へと流れ去るように、河川の空間は、本来、時間を意識させる空間として存在する。つまり川の空間は、独特の空間の履歴をもつ。履歴は概念のコントロールとは違って、一握りの人間の頭脳のなかに存在するものではない。多くの人びとの経験の蓄積を含み、さらに自然の営みをも含む。こうして積み上げられた空間の履歴が、その空間に住み、またそこを訪れるそれぞれのひとが固有の履歴を構築する基盤となる。

人間はいま眼の前に広がる風景だけを見ているのではない。たとえば、わたしは昔の清流を知っているので、いまの川の水の色を見れば、どれほど空間が貧しくなったかを想像することができる。その人の経験の積み重ね、つまり、そのひとの履歴と空間に蓄積された空間の履歴との交差こそが風景を構築するのである。一人ひとりが自分の履歴をベースに河川空間に赴き、風景を知覚する。だからその風景は人びとに共有される空間の風景であるとともに、そのひと固有の風景でもある。風景こそ自己と世界、自己と他者が出会う場である。空間再編の設計は、ひとにぎりの人びとの概念の押しつけであってはならない。

（桑子敏雄『風景のなかの環境哲学』）

設問

㈠「身体的移動のなかでの風景体験」（傍線部ア）とはどういうことか、説明せよ。　解答欄：一三・五㎝×二行

㈡「本来身体空間であるべきものが概念空間によって置換されている事態」（傍線部イ）とはどういうことか、説明せよ。　解答欄：一三・五㎝×二行

㈢「それは庭園に類似している」（傍線部ウ）とあるが、なぜそういえるのか、説明せよ。　解答欄：一三・五㎝×二行

㈣「河川の空間は、時間の経過とともに履歴を積み上げていく」（傍線部エ）とあるが、どういうことか、説明せよ。　解答欄：一三・五㎝×二行

㈤「風景こそ自己と世界、自己と他者が出会う場である」（傍線部オ）とはどういうことか、本文全体の論旨を踏まえた上で、一〇〇字以上一二〇字以内で説明せよ。（句読点も一字として数える。）

㈥傍線部a、b、c、dのカタカナに相当する漢字を楷書で書け。

a　ハ（ねる）　b　ダンペン　c　ヨクアツ　d　ソガイ

二〇一一年度　文科

第四問

次の文章を読んで、後の設問に答えよ。

石狩アイヌの豊川重雄エカシ（長老）の自宅脇にある素朴な作業小屋のなかは、燃える薪のなつかしい匂いがした。あたりには、エカシが彫ったばかりの儀礼具の見事なマキリ（小刀）の柄やイナウ（御幣《ごへい》）が無造作に置かれ、それらに使われたクルミやヤナギ材の香りが淡く漂っている。

立派な顎髭《あごひげ》のエカシは火のそばに座り、鋭い眼光に裏打ちされた人懐っこい微笑をうかべながら、おもむろに、壮年のころの熊狩りの話をはじめていた。アイヌの聖獣である熊とのあいだに猟師が打ち立てる、繊細な意識と肉体の消息をめぐる豊かな関係性の物語である。エカシにとっての熊は、幼少の頃から、コタン（聚落《しゅうらく》）の外部にひろがる「山」という異世界をつかさどる神＝異人として、人間が人間を超えるものとのあいだに創りあげる物質的・精神的交渉、すなわち「普遍経済」と呼ぶべき統合的なコミュニケーションの世界を、凝縮して示す存在だった。その驚くべき話のなかでも私がとりわけ興味を惹《ひ》かれたのは、エカシが「無鉄砲」という日本語をたびたび援用しながら語る、丸腰での熊狩りの冒険譚《たん》だった。

古くは弓矢、近代になれば鉄砲を武器として山に入り、アイヌはヒグマを狩った。いうまでもなく、アイヌ（人間）とカムイ（熊）との関係は捕食者と獲物という一方的な搾取関係ではなく、互酬性の観念にもとづく純粋に贈与経済的な民俗信仰のなかにあった。そこでは熊の肉体とは神の地上での化身であり、毛皮や肉を人間へと贈り届けるために神はヒグマの姿をとって人間の前に姿をあらわすのだった。熊狩りによって人間はその贈与をありがたく戴《いただ》き、感謝と返礼の儀礼として熊神に歌や踊りを捧げることで、熊の魂を天上界へとふたたび送りかえすことができると考えられていた。そして熊をめぐるこうした信仰と丁重な儀礼の継続こそが、熊の人間界への継続的な来訪を保証するための、アイヌの日常生活の基盤でもあった。

豊川エカシもまた、こうしたアイヌの熊狩りの伝統に深く連なり、また自ら石狩アイヌの長老として、すなわちもっとも徳ある狩人の一人として、神の化身たる熊と山のなかで対峙《たいじ》してきた。炉端の話のなかで、アイヌの熊獲《と》りたちの潜在的な意識のどこかに、武器無しで熊と闘い、これを仕留めるという深い欲望が隠されていたことをエカシは私に示唆した。現にエカシ自身が、意図的に鉄砲を持たずに山へ入ることがままあったというのである。その場合でも、熊との遭遇をことさら避けたわけではない。むしろどこかに、遭遇への強い期待があった。鉄砲を持つことで自らの生身の身体を人工的に武装し、そのことによって狩るものと狩られるもの、すなわち猟師と獲物という一方的な関係に組み込まれることを潔しとしない、すなわち搾取的関係から離脱して、熊にたいして自律的な対称性と相互浸透の間柄に立とうとする無意識の衝動を、私はエカシの口ぶりから感じとって、ひどく興味をそそられた。

そのとき、エカシはさかんに「無鉄砲」ということばを使うのだった。あの日、山に入ったときは「無鉄砲」だったから、いつもより心のなかが騒いでいた……。「無鉄砲」のときだから、とりわけ丹念に熊の足跡を探り、土や草についた獣の匂いをかぎ分け、不意に熊のテリトリーに踏み込まないよう注意した……。「無鉄砲」の熊狩りが報われて、熊と諸手で格闘して仕留めたこともある……。山を「無鉄砲」に歩くことほど、深く豊かな体験はない……。

こうした奔放な語り口に惹き込まれつつ、ア私のなかに奇妙な違和感が湧いてくる。丸腰で熊の棲《す》む山に入ることはきわめて危険なことであり、すなわち「無鉄砲」であることは、まさに字義通り、後先を考えない「向こう見ず」で「強引」な行為であるはずだった。ところがエカシの使う「無鉄砲」ということばを、そうした「無謀」さという意味論のなかで理解しようとしても、不思議な齟齬《そご》感が残るのだった。いやむしろ、エカシは「無鉄砲」なる語彙を、「きわめて慎重」で「繊細な感覚」という正反対の意味で使用しているのだ、とわかったとき、私の理解のなかにあらたな光が射し込んできた。「無鉄砲」という和人の言葉をあえて借用しながら、イ熊と人間のあいだに横たわる「鉄砲」という武器の決定的な異物性を、エカシはパロディックに示唆していた。しかも、鉄砲を放棄することで、アイヌの猟師がいかに繊細な身体感覚を通じて熊の野生のリアリティにより深く近づいてゆくかを、エカシの物語は繰り返し語ろうとしていた。「無鉄砲」であることは、必然的に、人間の意識と身体を、裸のまま圧倒的な野生のなかにひとおもいに解放し、異種間に成立しうる前言語的・直覚的な関係性に自らを開いてゆくための、いわば究極の儀式であった。無鉄砲とはすなわち、人間が野生にたいして持ちうる、もっとも繊細で純粋な感情と思惟の統合状態を意味していたのである。

「無鉄砲」という日本語表現は、それじたいは「無点法」ないし「無手法」（方法無しに、手法を持たずに）という用語の音変化とされる一種の当て字である。だがこの用語は、近代日本文学の聖典ともいうべき夏目漱石の『坊ちゃん』冒頭のあまりにも良く知られた「親譲りの無鉄砲で小供の時から損ばかりして居る」という一節によって、ウその意味論を封鎖されてきた。豊川エカシは、近代文学の正統によるこの語彙の意味論の固定化の歴史など素知らぬふりをしながら、見事に、「無鉄砲」なる語彙にかかわる私の言語的先入観を粉砕した。そのうえで、武器を持たない熊狩りの繊細な昂揚《こうよう》感を、エカシは転意された「無鉄砲」という言葉の濫用によって私に刺激的に示したのである。個人の意思や行動の持つ強引さ、無謀さの印象はたちまち消え、北海道の山野のなかに身体ごと浸透してゆく集団としての人間たちの慎重で謙虚で強靭《きょうじん》な意識の風景が、私の脳裡《り》に立ち現れてきた。鉄砲を持とうが持つまいが、アイヌたちが熊と対峙するときつねに参入しているにちがいない、エ象徴的な交感と互酬的な関係性の地平が、奥山にかかる靄《もや》の彼方《かなた》から少しずつ近づいてくるようだった。

（今福龍太「風聞の身体」）

設問

㈠「私のなかに奇妙な違和感が湧いてくる」（傍線部ア）とあるが、どういうことか、説明せよ。

解答欄：一三・五㎝×二行

㈡「熊と人間のあいだに横たわる「鉄砲」という武器の決定的な異物性」（傍線部イ）とあるが、どういうことか、説明せよ。

解答欄：一三・五㎝×二行

㈢「その意味論を封鎖されてきた」（傍線部ウ）とあるが、どういうことか、説明せよ。

解答欄：一三・五㎝×二行

㈣「象徴的な交感と互酬的な関係性の地平」（傍線部エ）とあるが、どういうことか、説明せよ。

解答欄：一三・五㎝×二行

二〇一〇年度　文理共通　第一問

次の文章を読んで、後の設問に答えよ。

個人の本質はその内面にあると見なす私たちの心への（あるいは内面への）信仰は、私生活を重要視し、個人の内面の矛盾からも内面を推し量ろうと試みてきた。もちろん、このような解釈様式そのものは近代以前からあったかもしれない。しかし、近代ほど内面の人格的な質が重要な意味をもち、個人の社会的位置づけや評価に大きな影響力をもって作用したことはなかっただろう。個人の内面が、社会的重要性をもってその社会的自己と結び付けられるようになるとき、[ア]内面のプライバシーが求められるようになったのである。

プライバシー意識が、内面を中心として形成されてきたのは、この時代の個人の自己の解釈様式に対応しているからだ。つまり、個人を知る鍵はその内面にこそある。たしかに自己の所在が内面であるとされているあいだは、プライバシーもまた、そこが拠点になるだろう。社会的自己の本質が、個人のうちにあると想定されているような社会文化圏では、プライバシーのための[a]ボウヘキは、私生活領域、親密な人間関係、身体、心などといった、個人それ自体の周囲をとりまくようにして形づくられる。つまり、個人の内面を中心にして、同心円状に広がるプライバシーは、人間の自己の核心は内面にあるとする文化的イメージ、そしてこのイメージにあわせて形成される社会システムに対応したものである。

個人の自己が、その内面からコントロールされてつくられるという考え方は、自分の私生活の領域や身体のケア、感情の発露、あるいは自分の社会的・文化的イメージにふさわしくないと思われる表現を、他人の目から隠しておきたいと思う従来のプライバシー意識と深くかかわっている。このような考え方のもとでは、個人のアイデンティティも信用度も本人自身の問題であり、鍵はすべてその内面にあるとされるからである。

これは個人の自己の統一性というイデオロギーに符合する。自己は個人の内面によって統括され、個人はそれを一元的に管理することになる。このような主体形成では、個人は自分自身の行為や表現の矛盾、あるいは過去と現在との矛盾に対し、罪悪感を抱かされることになる。というのも自分自身のイメージやアイデンティティを守ることは、ひたすら個人自らの責任であり、個人が意識的におこなっていることだからだ。このとき個人の私生活での行動と公にしている自己表現との食い違いや矛盾は、他人に見せてはならないものとなり、もしそれが暴露されれば個人のイメージは傷つき、そのアイデンティティや社会的信用もダメージを受ける。

ただしこのような自己のコントロールは、他人との駆け引きや戦略というよりは、道徳的な性格のものであり、個人が自らの社会向けの自己をイジするためのものである。だからこのことに関する個人の隠蔽や食い違いには他人も寛容であり、それを許容して見て見ぬふりをしたり、あるいはしばしば協力的にさえなる。アーヴィング・ゴフマンはこうした近代人の慣習を、いわゆる個人の体面やメンツへの儀礼的な配慮として分析し、その一部をウェスティンなどのプライバシー論が、個人のプライバシーへの配慮や思いやりとしてとらえた。

だが人びとは、他人のプライバシーに配慮を示す一方で、その人に悪意がはたらくときには、その行為の矛盾や非一貫性を欺瞞《ぎまん》ととらえてコウゲキすることもできる。たとえばそれが商業的に利用されると、私生活スキャンダルの報道も生まれてくるのだ。

しかし、もし個人の内面の役割が縮小し始めるならば、プライバシーのあり方も変わってくるだろう。情報化が進むと、個人を知るのに、必ずしもその人の内面を見る必要はない、という考えも生まれてくる。たとえば、個人にまつわる履歴のデータさえわかれば十分だろう。その方が手軽で手っ取り早くその個人の知りたい側面を知ることができるとなれば、個人情報を通じてその人を知るというやり方が相対的にも多く用いられるようになる。場合によっては知られる側も、その方がありがたいと思うかもしれない。自分自身を評価するのに、他人の主観が入り交じった内面への評価などよりも個人情報による評価の方が、より客観的で公平だという見方もありうるのだ。だとすれば、たとえ自己の情報を提供し、管理を受け入れなければならないとしても、そのメリットはある。

「人に話せない心の秘密も、身体に秘められた経験も、いまでは情報に吸収され、情報として定義される」とウィリアム・ボガードはいう。私たちの私生活の行動パターンだけではなく、趣味や好み、適性までもが情報化され、分析されていく。「魅惑的な秘密の空間としてのプライヴァシーは、かつてはあったとしても、もはや存在しない」。[エ]ボガードのこの印象的な言葉は、現に起こっているプライバシーの拠点の移行に対応している。個人の身体の周りや[d]ヒフの内側とその私生活のなかにあったプライバシーは、いまでは個人情報へと変換され、個人を分析するデータとなり、情報システムのなかで用いられる。ボガードはいう。「観察装置が、秘密のもつ魅惑を観察社会のなかではぎとってしまった」。そして「スクリーンは、人びとを「見張る」のでも、プライヴァシーに「侵入する」のでもなく、しだいにスクリーンそのものがプライヴァシーになりつつある」と。

スクリーンとは、ジョージ・オーウェルの小説『一九八四年』に登場するあのスクリーン、すなわち人びとのありとあらゆる生活を監視するテレスクリーンのことである。この小説では、人びとは絶えずテレスクリーンによって監視されていることが、プライバシーの問題になっていた。しかし今日の情報化社会では、プライバシーは監視される人びとの側にあるのではなく、むしろ監視スクリーンの方にある。つまり個人の内面や心の秘密をとりまく私生活よりも、それを管理する情報システムこそがプライバシー[e]ホゴの対象となりつつある。

「今日のプライヴァシーは、管理と同様、ネットワークのなかにある」とボガードはいう。だからプライバシーの終焉《しゅうえん》は妄想であると。だが、それでもある種のプライバシーは終わった。ここに見られるのは、プライバシーと呼ばれるものの中身や性格の大きな転換である。「今日、プライヴァシーと関係があるのは、「人格」や「個人」や「自己」、あるいは閉じた空間とか、一人にしてもらうこととかではなく、情報化された人格や、ヴァーチャルな領域」なのである。そして、情報化された人格とは、ここでいう[オ]データ・ダブルのことである。

（阪本俊生『ポスト・プライバシー』）

〔注〕○アーヴィング・ゴフマン――Erving Goffman（一九二二～一九八二）アメリカで活躍したカナダ人の社会学者。
○ウェスティン――Alan F. Westin（一九二九～　）アメリカの公法・政治学者。
○ウィリアム・ボガード――William Bogard（一九五〇～　）アメリカの社会学者。
○ジョージ・オーウェルの小説『一九八四年』――イギリスの小説家 George Orwell（一九〇三～一九五〇）が著した *Nineteen Eighty-Four*（一九四九年発表）。

設　問

㈠　「内面のプライバシー」（傍線部ア）とはどういうことか、説明せよ。

解答欄：一三・五㎝×二行

㈡　「このような自己のコントロール」（傍線部イ）とあるが、なぜそのようなコントロールが求められるようになるのか、説明せよ。

解答欄：一三・五㎝×二行

㈢　「情報化が進むと、個人を知るのに、必ずしもその人の内面を見る必要はない、という考えも生まれてくる」（傍線部ウ）とあるが、それはなぜか、説明せよ。

解答欄：一三・五㎝×二行

㈣　「ボガードのこの印象的な言葉は、現に起こっているプライバシーの拠点の移行に対応している」（傍線部エ）とはどういうことか、説明せよ。

解答欄：一三・五㎝×二行

㈤　傍線部オの「データ・ダブル」という語は筆者の考察におけるキーワードのひとつであり、筆者は他の箇所で、その意味について、個人の外部に「データが生み出す分身（ダブル）」と説明している。そのことをふまえて、筆者は今日の社会における個人のあり方をどのように考えているのか、一〇〇字以上一二〇字以内で述べよ。

㈥　傍線部a、b、c、d、eのカタカナに相当する漢字を楷書で書け。

a　ボウヘキ　　b　イジ　　c　コウゲキ　　d　ヒフ　　e　ホゴ

二〇一〇年度　文科　第四問

次の文章を読んで、後の設問に答えよ。

極めて常識的なことだが、もし詩人が自ら体験し、生活してきた事からだけ感動をひきだし、それを言葉に移すことに終始していたならば、ア詩人なんてものは、人間にとって、あってもなくても一向にさしつかえのないつまらないものになるだろう。詩が私たちに必要なのは、そこに詩人の想像力というものがはたらいているからであって、それが無いと、謂《い》うところの実感をも普遍的なものにすることはできない。しかし、場合によっては、その想像力が、作者よりも読者の方により多くあってそのはたらきかけによって、作者をはなれて、作者と読者の中間に、あらかじめ計画されたものではないという意味において、一つの純粋な詩の世界をかいま見せるときがある。生なままで放り出されている実感が、受けとる側に、構築されたものとして、たしかな手ごたえをあたえるのはそういう場合である。私たちは、読者にあるこのような想像力の作用が、ときに、眼前にある物や、日常次元にある平凡な実感に、積極的な詩の力をあたえ、それらを変質させてしまう場合があることをみとめなければならない。それと同時に、またこの関係が逆になっているときのことも考えることができる。すなわち、一見、豊富な想像力と、多彩なイメージによって構築されているように見える作品が、これも読者に想像力があるために、そのはたらきかけによって、内質は日常次元の平凡な生活感情の表現にすぎないことを、たちどころに看破されている場合もあるのである。現代詩は難解だなどと云《い》って、詩を理解する力のないことを、さも謙虚そうに告白している人が、イまったく嘘《うそ》をついているように私に思えるのは、それによって、彼らがすべての作品の質を習慣的に選別し、自らの立場においてそれを受け入れたり、突き放したりしている、この彼らの中にある想像力に対する自信を喪失してしまった形跡が見えないからだ。それはときに、すきまもなく重層して硬く鱗質《りんしつ》化してしまったようなイメージの中へ浸透していって、それをぐらぐらに壊体させる。

　想像力は、それが外見は恣意《しい》的に八方に拡散しているように見えるときでも、必ずある方向性を持っている。ただそれは明白な観念や思想のように、直線コースにおいて目標を指示していないから、ときに無方向に見えたり、無統一に見えたりするだけである。詩における想像力は、目標に向かって直進する時期においてよりも、むしろ目標から逆行する時間もふくんだ極端なジグザグコースにおいて、その本来の機能を発揮するものだとさえ考えてよいだろう。想像力の中にある方向とは、このような蛇行状態の中にある意志のようなものであって、目標から背を向けて動いている筋肉のある部分において、その目標をより確実にひきつけているのである。あたかもガラガラ蛇の行進のごとくにだ。現代詩が、一たび、イメージによって考えるということを重視したからには、イメージとイメージがぶつかり、屈折して進行してゆく状態の中に、思想や観念によって考える場合にかんたんに切りすてられているこの目標から背馳《はいち》する力が作用しながら、それが、究極において、作者の想像力に一定の方向と思想性をさえあたえるというこの関係を、詩の力学として、詩人はしっかりとつかんでいなければならない。個別的に分析すると、救いがたいニヒリズムに通じるような否定的な暗いイメージの一つ一つが、重層し、錯綜《さくそう》し、屈折しながら進行してゆく過程で総合され、最後的に読者の精神にそれが達するときは、ケミカルな変化をとげていて、逆に人間に大きな希望と勇気をあたえる要素となっている場合を考えれば、凡《およ》そ詩において、想像力というものはいかなるはたらきをしているかが理解できるだろう。しかし、この否定的なモメントの中に肯定的なモメントを、暗さの中に明るさを（その逆の場合もあるが）、それをとらえることができるのも、詩人の方だけでなく読者の側にもその想像力というものがあるからで、むしろ重大なのはこの方ではないだろうか。私は、現代の詩人は、読者もまた持っているところのこの想像力という能力の計量を、その方法の出発においていくらかあやまっているように思えてならない。

　ここにおいて、再び問題になってくるのは経験である。あるいは経験の質だと云おう。強烈な想像力は、直接経験したことがらを超越するという意味において、現実の次元からとび出すことは可能であっても、その現実の中での経験の質的な核を破壊することはできない。かりに宇宙というイデーをそこにぶっつけても、想像力の行動半径は、この経験の質的な核によって限定される。そして限定されているものであるために、私たちは、その想像力の実体というものを正確に計量することができるのである。どのような詩人の持っている想像力も、その意味で、いついかなる場合においても現実をふんまえ、敢《あ》えていえば、生活をひきずっているものであるといってよいだろう。したがって、想像力の実体をつきとめるということは、それがふんまえている現実を、生活現実をあからさまにするということに他《ほか》ならない。

（小野十三郎「想像力」）

設問

(一)「詩人なんてものは、人間にとって、あってもなくても一向にさしつかえのないつまらないものになるだろう」（傍線部ア）とあるが、それはなぜか、説明せよ。

解答欄：一三・四㎝×二行

(二)「まったく嘘をついているように私に思える」（傍線部イ）とあるが、それはなぜか、説明せよ。

解答欄：一三・四㎝×二行

(三)「詩の力学」（傍線部ウ）とはどういうことか、説明せよ。

解答欄：一三・四㎝×二行

(四)「その現実の中での経験の質的な核を破壊することはできない」（傍線部エ）とあるが、それはなぜか、説明せよ。

解答欄：一三・四㎝×二行

二〇〇九年度　文理共通

第一問

次の文章を読んで、後の設問に答えよ。

白は、完成度というものに対する人間の意識に影響を与え続けた。紙と印刷の文化に関係する美意識は、文字や活字の問題だけではなく、言葉をいかなる完成度で定着させるかという、情報の仕上げと始末への意識を生み出している。白い紙に黒いインクで文字を印刷するという行為は、不可逆な定着をおのずと成立させてしまうので、未成熟なもの、[a]ギンミの足らないものはその上に発露されてはならないという、暗黙の了解をいざなう。

推敲《すいこう》という言葉がある。推敲とは中国の唐代の詩人、賈島《かとう》の、詩作における逡巡《しゅんじゅん》の逸話である。詩人は求める詩想において「僧は推《お》す月下の門」がいいか「僧は敲《たた》く月下の門」がいいかを決めかねて悩む。逸話が逸話たるゆえんは、選択する言葉のわずかな差異と、その微差において詩のイマジネーションになるほど大きな変容が起こり得るという共感が、この有名な逡巡を通して成立するということであろう。月あかりの静謐《せいひつ》な風景の中を、音もなく門を推すのか、あるいは静寂の中に木戸を敲く音を響かせるかは、確かに大きな違いかもしれない。いずれかを決めかねる詩人のデリケートな感受性に、人はささやかな同意を寄せるかもしれない。しかしながら一方で、推すにしても敲くにしても、それほどの逡巡を生み出すほどの大事でもなかろうという、微差に執着する詩人の神経質さ、[b]キリョウの小ささをも同時に印象づけているかもしれない。これは[ア]「定着」あるいは「完成」という状態を前にした人間の心理に言及する問題である。

白い紙に記されたものは不可逆である。後戻りが出来ない。今日、押印したりサインしたりという行為が、意思決定の証として社会の中を流通している背景には、白い紙の上には訂正不能な出来事が固定されるというイマジネーションがある。白い紙の上に朱の印泥《いんでい》を用いて印を押すという行為は、明らかに不可逆性の象徴である。

思索を言葉として定着させる行為もまた白い紙の上にペンや筆で書くという不可逆性、そして活字として書籍の上に定着させるというさらに大きな不可逆性を発生させる営みである。推敲という行為はそうした不可逆性が生み出した営みであり美意識であろう。このような、イ達成を意識した完成度や洗練を求める気持ちの背景に、白という感受性が潜んでいる。

子供の頃、習字の練習は半紙という紙の上で行った。黒い墨で白い半紙の上に未成熟な文字を果てしなく発露し続ける、その反復が文字を書くトレーニングであった。取り返しのつかないつたない結末を紙の上に顕《あらわ》し続ける呵責《かしゃく》の念が上達のエネルギーとなる。練習用の半紙といえども、白い紙である。そこに自分のつたない行為の痕跡《こんせき》を残し続けていく。紙がもったいないというよりも、白い紙に消し去れない過失を累積していく様を把握《はあく》し続けることが、おのずと推敲という美意識を加速させるのである。この、ウ推敲という意識をいざなう推進力のようなものが、紙を中心としたひとつの文化を作り上げてきたのではないかと思うのである。もしも、無限の過失をなんの代償もなく受け入れ続けてくれるメディアがあったとしたならば、推すか敲くかを逡巡する心理は生まれてこないかもしれない。

現代はインターネットという新たな思考経路が生まれた。ネットというメディアは一見、個人のつぶやきの集積のようにも見える。しかし、ネットの本質はむしろ、不完全を前提にした個の集積の向こう側に、皆が共有できる総合知のようなものに手を伸ばすことのように思われる。つまりネットを介してひとりひとりが考えるという発想を超えて、世界の人々が同時に考えるというような状況が生まれつつある。かつては、百科事典のような厳密さの問われる情報の体系を編むにも、個々のパートは専門家としての個の書き手がこれを担ってきた。しかし現在では、あらゆる人々が加筆訂正できる百科事典のようなものがネットの中を動いている。間違いやいたずら、思い違いや表現の不的確さは、世界中の人々の眼に常にさらされている。印刷物を間違いなく世に送り出す時の意識とは異なるプレッシャー、良識も悪意も、嘲笑《ちょうしょう》も尊敬も、揶揄《やゆ》も批評も一緒にした興味と関心が生み出す知の圧力によって、情報はある意味で無限に更新を繰り返しているのだ。無数の人々の眼にさらされ続ける情報は、変化する現実に限りなく接近し、寄り添い続けるだろう。断定しない言説にcシンギがつけられないように、その情報はあらゆる評価をdカイヒしながら、エ文体を持たないニュートラルな言葉で知の平均値を示し続けるのである。明らかに、推敲がもたらす質とは異なる、新たな知の基準がここに生まれようとしている。

しかしながら、無限の更新を続ける情報には「清書」や「仕上がる」というような価値観や美意識が存在しない。無限に更新され続ける巨大な情報のうねりが、知の圧力として情報にプレッシャーを与え続けている状況では、情報は常に途上であり終わりがない。

一方、紙の上に乗るということは、黒いインクなり墨なりを付着させるという、後戻りできない状況へ乗り出し、完結した情報をジョウジュ(e)させる仕上げへの跳躍を意味する。白い紙の上に決然と明確な表現を屹立《きつりつ》させること。不可逆性を伴うがゆえに、達成には感動が生まれる。またそこには切り口の鮮やかさが発現する。その営みは、書や絵画、詩歌、音楽演奏、舞踊、武道のようなものに顕著に現れている。手の誤り、身体のぶれ、鍛錬の未熟さを超克し、失敗への危険に臆《おく》することなく潔く発せられる表現の強さが、感動の根源となり、諸芸術の感覚を鍛える暗黙の基礎となってきた。音楽や舞踊における「本番」という時間は、真っ白な紙と同様の意味をなす。聴衆や観衆を前にした時空は、まさに「タブラ・ラサ」、白く澄みわたった紙である。

弓矢の初級者に向けた忠告として「諸矢《もろや》を手挟《たばさ》みて的に向かふ」ことをいさめる逸話が『徒然草』にある。標的に向かう時に二本目の矢を持って弓を構えてはいけない。その刹那《せつな》に訪れる二の矢への無意識の依存が一の矢への切実な集中を鈍らせるという指摘である。この、矢を一本だけ持って的に向かう集中の中に白がある。(オ)

（原研哉『白』）

〔注〕　○タブラ・ラサ――tabula rasa（ラテン語）　何も書いてない状態。

設問

㈠「「定着」あるいは「完成」という状態を前にした人間の心理」（傍線部ア）とはどういうことか、説明せよ。

解答欄：一三・五㎝×二行

㈡「達成を意識した完成度や洗練を求める気持ちの背景に、白という感受性が潜んでいる」（傍線部イ）とはどういうことか、説明せよ。

解答欄：一三・五㎝×二行

㈢「推敲という意識をいざなう推進力のようなものが、紙を中心としたひとつの文化を作り上げてきた」（傍線部ウ）とはどういうことか、説明せよ。

解答欄：一三・五㎝×二行

㈣「文体を持たないニュートラルな言葉で知の平均値を示し続ける」（傍線部エ）とはどういうことか、説明せよ。

解答欄：一三・五㎝×二行

㈤「矢を一本だけ持って的に向かう集中の中に白がある」（傍線部オ）とはどういうことか。本文全体の論旨を踏まえた上で、一〇〇字以上一二〇字以内で説明せよ。（句読点も一字として数える。なお採点においては、表記についても考慮する。）

㈥傍線部a、b、c、d、eのカタカナに相当する漢字を楷書で書け。

a　ギンミ　b　キリョウ　c　シンギ　d　カイヒ　e　ジョウジュ

二〇〇九年度　文科　第四問

次の文章を読んで、後の設問に答えよ。

いなかに百一歳の叔母がいる。いなかは奥会津である。若い日には山羊《やぎ》を飼って乳などを搾っていたので山羊小母《めんこばんば》と呼ばれている。山羊小母の家に行ったことは二、三度しかないが説明するとなると結構たいへんである。

一見、藁葺《わらぶき》屋根のふつうの農家だが、入口を入ると土間があって、その土間を只見川の支流から引き入れた水が溝川をなして流れている。台所の流しから流れ出る米の磨《と》ぎ汁をはじめ、米粒、野菜の切り屑《くず》などはこの溝川を流れて庭の池に注ぎこむ。池には鯉《こい》がいて、これを餌《えさ》にしている。

土間から上った板敷には囲炉裏が切ってあり、冬場は薪がぼんぼん焚《た》かれ、戦前までは小作の人たちが暖を取っていたという。板敷につづく少し高い板の間にはぶ厚い藁莫蓙《わらござ》が敷かれていて、大きな四角い火鉢が置かれ、太い炭がまっかに熾《おこ》され鉄瓶の湯が煮えたぎっていた。そのまた奥に一段高い座敷があり、そこが仏壇のある当主の居間であった。当主は仏壇を背にして坐《すわ》り、ここにも大きな火鉢がある。隠居の老人は口少なに控え目の姿でこの部屋に坐っていた。

土間からの上がり框《かまち》には腰かけて休息の湯を飲む忙しい日の手伝い人もいたり、囲炉裏のまわりの人の中にはすぐ立てるように片膝《かたひざ》を立てて坐っている若い者もあったという。ア農業が盛んだった頃の一風景が、段差のある家の構造自体の中に残っているのだ。

戦後六十年以上たって農村はまるで変ったが、家だけは今も残っていて、山羊小母はこの家に一人で住んでいた。夫は早くなくなり、息子たちも都会に流出し、長男も仕事が忙しく別居していた。私がこの叔母の家に行ったのはその頃だった。家は戸障子を取りはずして、ほとんどがらんどうの空間の中に平然として、小さくちんまりと坐っている。

「さびしくないの」ときいてみると、何ともユニークな答えがかえってきた。「なあんもさびしかないよ。この家の中にはいっぱいご先祖さまがいて、毎日守っていて下さるんだ。お仏壇にお経は上げないけれど、その日にあったことはみんな話しているよ」というわけである。家の中のほの暗い隈々にはたくさんの祖霊が住んでいて、今やけっこう大家族なのだという。それはどこか怖いような夜に思えるが、長く生きて沢山《たくさん》の人の死を看取《みと》ったり、一生という命運を見とどけてきた山羊小母にとっては、温《ぬく》とい思い出の影がその辺いっぱいに漂っているようなもので、かえって安らかなのである。

私のような都会育ちのものは、どうかすると人間がもっている時間というものをつい忘れて、えたいのしれない時間に追いまわされて焦っているのだが、山羊小母の意識にある人間の時間はもっと長く、前代、前々代へと溯《さかのぼ》る広がりがあって、そしてその時間を受け継いでいるいまの時間なのだ。

築百八十年の家に住んでいると、しぜんにそうなるのだろうか。村の古い馴染《なじ》みの家の一軒一軒にある時間、それは川の流れのようにあっさりしたものではなく、そこに生きた人間の貌《かお》や、姿や、生きた物語とともに伝えられてきたものである。破滅に瀕《ひん》した時間もあれば、興隆の活力をみせた時間もある。そんな物語や逸話を伝えるのが老人たちの役割だった。

冬は雪が家屋の一階部分を埋めつくした。今は雪もそんなには降らなくなり、道にも融雪器がついて交通も便利になった。それでも一冬に一度ぐらいは大雪が降り車が通らなくなることがある。かつてこの村の春は、等身大の地蔵さまの首が雪の上にあらわれる頃からだった。長靴でぶすっぶすっと膝まで沈む雪の庭を歩いていると、山羊小母はそのかたわらを雪下駄を履いてすいすいと歩いてゆく。ふしぎな、妖《あや》しい歩行術である。そういえば、ある夏のこと、蛍の青い雫《しずく》をひょいと手に掬《すく》い取り、何匹も意のままに捕まえてみせてくれたが、いえば、どこか山姥《やまうば》のような気配があった。

こういう「ばっぱ」とか「おばば」と呼ばれているお年寄がどの家にもいて、長い女の時間を紡いでいたのだ。もう一軒、本家と呼ばれる家にも年齢不詳の綺麗《きれい》なおばばがいて、午後には必ず着物を替えるというほどお洒落《しゃれ》なおばばだった。何でも越後から六十六里越えをして貰《もら》われてきた美貌《びぼう》の嫁だったという。物腰優美で色襟を指でもてあそびながら、絶えまなく降る雪をほうと眺めていた。

越後の空を恋うというのでもなく、実子を持たなかったさびしさをいうのでもなく、ただ、ただ、雪の降る空こそがふるさとだというように、曖昧《あいまい》なほほえみを漂わせて雪をみている。しかし、決して惚けているのではない。しゃもじをいまだに嫁に渡さないと囁《ささや》く声をどこかできいた。命を継ぎ、命を継ぐ、そして列伝のように語り伝えられる長い時間の中に存在するからこそ安らかな人間の時間なのだということを、私は長く忘れていた。

長男でもなく二男でもない私の父は、ウこんな村の時間からこぼれ落ちて、都市の一隅に一人一人がもつ一生という小さな時間を抱いて終った。私も都市に生れ、都市に育って、そういう時間を持っているだけだが、折ふしにこの山羊小母たちが持っている安らかな生の時間のことが思われる。エそれはもう、昔語りの域に入りそうな伝説的時間になってしまったのであろうか。

（馬場あき子「山羊小母たちの時間」）

設問

㈠「農業が盛んだった頃の一風景が、段差のある家の構造自体の中に残っているのだ」（傍線部ア）とはどういうことか、説明せよ。 解答欄：一三・四㎝×二行

㈡「温《ぬく》とい思い出の影がその辺いっぱいに漂っているようなもので、かえって安らかなのである」（傍線部イ）とはどういうことか、説明せよ。 解答欄：一三・四㎝×二行

㈢「こんな村の時間からこぼれ落ちて、都市の一隅に一人一人がもつ一生という小さな時間を抱いて終った」（傍線部ウ）とはどういうことか、説明せよ。 解答欄：一三・四㎝×二行

㈣「それはもう、昔語りの域に入りそうな伝説的時間になってしまったのであろうか」（傍線部エ）とあるが、文中の「私」はなぜそう思うのか、本文全体を踏まえて説明せよ。 解答欄：一三・四㎝×二行

二〇〇八年度　文理共通　第一問

次の文章を読んで、後の設問に答えよ。

いまここであらためて、歴史とは何か、という問いをたてることにする。大きすぎる問いなので、問いを限定しなくてはならない。中島敦が「文字禍」で登場人物に問わせたように、歴史とはあったことをいうのか、それとも書かれたことをいうのか、ともう一度問うてみよう。この問いに博士は、「書かれなかった事は、無かった事じゃ」と断定的に答える。すると博士の頭上に、歴史を刻んだ粘土板の山が崩れおちてきて命を奪ってしまうのだった。あたかも、そう断定した博士の誤りをただすかのように。こういう物語を書いた中島敦自身の答は、宙づりのままである。

たしかに、書かれなくても、言い伝えられ、記憶されていることがある。書かれたとしても、[a]サンイツし、無に帰してしまうことがある。たとえば私が生涯に生きたことの多くは、仮に私自身が「自分史」などを試みたとしても、書かれずに終わる。そんなものは歴史の中の微粒子のような一要素にすぎないが、それがナポレオンの一生ならば、もちろんそれは歴史の一要素であるどころか、歴史そのものということになる。ナポレオンについて書かれた無数の文書があり、これからもまだ推定され、確定され、新たに書かれる事柄があるだろう。だから「書かれなかった事は、無かった事じゃ」と断定することはできない。もちろん「書かれた事は、有った事じゃ」ということもできないのだ。

さしあたって歴史は、書かれたこと、書かれなかったこと、あったこと、ありえたこと、なかったことの間にまたがっており、画定することのできないあいまいな霧のような領域を果てしなく広げている、というしかない。歴史学が、そのようなあいまいな領域をどんなに排除しようとしても、[ア]歴史学の存在そのものが、この巨大な領域に支えられ、養われている。この巨大な領域のわずかな情報を与えてきたのは、長い間、神話であり、詩であり、劇であり、無数の伝承、物語、フィクションであった。

歴史の問題が「記憶」の問題として思考される、という傾向が顕著になったのはそれほど昔のことではない。歴史とはただ遺跡や史料の集積と解読ではなく、それらを含めた記憶の行為であることに注意がむけられるようになった。史料とは、記憶されたことの記録であるから、記憶の記憶である。歴史とは個人と集団の記憶とその操作であり、記憶するという行為をみちびく主体性と主観性なしにはありえない。つまり出来事を記憶する人間の欲望、感情、身体、経験をbチョウエツしてはありえないのだ。

歴史を、記憶の一形態とみなそうとしたのは、おそらく歴史の過大な求心力から離脱しようとする別の歴史的思考の要請であった。歴史は、ある国、ある社会の代表的な価値観によって中心化され、その国あるいは社会の成員の自己像（アイデンティティ）を構成するような役割をになってきたからである。歴史とは、そのような自己像をめぐる戦い、言葉とイメージの闘争の歴史でもあった。歴史における勝者がある以前に、イ歴史そのものが、他の無数の言葉とイメージの間にあって、相対的に勝ちをおさめてきた言葉でありイメージなのだ。

あるいは情報技術における記憶装置（メモリー）の役割さえも、歴史を記憶としてとらえるために一役買ったかもしれない。熱力学的な差異としての物質の記憶、遺伝子という記憶、これらの記憶形態の延長上にある記憶として人間の歴史を見つめることも、やはり歴史をめぐる抗争の間に、別の微粒子を見出し、別の運動を発見するcキカイになりえたのだ。量的に歴史をはるかに上回る記憶のひろがりの中にあって、歴史は局限され、一定の中心にむけて等質化された記憶の束にすぎない。歴史は人間だけのものだが、ウ記憶の方は、人間の歴史をはるかに上回るひろがりと深さをもっている。

エ歴史という概念そのものに、何か強迫的な性質が含まれている。歴史は、さまざまな形で個人の生を決定してきた。個人から集団を貫通する記憶の集積として、いま現存する言語、制度、慣習、法、技術、経済、建築、設備、道具などのすべてを形成し、保存し、破壊し、改造し、再生し、新たに作りだしてきた数えきれない成果、そのような成果すべての集積として、歴史は私を決定する。私の身体、思考、私の感情、欲望さえも、歴史に決定されている。人間であること、この場所、この瞬間に生まれ、存在すること、あるいは死ぬことが、ことごとく歴史の限定（シンコウをもつ人々はそれを神の決定とみなすことであろう）であり、歴史の効果、作用であるといえる。

にもかかわらず、そのようなすべての決定から、私は自由になろうとする。死ぬことは、歴史の決定であると同時に、自然の決定にしたがって歴史から解放されることである。いや死ぬ前にも、私は、いつでも歴史から自由であることができた。私の自由な選択や行動や抵抗がなければ、そのような自由の集積や混沌《こんとん》がなければ、そもそも歴史そのものが存在しえなかった。

たとえばいま、私はこの文章を書くことも書かないこともできる、という最小の自由をもっているではないか。生活苦を覚悟の上で、私は会社をやめることもやめないこともできるというような自由をもち、自由にもとづく選択をしうる。そのような自由は、実に乏しい自由であるともいえるし、見方によっては大きな自由であるともいえる。そのような大小の自由が、歴史の中には、歴史の強制力や決定力と何らムジュンすることなく含まれている。歴史を作ってきたのは、怜悧《れいり》な選択であると同時に、多くの気まぐれな、盲目の選択や偶然でもあった。

歴史は偶然であるのか、必然であるのか、そういう問いを私はたてようとしているのではない。歴史に対して、私の自由はあるのかどうか、と問うているのだ。そう問うことにはたして意味があるのかどうか、さらに問うてみるのだ。けれども、決して私は歴史からの完全な自由を欲しているのではないし、歴史をまったく無にしたいと思っているのでもない。歴史とは、無数の他者の行為、力、声、思考、夢想の痕跡にほかならない。それらとともにあることの喜びであり、苦しみであり、重さなのである。

（宇野邦一『反歴史論』）

〔注〕　○「文字禍」――中島敦（一九〇九〜一九四二）の短編小説。

設問

㈠「歴史学の存在そのものが、この巨大な領域に支えられ、養われている」（傍線部ア）とあるが、どういうことか、説明せよ。 解答欄：一三・六㎝×二行

㈡「歴史そのものが、他の無数の言葉とイメージの間にあって、相対的に勝ちをおさめてきた言葉でありイメージなのだ」（傍線部イ）とあるが、どういうことか、説明せよ。 解答欄：一三・六㎝×二行

㈢「記憶の方は、人間の歴史をはるかに上回るひろがりと深さをもっている」（傍線部ウ）とあるが、それはなぜか、説明せよ。 解答欄：一三・六㎝×二行

㈣「歴史という概念そのものに、何か強迫的な性質が含まれている」（傍線部エ）とあるが、どういうことか、説明せよ。 解答欄：一三・六㎝×二行

㈤ 筆者は「それらとともにあることの喜びであり、苦しみであり、重さなのである」（傍線部オ）と歴史についての べているが、どういうことか、一〇〇字以上一二〇字以内で説明せよ。（句読点も一字として数える。なお採点においては、表記についても考慮する。）

㈥ 傍線部a、b、c、d、eのカタカナに相当する漢字を楷書で書け。

a サンイツ　b チョウエツ　c キカイ　d シンコウ　e ムジュン

二〇〇八年度　文科　第四問

次の文章を読んで、後の設問に答えよ。

二流の役者がセリフに取り組むと、ほとんど必ず、まずそのセリフを主人公に吐かせている感情の状態を推測し、その感情を自分の中にかき立て、それに浸ろうと努力する。たとえば、チェーホフの『三人姉妹』の末娘イリーナの第一幕の長いセリフの中に「なんだってあたし、今日はこんなに嬉《うれ》しいんでしょう?」（神西清訳）ということばがある。女優たちは、「どうもうまく『嬉しい』って気持ちになれないんです」といった言い方をする。もっといいかげんな演技者なら、なんでも「嬉しい」って時は、こんなふうな明るさの口調で、こんなふうにはずんで言うもんだ、というパターンを想定して、やたらと声を張り上げてみせる、ということになる。「嬉しい」とは、主人公が自分の状態を表現するために探し求めて、取りあえず選び出して来たことばである。その〈からだ〉のプロセス、選び出されてきた〈ことば〉の内実に身を置くよりも、まずア「ウレシソウ」に振舞うというジェスチュアに跳びかかるわけである。

もっと通俗的なパターンで言うと、学校で教員たちがよく使う「もっと感情をこめて読みなさい」というきまり文句になる。「へえ、感情ってのは、こめたり外したりできる鉄砲のタマみたいなものかねえ」というのが私の皮肉であった。その場にいた全員が笑いころげたが、では、感情とはなにか、そのことばを言いたくなった事態にどう対応したらいいのか、については五里霧中なのである。

この逆の行為を取り上げて考えるともう少し問題がはっきりするかも知れない。女優さんに多い現象だが、舞台でほんとうに涙を流す人がある。私は芝居の世界に入ったばかりの頃《ころ》初めてこれを見てひどく驚き、同時に役者ってのは凄《すご》いものだと感動した。映画『天井桟敷の人々』の中に、ジャン・ルイ・バロー演じるパントマイム役者に向かって、「役者はすばらしい」「毎晩同じ時刻に涙を流すとは奇蹟《きせき》だ」と言う年寄りが出てくる。若い頃はナルホドと思ったものだが、この映画のセリフを書いている人も、これをしゃべっている役柄も役者も、一筋縄ではいかぬ連中であって、イ賛嘆と皮肉の虚実がどう重なりあっているのか知れたものではない。

　数年演出助手として修業しているうちにどうも変だな、と思えてくる。実に見事に華々しく泣いて見せて、主演女優自身もいい気持ちで楽屋に帰ってくる――「よかったよ」とだれかれから誉《ほ》めことばが降ってくるのを期待して浮き浮きとはずんだ足取りで入ってくるのだが、共演している連中はシラーッとして自分の化粧台に向かっているばかり。シーンとした楽屋に場ちがいな女優の笑い声ばかりが空々しく響く、といった例は稀《まれ》ではないのだ。「なんでえ、ウ自分ひとりでいい気持ちになりやがって。芝居にもなんにもなりやしねえ」というのがワキ役の捨てゼリフである。

　実のところ、ほんとに涙を流すということは、素人が考えるほど難しいことでもなんでもない。主人公が涙を流すような局面まで追いつめられてゆくまでには、当然いくつもの行為のもつれと発展があり、それを役者が「からだ」全体で行動し通過してくるわけだから、リズムも呼吸も昂《たかぶ》っている。その頂点で役者がふっと主人公の状況から自分を切り離して、自分自身がかつて経験した「悲しかった」事件を思いおこし、その回想なり連想に身を浸して、「ああ、なんて私は哀《かな》しい身の上なんだろう」とわれとわが身をいとおしんでしまえば、ほろほろと涙は湧《わ》いてくるのだ。つまりその瞬間には役者は主人公の行動の展開とは無縁の位置に立って、わが身あわれさに浸っているわけである。このすりかえは舞台で向かいあっている相手には瞬間に響く。「自分ひとりでいい気になりやがって」となる所以《ゆえん》である。

　本来「悲しい」ということは、どういう存在のあり方であり、人間的行動であるのだろうか。その人にとってなくてはならぬ存在が突然失われてしまったとする。そんなことはありうるはずがない。その現実全体を取りすてたい、ないものにしたい。「消えてなくなれ」という身動きではあるまいか、と考えてみる。だが消えぬ。それに気づいた一層の苦しみがさらに激しい身動きを生む。だから「悲しみ」は「怒り」ときわめて身振りも意識も似ているのだろう。いや、もともと一つのものであるのかも知れぬ。

それがくり返されるうちに、現実は動かない、と少しずつ〈からだ〉が受け入れていく。そのプロセスが「悲しみ」と「怒り」の分岐点なのではあるまいか。だから、受身になり現実を否定する闘いを少しずつ捨て始める時に、もっとも激しく「悲しみ」は意識されて来る。

とすれば、本来たとえば悲劇の頂点で役者のやるべきことは、現実に対する全身での闘いであって、ほとんど「怒り」と等しい。「悲しみ」を意識する余裕などないはずである。ところが二流の役者ほど「悲しい」情緒を自分で十分に味わいたがる。だからすりかえも起こすし、テンションもストンと落ちてしまうことになる。「悲しい」という感情をしみじみ満足するまで味わいたいならば、たとえば「あれは三年前……」という状態に身を置けばよい。

こういう観察を重ねて見えてくることは、感情の昂《たか》まりが舞台で生まれるには^エ「感情そのもの」を演じることを捨てねばならぬ、ということであり、本源的な感情とは、激烈に行動している〈からだ〉の中を満たし溢《あふ》れているなにかを、外から心理学的に名づけて言うものだ、ということである。それは私のことばで言えば「からだの動き」＝ action そのものにほかならない。ふつう感情と呼ばれていることは、これと比べればかなり低まった次元の意識状態だということになる。

（竹内敏晴『思想する「からだ」』）

設問

㈠「「ウレシソウ」に振舞うというジェスチュアに跳びかかる」（傍線部ア）とあるが、どういうことか、説明せよ。

解答欄：一三・四㎝×二行

㈡「賛嘆と皮肉の虚実がどう重なりあっているのか知れたものではない」（傍線部イ）とあるが、どういうことか、説明せよ。

解答欄：一三・四㎝×二行

㈢「自分ひとりでいい気持ちになりやがって。芝居にもなんにもなりやしねえ」（傍線部ウ）とあるが、どういうことか、説明せよ。

解答欄：一三・四㎝×二行

㈣「「感情そのもの」を演じることを捨てねばならぬ」（傍線部エ）とあるが、どういうことか、説明せよ。

解答欄：一三・四㎝×二行

二〇〇七年度　文理共通

第一問

次の文章を読んで、後の設問に答えよ。

　創作がきわだって個性的な作者、天才のいとなみであること、したがってそのいとなみの結実である作品も、かけがえのない存在、唯一・無二の存在であること、このことは近代において確立し、現代にまでうけつがれているツウネンといっていい。一方、このいとなみと作品のすべてが、芸術という独自の、自律的な文化領域に包摂されていることも、同じように近代から現代にかけての常識だろう。かけがえのない個性的ないとなみと作品、それらすべてをつつみこむ自律的な――固有の法則によって完全にトウギョされた――領域。しかしよく考えてみれば、このふたつのあいだには、単純な連続的関係は成立しがたい、というより、むしろ対立する、あるいはあい矛盾する関係のみがある、というべきだろう。したがって近代的な芸術理解にとっては、このふたつの対立し矛盾する――個と全体という――項を媒介し、連続的な関係にもたらすものとして、さまざまなレヴェルの集合体（l'ensemble）を想定することが、不可欠の操作であった。芸術のジャンルが、近代の美学あるいは芸術哲学のもっとも主要な問題のひとつであったのも、むしろ当然だろう。個別的ないとなみや作品と全体的な領域のあいだに、多様なレヴェルの集合（ジャンル）を介在させ、しかもそれぞれのジャンルのあいだに、一定の法則的な関係を設定することによって、芸術は、ひとつのシステム（体系）としてとらえられることになるだろう。近代の美学において、「芸術の体系」がさまざまな観点から論じられたのも、これまた当然であった。

　ジャンルは、個々の作品からなる集合であると同時に、個々の作品をそのなかに包摂し、規定する全体としての性質をもつ。個々の作品は、あるジャンルに明確に所属することによって、はじめて芸術という自律的な領域のなかに位置づけられるが、この領域の自律性こそが、芸術に特有の価値（文化価値）の根拠でもあるのだから、ジャンルへの所属は、作品の価値のひとつの根拠ともなるだろう。ある作品のジャンルへの所属が曖昧《あいまい》であること、あるいはあるジャンルに所属しながら、そのジャンルからの規定にそぐわないこと――ジャンルの特質を十分に具体化しえていないこと――、それは、ともに作品の価値をおとしめるものとして、きびしくいましめられていた。

　近代から区別された現代という時代の特徴としてしばしばあげられるものに、あらゆる基準枠ないし価値基準の、ゆらぎないし消滅がある。芸術も、その例外ではない。かつては、芸術の本質的な特徴として、その領域の自律性と完結性があげられ、とくに日常的な世界との距離ないし差異が強調されることがおおかった。しかし現在、たとえば機械的な媒体をとおして大量にルフするイメージなどのために、その距離や差異は解消の傾向にあるといわれる――芸術の日常化、あるいは日常の芸術化という現象――。芸術の全体領域そのものが曖昧になっているとすれば、その内部に想定されるジャンルのあいだの差異も、解消しつつあるのだろうか。たしかに、いまの芸術状況をみれば、かつてのような厳密なジャンル区分が意味を失っていることは、いちいち例をあげるまでもなくあきらかである。理論の面でも、芸術ジャンル論や芸術体系論が以前ほど試みられないのも、むしろ当然かもしれない。しかしすべての、あらゆるレヴェルのジャンルが、その意味（意義）を失ったのではないだろう。無数の作品が、おたがいにまったく無関係に並存しているのではなく、なんらかの集合をかたちづくりながら、いまなお共存しているのではないだろうか。コンサート・ホールでの演奏を中止し、ラジオやテレヴィジョンあるいはレコードという媒体を介在させて、自分と聴衆の直接的な関係を否定したとしても――聴衆にたいして、自分を「不在」に転じたとしても――、グレン・グールド（Glenn Gould, 1932-82）を、ひとはすぐれたピアニスト（音楽家）とよぶのだし、デュシャン（Marcel Duchamps, 1887-1968）の「オブジェ」のおおくは、いま美術館に保存され、陳列されている。変わったのは、おそらく集合の在り方であり、集合相互の関係とそれを支配する法則である。たとえば、プラトンに端を発し、ヘーゲルなどドイツ観念論美学でその頂点に達した感のある芸術の分類、超越的ないし絶対的な原理にもとづいて、いわば「うえから」（von oben）芸術を分類し、ジャンルのあいだに一定の序列をもうけるという考え方は、すくなくとも現在のアクチュアルな芸術現象に関しては、その意義をほぼ失ったといっていいだろう。たしかに、「分類」

は近代という時代を特徴づけるものだったかもしれないが、理論的ないとなみが、個別的、具体的な現象に埋没せずに、ある普遍的な法則をもとめようとするかぎり、「分類」は――むしろ、「区分」といったほうがいいかもしれないが――欠かすことのできない作業（操作）のはずである。

解説書風のきまり文句を使っていえば、グールドもデュシャンも、ともに「近代の枠組をこえようとする尖鋭《せんえい》ないとなみ」という点で、同類――同じ類（集合）に区分される――ということになるが、にもかかわらず、グールドが音楽家であり、デュシャンが美術家であることを疑うひとはいないだろう。演奏するグールドの姿をヴィデオ・ディスクで見ることはできるが――そしてこのことは、グールドの理解にとっては、その根本にかかわることなのだが――、それとともに、録音・再生された彼の「音」を聞かなければ、彼特有のいとなみにふれたことにはならないだろう。モニターの画面を消して、音だけに聞きいるとき、いくぶんかグールドの意図からははなれるにしても、そのいとなみにふれていることはたしかである。「聞く」という行為、あるいは「聴覚的」な性質を、彼のいとなみとその結果（作品）の根本と見なすからこそ、ためらわず彼を音楽家に分類するのだろう。同じように、「見る」という行為と「視覚的」な性質が、デュシャンを美術家に分類させるのだろう。社会の構造がどのように変化し、思想的な枠組がいかに変動したとしても、「感性」にもとづき、「感性」に満足を与えることを第一の目的とするいとなみが――それを芸術と名づけるかどうかにはかかわりなく――ひとつの文化領域をかたちづくることは否定できないだろうし、その領域が、「感性」の基礎となる「感覚」の領域にしたがって区分されるのも、ごく自然なことであるにちがいない。ところで、同じ「色彩」という視覚的性質であっても、もちいる画材――油絵具、泥絵具、水彩絵具など――によって、かなりの――はっきりと識別できる――ちがいが生じるだろう。「色彩」という感覚的性質によって区分される領域――絵画――の内部に、使用する画材による領域――油絵、水彩画など――をさらに区分することには、十分な根拠がある。「感覚的性質」と、それを支える物質――「材料」（la matière, the material）――を基準とする芸術の分類は、芸術のもっとも基本的な性質にもとづいた、その意味で、時と場所の制約をこえた、普遍的なものといえるだろう。もちろん、人間の感覚は、時と場所にしたがって、あきらかに変化を示すものだし、技術の展開にともなって新しい「材料」が出現することもあるのだから、この分類を固定されたものと考えてはならないだろう。もっとも普遍的であるとともに、歴史のなかで微妙な変動をみせるこのジャンル区分は、芸術の理論的研究と歴史的研究のいずれにとっても重要な意義をもつのかもしれない。あるいは、従来ともすれば乖離《かいり》しがちであった理論と歴史的研究を、新たなユウワ[d]にもたらす手がかりを、ここに求めることすら可能なのかもしれない。個別的な作家や作品は、実証的な歴史的研究の対象となるだろうし、本質的ないし普遍的な性質は、いうまでもなく理論的探究の対象だが、個別と普遍を媒介する——個別からなり、個別を包摂する——集合としてのジャンルの把握には、[オ]厳密な理論的態度とともに、微妙な変化を識別する鋭敏な歴史的なまなざしが要請されるにちがいない。いずれにしても、近代的なジャンル区分に固執して、アクチュアルな現象をハイジョ[e]することが誤りであるように、分類の近代性ゆえに、ジャンル研究の現在における意義を否定しさることもまちがいだろう。

（浅沼圭司『読書について』）

〔注〕○グレン・グールド——カナダのピアニスト。実験的な手法で注目されたが、一九六四年以後コンサート活動を止め、複製媒体のみの表現活動を行った。

○デュシャン——マルセル・デュシャン。フランスの美術家。「美術」という概念そのものを問い直す、多くの前衛的作品を発表した。

設問

㈠「芸術のジャンルが、近代の美学あるいは芸術哲学のもっとも主要な問題のひとつであったのも、むしろ当然だろう」（傍線部ア）とあるが、なぜそのようにいえるのか、説明せよ。　解答欄：一三・六㎝×二行

㈡「かつては、芸術の本質的な特徴として、その領域の自律性と完結性があげられ」（傍線部イ）とあるが、どういうことか、説明せよ。　解答欄：一三・六㎝×二行

㈢「欠かすことのできない作業（操作）のはずである」（傍線部ウ）とあるが、それはなぜか、説明せよ。　解答欄：一三・六㎝×二行

㈣「『感性』の基礎となる『感覚』の領域にしたがって区分される」（傍線部エ）とあるが、どういうことか、説明せよ。　解答欄：一三・六㎝×二行

㈤「厳密な理論的態度とともに、微妙な変化を識別する鋭敏な歴史的なまなざしが要請される」（傍線部オ）とあるが、どういうことか、全体の論旨に即して一〇〇字以上一二〇字以内で述べよ。（句読点も一字として数える。なお、採点においては、表記についても考慮する。）

㈥　傍線部a、b、c、d、eのカタカナに相当する漢字を楷書で書け。

a　ツウネン　b　トウギョ　c　ルフ　d　ユウワ　e　ハイジョ

二〇〇七年度　文科　第四問

次の文章を読んで、後の設問に答えよ。

詩におけるさりげない一つの言葉、あるいは絵画におけるさりげない一つのタッチ、そうしたものに作者の千万無量の思いが密《ひそ》かにこめられたとしても、そのように埋蔵されたものの重みは、容易なことでは鑑賞者の心に伝わるものではあるまい。作品と鑑賞者がなんらかの偶然によってよほどうまく邂逅《かいこう》しないかぎり、ア その秘密の直観的な理解はふつうは望めない。

しかし、そうした表現と伝達の事情において、やはり比較的深くといった段階にとどまるものではあるが、例外的と言っていい場合もいくらかはないわけではないだろう。そこでは、時代と個人的な作風との微妙な緊張関係がうまく永遠化されているのだろうが、たとえば十七世紀前半のオランダにおける巨匠レンブラント・ファン・ラインの晩年のいくつかの作品に眺められる重厚な筆触の一つ一つは、今日のぼくなどにまで、そこにこめられているにちがいない経験の痛みのようなもの、言いかえれば、人生への深沈とした観照の繰返された重さをひしひしと感じさせるようである。「レンブラント、呟《つぶや》きに満ちあふれた悲しい病院」と歌ったのはボードレールであるが、そうした呟きの一つ一つに、こちらの内部に谺《こだま》する、いくらか暗く、そしてはげしい人間的な哀歓を感じるのである。

レンブラントのそうした作品の中から、有名な傑作ではあるが、ぼくはここにやはり、『ユダヤの花嫁』を選んでみたい。彼の死に先立つ三年前に描かれたこの作品のモデルは、息子のティトゥスとその新婦ともいわれ、また、ユダヤの詩人バリオスとその新婦ともいわれている。さらに、旧約聖書の人物であるイサクとリベカ、あるいはヤコブとラケルをイメージしたものだともいわれている。しかし、そうした予備知識はなくてもいい。茶色がかって暗く寂しい公園のようなところを背景にして、新郎はくすんだ金色の、新婦は少しさめた緋色《ひいろ》の、それぞれいくらか東方的で古めかしい衣裳をまとっているが、いかにもレンブラント風なこの色調は、人間の本質についての瞑想《めいそう》にふさわしいものである。そうした色調の雰囲気の中で、いわば、筆触の一つ一つの裏がわに潜んでいる特殊で個人的な感慨が、おおらかな全体的調和をかもしだし、素晴らしい普遍性にまで高まって行くようだ。この絵画における永遠の現在の感慨の中には、見知らぬ古代におけるそうした場合の古い情緒も、同じく見知らぬ未来におけるそうした場合の新しい情緒も、イひとしく奥深いところで溶けあっているような感じがする。こうした作品を前にするときは、人間の歩みというものについて、ふと、巨視的にならざるをえない一瞬の眩暈《げんうん》とでも言ったものを覚えるのである。

ところで、この場合、問題を集中的に表現しているものとして、新郎と新婦の手の位置と形、そしてそれを彩る筆触に最も心を惹《ひ》かれるのは、きわめて自然なことだろう。なぜならそれは、夫婦愛における男と女の立場のちがい、そして性質のちがいを、まことに端的に示しているように思われるからである。男の方の手は、女を外側から包むようにして、所有、保護、優しさ、誠実さなどの渾然《こんぜん》とした静けさを現わしているし、女の方の手は、男のそうした積極性を今や無心に受け容《い》れることによって、いわば逆の形の所有、信頼、優しさ、献身などのやはり溶け合った充実を示しているのだ。

ぼくが嘆賞してやまないのは、こうした瞬間を選びとったというか、それともそこに夥《おびただ》しいものを凝縮したというか、いずれにせよ、狙《ねら》いあやまらぬレンブラントの透徹していてしかも慈しみに溢《あふ》れた眼光である。暗くさびしい現実を背景として、新しい夫婦愛の高潮し均衡する、いわばこよなく危うい姿がそこには描きだされているのである。

ぼくは今、「危うい」と書いた。それは苛酷《かこく》な現実によって悲惨なものにまで転落する危険性が充分にあるというほどの意味である。その悲惨は、人間が大昔から何回となく繰返してきた不幸である。しかし、この絵画にかたどられようとしている理想的な美しさは、ウ人間が未来にわたってさらに執拗《しつよう》に何回となく繰返す希望といったものだろう。

先ほどボードレールの詩句を引用したせいか、彼の『覚え書き』の中のある個所がここでまたふと思いだされる。もっともそれは、レンブラントとはまったく関係なしに書かれた言葉で、男女の愛について述べられた抽象的な一つの感想である。彼はこう言っている、「恋愛は寛容の感情に源を発することができる。売春の趣味。しかし、それはやがて所有の趣味によって腐敗させせられる。」

いかにも『悪の花花』の詩人にふさわしい言い廻《まわ》しであり、世俗の道徳の権威に反抗して、性愛における「自我の蒸発と集中」の自由をのびやかに擁護しているものだろう。ぼくもまた、快楽主義と言うよりは一種の潔癖な独立の趣味を想像させるこのアナルシーに、爽《さわ》やかな近代の感触をおぼえるものである。しかし、レンブラントの『ユダヤの花嫁』のように時代を超えて人間の永遠的なものを啓示している絵画を前にするとき、ぼくは、そこで成就されている所有の高次な肯定――エ純粋な相互所有による腐敗の消去法とでもいった深沈とした美しさの定着に、より強く魅惑されざるをえない。その美しさは、先ほど記したように、危うく脆《もろ》いものであるかもしれない。しかし、幸福とは、いずれにせよ瞬間のもの、あるいは断続的な瞬間のものだろう。また、この世の中に、絶対的な誠実というものはありえない。ある一人に対する、他の人たちに対するよりも多くの誠実が、結果としてあるだけで、しかも、主観的な誠実が必ずしも客観的な誠実ではないという、困難な状況におかれることもある。したがって、問題は、幸福と呼ばれる瞬間の継起のために、可能なかぎり誠実であろうとする愛の内容が、相互性を通じて、結婚という形式そのものであるような、まさに内実と外形の区別ができない生の謳歌《おうか》の眩《まば》ゆさにあるのだ。

（清岡卓行『手の変幻』）

〔注〕○レンブラント・ファン・ライン――Rembrandt Harmenszoon van Rijn（一六〇六～一六六九）オランダの画家。

○ボードレール――Charles Pierre Baudelaire（一八二一～一八六七）フランスの詩人。

○アナルシー――anarchie（フランス語）無秩序。

設　問

㈠「その秘密の直観的な理解」（傍線部ア）とあるが、どういうことか、説明せよ。
解答欄：一三・四㎝×二行

㈡「ひとしく奥深いところで溶けあっているような感じがする」（傍線部イ）とあるが、「ひとしく奥深いところで溶けあっている」とは、どういうことか、説明せよ。
解答欄：一三・四㎝×二行

㈢「人間が未来にわたってさらに執拗に何回となく繰返す希望といったものだろう」（傍線部ウ）とあるが、「執拗に何回となく繰返す希望」とはどういうことか、説明せよ。
解答欄：一三・四㎝×二行

㈣「純粋な相互所有による腐敗の消去法」（傍線部エ）とあるが、どういうことか、説明せよ。
解答欄：一三・四㎝×二行

二〇〇六年度　文理共通

第一問

次の文章を読んで、後の設問に答えよ。

なにゆえに死者の完全消滅を説く宗教伝統は人類の宗教史の中で例外的で、ほとんどの宗教が何らかの来世観を有しているのであろうか。なにゆえに死者の存続がほとんどの社会で説かれているのか。答えは単純である。[ア]死者は決して消滅などしないからである。親・子・孫は相互に似ており、そこには消滅せずに受け継がれていく何かがあるのを実感させる。失せることのない名、記憶、伝承の中にも、死者は生きている。もっと視野を広げれば、現在の社会は、すべて過去の遺産であり、過去が[a]チンデンしており、過去によって規定されている。この過去こそ先行者の世界である。そもそも、「故人」とか「死んでいる人」という表現自体が奇妙である。死んだ人はもう存在せず、無なのであるから。ということは、こうした表現は、死んだ人が今もいることを指し示している。先行者は生物学的にはもちろん存在しないが、社会的には実在する。先行者は今のわれわれに依然として作用を及ぼし、われわれの現在を規定しているからである。たとえば某が二世紀前にある家を建て、それを一世紀前に曾《そう》祖父が買い取り、そこに今自分が住んでいるという場合、某も曾祖父も今はもう亡いにもかかわらず、彼らの行為がいまなお現在の自分を規定している。先行者がたとえまったくの匿名性の中に埋没していようとも、先行者の世界は[b]ゲンゼンと実在する。この意味で、死者は単なる思い出の中に生きるのとはわけが違う。死者は生者に依然として働きかけ、作用を及ぼし続ける実在であり、したがって死者を単なる思い出の存在と見なすことは、時として人々に違和感を醸し出す。人々は死者を実体としては無に帰したと了解しつつも、依然として実体のごとく生きているかのように感じるのは、そのためである。

名、記憶、伝統、こうした社会の連続性をなすものこそ社会のアイデンティティを構成するのであり、社会を強固にしてゆく。言うまでもなくそれは個人のアイデンティティの基礎であるがゆえに、それを安定させもする。したがって、個人が自らの生と死を安んじて受け容《い》れる社会的条件は、社会のこうした連続性なのである。

　人間の本質は社会性であるが、それは人間が同時代者に相互依存しているだけではなく、幾世代にもわたる社会の存続に依存しているという意味でもある。換言すれば、生きるとは社会の中に生きることであり、それは死んだ人間たちが自分たちのために残し、与えていってくれたものの中で生きることなのである。その意味で、社会とは、生者の中に生きている死者と、生きている生者との共同体である。

　以上のような過去から現在へという方向は、現在から未来へという方向とパラレルになっている。イ人間は自分が死んだあともたぶん生きている人々と社会的な相互作用を行う。ときにはまだ生まれてもいない人を念頭に置いた行為すら行う。人間は死によって自己の存在が虚無と化し、意味を失うとは考えずに、死を越えてなお自分と結びついた何かが存続すると考え、それに働きかける。その存続する何かに有益に働きかけることに意義を見出すのである。ここで二つの点が大事である。まず、それは虚妄でもなければ心理的cヨウセイでもないということである。それは自分が担い、いま受け渡そうとしている社会である。第二に、人ははかない自分の名声のためにそうしているのではないということである。むろん人間は価値理念と物質的・観念的利害とによって動く。したがってここでは観念的利害が作用してもいるのであろうが、それは価値理念なしには発動しない。ここで作用している価値理念とは、「犠牲」ということである（後述）。

　社会の連帯、つまり現成員相互の連帯は必ず表現されなければならない。さもなくばそれは意識されなくなり、弱体化してしまう。まったく同じことがもう一つの社会的連帯、つまり現成員と先行者との連帯にも当てはまる。この連続性が現にあるというだけでは足りない。それは表現され、意識可能な形にされ、それによって絶えず覚醒《せい》されるのでなければならない。この縦の連続性＝伝統があってこそ、社会は真に安定し、強力であり得る。それゆえ、先行者は象徴を通じてその実在性がはっきり意識できるようにされなければならない。ウ先行者の世界は、象徴化される必然性を持つということである。他方、来世観が単なる幻想以上のものであるなら、何らかの実在を象徴しているのでなければならない。来世観は、実在を指示する必然性を持つということである。これら二つの必然性は、あい呼応しているように思われる。

人類の諸社会で普遍的に非難の対象となることの一つは、不可避の運命である死をひたすら呪《のろ》ったり逃れようとする態度であり、あるいはそうした運命のゆえに自暴自棄となり頽《たい》廃的虚無主義に落ち込むことである。どのような社会でも、人間は、老いて行くことを潔く受け容れるように期待されている。死がいかんとも避けがたくなったときに、その運命に[d]ショウヨウとして従うことを期待されている。それは無論、死ねばよいと思われているのとはまったく異なる。悲しみと無念の思いにもかかわらず、そうした期待があるということなのである。ここでは事の善し悪《あ》しは一切おいて、なにゆえにそうした普遍性が存在するのかを考えてみたい。それは来世観の機能と深い関わりがあるように思われるからである。

年老いた個体が順次死んでいき、若い個体に道を譲らないなら、集団の存続は危殆《たい》に瀕《ひん》する。老いた者は、後継者を育て、自分たちが担っていた役割を彼らが果たすようになるのを認めて、退場していく。これが人間社会とそこに生きる個人の変わらぬ有りようである。その場合、積極的に死が望まれ求められるのではない。人は死を選ぶのではなく、引き受けざるを得ないものとして納得するだけであり、生を諦《あきら》めるのである。それは他者の生を尊重するがゆえの死の受容である。これは、他者の命のために自分の命を失う人間の勇気と能力である。たとえ客観的には社会全体の生がいかに脆《もろ》い基盤の上にしか据えられていなくとも、また主観的にそのことが認識されていても、それでも[エ]他者のために死の犠牲を払うことは評価の対象となる。これこそ宗教が死の本質、そして命の本質を規定する際には多くの場合に前面に打ち出す「犠牲」というモチーフである。それは、全体の命を支えるという、一時は自らが担った使命を果たし終えたとき、他の生に道を譲り退く勇気であり、諦めなのである。それは、自らの生を何としてでも失いたくない、死の不安を払拭《しょく》したい、死後にも望ましい生を確保しておきたいという執着の対極である。一方でそうした執着を捨てきれないのが人間であると見ながらも、主要な宗教伝統は、まさにそれを[e]コクフクする道こそ望むべきものとして提示する。このモチーフは、いわば命のリレーとして、先行者の世界と生者の世界とをつないでいる価値モチーフであるように思われる。そうであれば、[オ]先行者の世界に関する表象の基礎にある世俗的一般的価値理念と、来世観の基礎にある宗教的価値理念との間には、通底するないし対応するところがあるように思われる。

（宇都宮輝夫「死と宗教」）

〔注〕○アイデンティティ――identity（英語）時間的、空間的な同一性や一貫性。
○パラレル――parallel（英語）並列ないし平行すること。
○モチーフ――motif（仏語）中心思想、主題。

設問

㈠「死者は決して消滅などしない」（傍線部ア）とあるが、どういうことか、説明せよ。 解答欄：一三・五㎝×二行

㈡「人間は自分が死んだあともたぶん生きている人々と社会的な相互作用を行う」（傍線部イ）とあるが、どういうことか、説明せよ。 解答欄：一三・五㎝×二行

㈢「先行者の世界は、象徴化される必然性を持つ」（傍線部ウ）とあるが、それはなぜか、説明せよ。 解答欄：一三・五㎝×二行

㈣「他者のために死の犠牲を払うことは評価の対象となる」（傍線部エ）とあるが、それはなぜか、説明せよ。 解答欄：一三・五㎝×二行

㈤「先行者の世界に関する表象の基礎にある世俗的一般的価値理念と、来世観の基礎にある宗教的価値理念との間には、通底するないし対応するところがある」（傍線部オ）とあるが、どういうことか。全体の論旨に即して一〇〇字以上一二〇字以内で説明せよ。（句読点も一字として数える。なお、採点においては、表記についても考慮する。）

㈥ 傍線部a・b・c・d・eのカタカナに相当する漢字を楷書で書け。

a チンデン　b ゲンゼン　c ヨウセイ　d ショウヨウ　e コクフク

二〇〇六年度　文科

第四問

次の文章を読んで、後の設問に答えよ。

産業革命以前の大部分の子どもは、学校においてではなく、それぞれの仕事が行なわれている現場において、親か親代りの大人の仕事の後継者として、その仕事を見習いながら、一人前の大人となった。そこには、同じ仕事を共有する先達と後輩の関係が成り立つ基盤がある。ア それが大人の権威を支える現実的根拠であった。そういった関係をあてにできないところに、近代学校の教師の役割の難しさがあるのではないか。つまり学習の強力な動機づけになるはずの職業共有の意識を子どもに期待できず、また人間にとっていちばんなじみやすい見習いという学習形態を利用しにくい悪条件の下で、何ごとかを教える役割を負わされている、ということである。

中世では、学校においてさえ後継者見習いの機能が生きていた。たとえば、教師がラテン語のテクストを読む作業をする。あるいは文字を使って文書を作る書記の作業をする。それを生徒が傍で見て手伝いながら、読むこと書くことを身につけていく。こういう事態を指して、フィリップ・アリエスは、『〈子供〉の誕生』の第二部「学校での生活」において、中世には学校《スコラ》はあったが、教育《パイディア》という観念がなかったという。これの意味は、単に教授法が未開発だったために目的意識的な働きかけができなかったということではない。中世の生徒が、将来ラテン語を読み、文書を作る職業としての教師＝知識人＝書記の予備軍であったために、見習いという方式がそれに適合していた、ということである。

これは逆にいうと、中世の教師は、近代の教師によりも、同時代の徒弟制の親方に似ていることを意味する。中世の教師は、テクストを書き写し、解読し、注釈し、文書を作る人である。その職業を実施する過程の中に後継者を養成する機能が含まれていたということができる。その意味では、イ 中世の教師は、逆説的にきこえるかもしれないが、教える主体ではなかった。同様に中世の生徒も教えられる客体ではなかった。両者は、主体と客体に両極化する以前の、同じ仕事を追求する先達と後輩の関係にあり、そこには一種の学習の共同体が成立していた。

後継者見習いが十分に機能しているところでは、教える技術は発達しにくい。まして、教える側の、教えられる側に対する働きかけを、方法自覚的に主題化する教授学への必要性は弱い。現に、教授学者《ディダクティカー》たちが出現するには一七世紀を待たなければならなかった。

ただし近代の学校においても、先達、後輩の関係が成り立つ場合がある。例えば、現代の代表的モラリストで、典型的な中等教員の一人であったアランは、リセの生徒のときに出会った教師ラニョーに対して、「わが偉大なラニョー、真実、私の知った唯一の神」という最高の賛辞を捧《ささ》げ、さらに「帰依とは我らが驚異する者に対する愛のことである」というスピノーザの言葉を共感をこめて引用している。そのアランの生徒であった文学者モーロワも、「私が師と仰いだアラン、崇拝してやまないアラン」を讃《たた》えるために一冊の本をかいている。

しかしこの種の師弟関係は、おそらく、書物を読み、書物をかくことを職業とする世界の先達と後輩の間でしか成り立たないであろう。将来、知識人になろうとする生徒、もしくは結果として知識人となった者だけが、教師への帰依を語る記録を残すことになるのではないか。ラニョーは、プラトンとスピノーザのテクスト講読だけを授業の内容とした。アランは、ラテン語と幾何学だけが、人間になるための真の必須科目であると信じていた。そういう教師に、工場の技師や商社のセールスマン、あるいはふつうの社会人を志望する生徒が「帰依」するとは考えにくい。

ラニョーやアランのように「帰依」されることは教師冥利《みようり》につきる。だから教師はどうしても、子どもの中に自分のミニチュアを見たがる。とりわけ学問好きの教師は、自分と似た学問好きの生徒を依怙《えこ》ひいきして、しかもそれを正当なことだと考える。教師的人間像を普遍的な理想的人間像であるかのように思いなして、それを子どもにおしつける。そしてそれを受けいれない子どもに、だめな人間というレッテルをはってしまう。しかし、子どもが教師的人間像を受けいれることは、生徒の大部分が教師後継者ではなくなった近代の大衆学校では、ごく限られた範囲でしか通用しない。

ウ教師と生徒の関係のこの難しさに対処するために、近代の教育の諸技術が工夫されたということができるだろう。もちろんそれだけが理由ではない。近代人が、自然に対して方法自覚的に働きかけて、自然を支配しようとする加工主体《ホモファーベル》であること、その近代人の志向が子どもという自然にも向けられた、という理由も見のがすわけにはいかない。しかし、子どもの自発性を尊重しつつ、なお大人が意図する方向へ子どもを導こうとする誘惑術まがいの教育の技術を発達させる動機には、やはり、後継者見習いの関係が成り立ちにくくなったという事情が投影しているように思われる。見習いの機能が生きていた時代には、大人は、たとえ子どもを理解しないままでも、後継者を養成することができた。それとは対照的に、エ近代の学校教師は、子どもを社会人に育てあげる能力をほとんど失ったにもかかわらず、いや失ったがゆえに、子どもへの理解を無限に強いられる。

（宮澤康人「学校を糾弾するまえに」）

〔注〕　○フィリップ・アリエス——Philippe Ariès（一九一四〜一九八四）　フランスの歴史家。
○モラリスト——人間や道徳についての思索家。
○リセ——lycée　フランスの国立中等教育機関。
○スピノーザ——Spinoza（一六三二〜一六七七）　オランダの哲学者。
○プラトン——Platon または Plato　古代ギリシアの哲学者。

設問

㈠「それが大人の権威を支える現実的根拠であった」（傍線部ア）とあるが、それはなぜか、説明せよ。

解答欄：一三・五㎝×二行

㈡「中世の教師は、逆説的にきこえるかもしれないが、教える主体ではなかった」（傍線部イ）とあるが、どういうことか、説明せよ。

解答欄：一三・五㎝×二行

㈢「教師と生徒の関係のこの難しさ」（傍線部ウ）とあるが、どういうことか、説明せよ。

解答欄：一三・五㎝×二行

㈣「近代の学校教師は、子どもを社会人に育てあげる能力をほとんど失ったにもかかわらず、いや失ったがゆえに、子どもへの理解を無限に強いられる」（傍線部エ）とあるが、教師が「子どもへの理解を無限に強いられる」とはどういうことか、わかりやすく説明せよ。

解答欄：一三・五㎝×二行

二〇〇五年度　文理共通

第一問

次の文章を読んで、後の設問に答えよ。

すべての道徳は、ひとが徳のある人間になるべきことを要求している。徳のある人間とは、徳のある行為をする者のことである。徳は何よりも働きに属している。有徳の人も、働かない場合、ただ可能的に徳があるといわれるのであって、現実的に徳があるとはいわれないのである。アリストテレスが述べたように、徳は活動である。ひとが徳のある人間となるのも、徳のある行為をすることによってである。それでは、如何《いか》なる活動、如何なる行為が徳のあるものと考えられるであろうか。この問題は抽象的に答えられ得るものでなく、人間的行為の性質を分析することによって明らかにさるべきものである。

人間はつねに環境のうちに生活している。かくてア人間のすべての行為は技術的である。言い換えると、我々の行為は単に我々自身から出るものでなく、同時に環境から出るものである、単に能動的なものでなく、同時に受動的なものである、単に主観的なものでなく、同時に客観的なものである。そして主体と環境とを媒介するものが技術である。人間の行為がかようなものであるとすれば、徳は有能であること、技術的にaタクエツしていることでなければならぬ。徳のある大工というのは有能な大工、立派に家を建てることのできる大工であり、これに反してあるべきように家を建てることのできぬ大工は大工の徳に欠けているのである。徳をこのように考えることは、何か受取り難いように感ぜられるかも知れない。今日普通に、道徳は意志の問題と考えられ、徳というものも従って主観的に理解されている。しかるに例えばギリシア人にとっては、徳はまさに有能性、働きの立派さを意味したのである。この見方はルネサンスの時代に再び現われた。徳は力であるということも同様の見方に属している。実際、人間の行為はつねに環境における活動であり、かようなものとして本質的に技術的であることを思うならば、イ徳を有能性と考えること、それを力と考えることでさえも、理由があるといわねばならぬ。行為は単に意識の問題でなく、むしろ身体によって意識から脱《ぬ》け出るところに行為がある。従って徳というものも単に意識に関係して考えらるべきものではないのである。芸術を制作的活動から出立して考察し、その一般的原理は美でなく却《かえ》って真理であるといったフィードレルは、芸術的に真であることは、意図の、意欲の問題でなく、才能の、能力の問題であると述べている。我々は道徳的真理について、同じように、道徳的に真であることは、単に意志の問題でなく、有能性の問題であるということができるであろう。

尤《もっと》も、行為はすべて技術的であるにしても、すべての技術的行為が道徳的行為と考えられるのではないであろう。固有な意味における技術は物の生産の技術であって、かような技術的行為はそれ自身としては道徳的と見られないのが普通である。道徳的という場合、それは物にでなく人間に、客体にでなく主体に、関係している。技術的行為について徳が問題にされる場合においても、それは主体或《ある》いは人間に関係して問題にされるのである。ひとがその仕事において忠実であること、良心的であることは、道徳的であるといわれる。そのとき問題にされているのは、彼の仕事でなく、彼の人間である。しかしながら他方、如何なる人間の行為も物に関係している。我々自身或《あ》る意味では物であり、人と人との行為的連関は物を媒介とするのがつねである。人間の徳を彼の仕事における有能性から離れて考えることは抽象的であるといわねばならぬ。

それのみでなく、技術の意味を広く理解して、人間の行為はすべて技術的であると考えるとき、徳と有能性との密接な関係は一層明瞭《めいりょう》になるであろう。従来技術といわれたのは主として経済的技術である。かように技術というと直ちに物質的生産の技術を考えることは、近代における自然科学及びこれを基礎とする技術の[b]ヒヤク的発達、それが人間生活にもたらした[c]ケンチョな効果の影響のもとに生じたことである。しかしギリシアにおいて芸術と技術とが一つに考えられたように、一切の文化は技術的に形成されるものである。そして独立な主体と主体とは、客観的に表現された文化を通じて結合される。主体と主体とはすべて表現を通じて行為的に関係する。人と人とが挨拶《あいさつ》を交わすとき、その言葉はすでに技術的に作られたものである。挨拶は修辞学的であり、修辞学は言葉の技術である。そのとき、彼等《ら》が[d]ボウシをとるとすれば、そこにまたすでに一つの技術がある。一般に礼儀作法というものは技術に属している。[ウ]技術的であることによって人間の行為は表現的になる。礼儀作法は道徳に属すると考えられているように、すべての道徳的行為は技術とつながっている。礼儀作法は一つの文化と見られるが、一切の文化は技術的に作られ、主体と主体との行為的連関を媒介するのである。経済はもとより、社会の諸組織、諸制度も技術的に作られる。自然に対する技術があるのみでなく、人間に対する技術がある。人間は自然的・社会的環境において、これに行為的に適応しつつ生活している。自然に対する適応と社会に対する適応とは相互に制約する。自然に対する適応の仕方が社会の組織や制度を規定し、逆にまた後者が前者を規定する。自然に対する技術と社会に対する技術とは相互に連関している。そして歴史的に見ると、近代社会における中心的な問題は自然に対する技術であったが、それが産業革命となり、その後その影響から重大な社会問題が生ずるに至り、現代においては社会に対する技術が中心的な問題になっているということができるであろう。

しかし道徳は外的なものでなく、心の問題であるといわれるとすれば、そこに更に心の技術というものが考えられるであろう。心の徳も技術的に得られるのである。人間の心は理性的な部分と非理性的な部分とから成っているとすれば、理性が完全に働き得るためには非理性的な部分に対する理性の支配が完全に行われねばならぬであろう。この支配には技術が必要である。人間生活の目的は非理性的なものを殺してしまうことにあるのでなく、それと理性的なものとを調和させて美しきタマシイを作ることであると考えられるとすれば、技術は一層重要になってくる。心の技術は物の技術と違って心を対象とする技術であるにしても、それは単に心にのみ関係するものではない。この技術もまた一定の仕方で環境に関係している。即《すなわ》ち物の技術においては、技術の本質であるところの主観と客観との媒介的統一は、物を変化し、物の形を変えることによって、物において実現される、そこに出来てくるのは物である。心の技術においても環境が問題でないのでなく、ただその場合主観と客観との媒介的統一は、心を変化し、心の形を作ることによって、主体の側において実現される。かくして「人間」が作られるとき、我々は環境の如何なる変化に対しても自己を平静に保ち、自己を維持することができるのである。その人間を作ることが修養といわれるものである。修養は修業として技術的に行われる。しかしながら心の技術は社会から逃避するための技術となってはならぬ。身を修めることは社会において働くために要求されているのである。修業はむしろ社会的活動のうちにおいて行われるのである。我々は環境を形成してゆくことによって真に自己を形成してゆくことができる。いわゆる修業も特定の仕方において主体と環境とを技術的に媒介して統一することであるにしても、心の技術はそれ自身に止《とど》まる限り個人的である、それは物の技術と結び付くことによってオ真に現実的に社会的意味を生じてくるのである。

（三木清『哲学入門』）

〔注〕○フィードレル――Konrad Adolf Fiedler（一八四一～一八九五）ドイツの哲学者。

設　問

㈠ 「人間のすべての行為は技術的である」（傍線部ア）とあるが、それはなぜか、説明せよ。

解答欄：一三・五㎝×二行

㈡ 「徳を有能性と考えること、それを力と考えること」（傍線部イ）とあるが、どういうことか、説明せよ。

解答欄：一三・五㎝×二行

㈢ 「技術的であることによって人間の行為は表現的になる」（傍線部ウ）とあるが、どういうことか、説明せよ。

解答欄：一三・五㎝×二行

㈣ 「『人間』が作られる」（傍線部エ）とあるが、どういうことか、説明せよ。

解答欄：一三・五㎝×二行

㈤ 「真に現実的に社会的意味を生じてくる」（傍線部オ）とあるが、なぜそのように言えるのか、全体の論旨に即して一〇〇字以上一二〇字以内で述べよ。（句読点も一字として数える。なお、採点においては、表記についても考慮する。）

㈥ 傍線部a・b・c・d・eのカタカナに相当する漢字を楷書で書け。

a　タクエツ　　b　ヒヤク　　c　ケンチョ　　d　ボウシ　　e　タマシイ

二〇〇五年度　文科　第四問

次の文章を読んで、後の設問に答えよ。

待ち合わせ場所にすでに相手が到着していて、しかもそのひとが後ろ向きに立っていたような場合、一瞬、どんなふうに声をかけようかと、迷いながら背後からそのひとに近づいていく。

前からだったら、目と目があえば、それで済む。待った？　久しぶりね、さあ、行こう――会話は船のように自然と進む。

ア ヒトの無防備な背中を前にすると、なぜか言葉を失ってしまう。つきあってきたのは、どのひととも、彼らの正面ばかりのような気がして、心もとなく、背中を眺めやる。

そのひとが、くるっと後ろを振り向けば、ただちにわたしは、そのひとの世界に合流できるのに、後ろ姿は、閉ざされた扉だ。

そのままわたしが行きすぎれば、そのひととわたしは永遠に交わらないまま、これを最後に別れてしまうかもしれない。待ち合わせの約束を、一方的に破棄するのだから、これは裏切りだが、出会うことは常におそろしい衝突でもあるから、衝突をさけて、ひとの背後を、ひたすら逃げ続けるという生き方もある。例えば、犯罪者か逃亡者のように。

そういう考えが、ひとの背を見ながら、わたしのなかにひょっこと現れる。そのことはわたしを、少し驚かす。わたしは何かを恐れている。

そもそも背中は、そのひとの無意識が、あふれているように感じられる場所である。だから、誰かの後ろ姿を見るとき、見てはならないものを見たようで、後ろめたい感じを覚えることもある。

背中の周りに広がっているのが、そのひとの「背後」と呼ばれる空間だ。自分の視線がまったく届かない、見えない後ろ半分のこと。わたしはこの空間になぜか惹《ひ》かれる。見えない、というところに惹かれているのだろうか。

ひとは自分の背後の世界で、何が起きているのか、知り得ない。だから背後は、そのひとの後ろに広がっているのに、そのひとだけを、唯一、排除して広がっている。

背後という空間から、その人自身が排除されているといっても、それはひとと背後が、無関係であるということではない。振り返りさえすれば、いつでもひとは、自分の背後がそこにあることに気づく。もちろん、振り返ったのち一瞬にして、そこは背後ではなくなるわけだが、先ほどまで背後としてあった気配は、すぐには消えないで残っている。

そのとき今度は正面であったところが、自分の背後と化している。しかし意識が及ぶのは、常に現前の世界で、背後のことは即座に忘れられる。視線の行くところが、意識の向くところだ。だから目を開けて、背後を考えるのは、開いている目を、ただの「穴」とすることに他ならない。その穴のなかを、虚《むな》しい風が通り抜けていく。イ背後を思うとき、自分が、がらんどうの頭蓋骨《ずがいこつ》になったような気がする。

ひとと話をしていて、話の途中で、そのひとの背後に、ふと視線が及ぶことがある。

何かとても大切なことを話しているときに、後ろで、樹木がはげしく風に揺られていたり、夕日がまぶしく差し込んでいたり、鳥が落ちてきたり、滝が流れていたり、不吉な雲が流れていたりするのに目がとまる。

不思議な感じがする。こちら側の世界と触れ合わない、もうひとつの世界が同時進行で存在している。そのことに気づくとおそろしくなる。ウ背後とはまるで、彼岸のようではないか。

そしてわたしが見ることができるのは、常に、他者の背後ばかりだ。見えるのが、いつも、ひとの死ばかりであるということと、これはまったく同じ構造。

自分の死が見えないように、自分の背後は見えないし、そもそもわたしは、自分の後ろ側など、まるで考えもせずに暮らしている。見ることができないし、見る必要もないのだ。

ただし、着物を着て、帯の具合を見たいときなど、あわせ鏡で確認することはある。このことを考えると、やっぱり鏡とは、魔境へひとを誘う道具であると思う。しかも、背後へは、この道具をダブルで使用しなければならないのだから、ひとが自分の背後へ到達することの、おそろしさと困難さがわかろうというものだ。

ともかく、背後は死角である。

死角を衝《つ》かれる時、ひとは驚く。わたしが冒頭に、後ろからどう、ひとに声をかけようか、と迷ったのも、相手をびっくりさせないためにはどうするのがいいのか、という思いもあった。

そもそも身体に触れないで、声だけで、そのひとを振り向かせることはできるのだろうか。

簡単なのは、名前を呼ぶことだ。こうしてみると、名前というのは、そのひとを呼び出す強力な呪文《じゆもん》みたいなものである。わたしは会話のなかで、対面するひとの名前を呼ばずして、そのひとと会話を進めることに、いつも居心地の悪い思いを持つ。あなたという二人称はあるけれども、固有名詞で呼びかけずにはいられない。相手のひとにも、名を呼んでほしい。それはわたしが、何か強い結びつきで、この同じ場に、対話の相手を呼び出し、呼び出されたいと願うからなのだろう。

名前を呼ばずに、例えば、あのーお待たせしましたとか、小池でーす、こんにちは、とか、そういう類の言葉を投げかけて、そのひとが確実に振り向くかどうか。わたしにはほとんど自信がない。

だからそういうとき、やっぱり、相手の肩のあたりを、ぽんと軽く叩《たた》くかもしれない。あるいはわざわざ正面へ、まわるか。

エ背後の世界をくぐるとき、わたしたちは一瞬にしろ、言葉というものを、放棄しなければならないということなのだろうか。

（小池昌代「背・背なか・背後」）

設問

(一)「ヒトの無防備な背中を前にすると、なぜか言葉を失ってしまう」（傍線部ア）とあるが、「無防備な背中」とはどういうことか、説明せよ。

解答欄：一三・五cm×二行

(二)「背後を思うとき、自分が、がらんどうの頭蓋骨《ずがいこつ》になったような気がする」（傍線部イ）とあるが、どういうことか、説明せよ。

解答欄：一三・五cm×二行

(三)「背後とはまるで、彼岸のようではないか」（傍線部ウ）とあるが、どういうことか、説明せよ。

解答欄：一三・五cm×二行

(四)「背後の世界をくぐるとき、わたしたちは一瞬にしろ、言葉というものを、放棄しなければならないということなのだろうか」（傍線部エ）とあるが、「言葉」を「放棄しなければならない」とはどういうことか、説明せよ。

解答欄：一三・五cm×二行

二〇〇四年度　文理共通　第一問

次の文章を読んで、後の設問に答えよ。

もとより個の没落は、生命倫理においてだけ見えてくるものではない。判断の基盤としての個人が遥《はる》かに乗り越えられてしまうというのは、環境問題の方がイメージしやすいだろう。たとえば殺虫剤や核エネルギーが現在の消費生活を支えている一方で、未だ生まれぬ世代の権利をシンガイしている可能性があるという事態に直面したとき、個人の欲望の制限を受け入れるためにも、後の世代とのなんらかの共同性を、判断の新たな足場として構築しようとしていくのは、自然な流れだろう。人間以外の生物はもちろん、山や川などにさえ、尊重される価値を見出《みいだ》そうとする傾向は、今やさほど珍奇な印象を与えなくなったが、そこでは人間中心主義を排除しつつ、個人はもちろん、時間的広がりを含み込んだ人類さえも超えて、「地球という同一の生命維持システム」を行為規範の基盤として考えることが試みられるようになっている。

だがことは、このような、いわゆる「問題」においてだけではない。日頃《ひごろ》の生活のなかでも私たちは、個が希薄化しトクメイのなにものかに解消されていくことを薄々感じている。なるほど今日ほど、個性的でありたいという欲望が広く行き渡っている時代は、少なくとも日本の場合、かつてなかったかもしれない。私たちは、きわめてたくさんの欲望をもつ。もちろん他人と同一の欲望をもつことに、安心感を覚える場合も多いが、衣服や自動車の選択に見られるように、周りを見回し他人と異なるものをもとうとすることも、少なくない。それは同一のものを巡るコウソウを回避するためだけでなく、平均性を嫌い個性的であろうとする意志を示している。その結果欲望は、大量かつ多様に吐き出され、それに応じて実にさまざまなものが生み出されることになる。けれどもそうした欲望の多様化は、奇妙なことに画一化と矛盾せず進行している。「あなただけの……」と囁《ささや》く宣伝コピーにもかかわらず、「私だけ」のはずのものに、どこか既製品の臭《にお》いがするのであり、

「本当にお前が欲しいものはなんなのか」と自ら問い返してみるならば、「本当に」という言葉の虚しい響きが経験されるだけだ。ここでいう「個性」とは、実は大量のパターンのヴェールに隠された画一的なものでしかなく、それへの志向は、私たちとはちがうどこか他所《よそ》で作られ、いつのまにか私たちに宿り、あたかも私たち自身の内から生じたかのように、私たちを駆り立てていく。そのような欲望の産地を、消費生活の中心にいるかに見える個人、たとえばデザイナーなどに求めても虚しいことは、だれもが知っている。彼もまた大衆の周りを回っている。むしろ欲望のゲンセンは、相互に絡み合って生成消滅している情報であり、個人はその情報が行き交う交差点でしかない。急速に広まった情報のネットワークを支えているコンピュータ技術自体がプログラム上に原理的に欠陥をもつことによって、「責任」の所在はおろか、その概念の意味さえ曖昧《あいまい》になっているといわれる。近代思想のなかで「責任」が、悪にも傾く自由をもった同一の行為主体としての自己存在のメルクマールだったことからすれば、「責任」概念の曖昧化は、自己存在が情報の網目へと解体されていくことを示唆する現象であろう。いずれにせよ、自己が情報によって組織化されるという、この傾向は、ますます一層ソクシンされていくにちがいない。携帯電話がインターネットに組み込まれた今日、大衆のなかでの奇妙な孤独という形で、わずかに一人の時間が許されていた通勤電車のなかにさえ、外部からの組織化が浸透していく。

このように個の解体が、現代も続く同じ一つの流れだとすると、集団からの個の救済というシナリオに、少なくとも私は、リアリティを感じないといわざるをえない。個が他のなにものにも拠《よ》らず存在しているのであれば、それはそもそも解体しようもないだろう。それが解体してしまうのは、個そのものが集団のなかで作られていく作りものにすぎないからであり、集団への個の解体とは、個のそうしたフィクショナルな存在性格が露呈してきたことだと、私は考えるのである。

しかしながら、さらに重要なことだが、集団への解体が進行していくといっても、個に代わって集団が、時代を画す新たな「実体」として登場したということを、承認しようというわけでは断じてない。生命倫理などで繰り返される「社会的合意」の「社会」なるものが、いかに捉《とら》えどころのないものであるかは、その「合意」の確認の困難さからも想像がつく。いや合意達成の要求そのものが、一致へとは到りがたい多様な意見・価値観の存在を示唆しているのであり、そんななかで合意が達成され機能するとしても、それは当の合意が普遍的な基準を表現しているからではなく、エ「合意した」という事実だけが、それを合意として機能させているにすぎない。そういう意味でいえば、「合意」とはまさに形成されたもの、作りものであり、それが「事実」と呼ばれるとしても、作る作用《ファケーレ》に支えられた事実《ファクト》でしかないのである。

環境問題の場合、倫理学説の構築の努力は、あるいは感情移入をもって、あるいは権利上の均等性の想定をもって、世代間の距離を乗り越えていこうとするわけだが、基盤となるはずの未来世代との「道徳的共同体」は、未だ存在せぬ者たちと関《かか》わるかぎり、どうあっても虚構的性格をもたざるをえまい。「将来世代の状況や価値観が私たちにとって原理的に予測できない」ということ、また「私たちが自分たちの利益を制限するのに対して、将来世代がなにも返さない」ということなどは、そうした虚構性が露呈した場所として、実際この試みを否定しようとする意志が入り込むスペースとなっており、その意志を退けるよすがとなるものもまた、結局「想像力」しかないようである。あるいは人間を「自然との共感と相互性」のなかにもち込もうとするかの努力も、まちがいなく一つの創作でしかなく、生態系にまで認められるとされる「価値」という、オ非人間中心主義であるはずのものからは、作りもの特有の人間臭さが漂ってくる。もとより個がそこへと溶解していく情報の網の目も、相互に依存し合い絶えず組み替えられ作られていく、非実体的なものにほかならない。そうだとすれば集団性のなかへ解体していったといっても、そこに個は、新たな別の大陸を見出したのではなく、せいぜいのところ波立つ大海に幻のように現われる浮き島に、ひとときの宿りをしているにすぎないのである。

（伊藤徹『柳宗悦　手としての人間』）

〔注〕　○メルクマール——Merkmal（ドイツ語）　目印、指標。

設問

(一)「『地球という同一の生命維持システム』を行為規範の基盤として考える」（傍線部ア）とあるが、どういうことか、説明せよ。

解答欄：一三・五㎝×二行

(二)「欲望の多様化は、奇妙なことに画一化と矛盾せず進行している」（傍線部イ）とあるが、なぜそのようにいえるのか、説明せよ。

解答欄：一三・五㎝×二行

(三)「個そのものが集団のなかで作られていく作りものにすぎない」（傍線部ウ）とあるが、なぜそのようにいえるのか、説明せよ。

解答欄：一三・五㎝×二行

(四)「『合意した』という事実だけが、それを合意として機能させているにすぎない」（傍線部エ）とあるが、どういうことか、説明せよ。

解答欄：一三・五㎝×二行

(五)「非人間中心主義であるはずのものからは、作りもの特有の人間臭さが漂ってくる」（傍線部オ）とあるが、ここで筆者はどのようなことを言おうとしているのか、一〇〇字以上一二〇字以内で説明せよ。（句読点も一字として数える。なお、採点においては、表記についても考慮する。）

(六)傍線部a・b・c・d・eのカタカナに相当する漢字を楷書で書け。

a　シンガイ　b　トクメイ　c　コウソウ　d　ゲンセン　e　ソクシン

二〇〇四年度　文科

第四問

次の文章を読んで、後の設問に答えよ。

かりに「写真になにが可能か」という問いを自らに発した時、私にはそれに対する答えというより、ほとんど肉体的な反応といったようなものが二通り生れてくる。

一つは、いま自分が生きつつあり、さまざまなかたちで敵対する世界に対して「写真には何もできない」という一種の無力感である。しかしその無力感の下からたちまち意識に上ってくるのは、私が写真によって捕捉《ほそく》しえた世界のさまざまな意味であり、それを考えたときに生じてくる「写真に可能ななにものかがある」という認識である。実は、われわれの日々は、こうした問いと二様の答えのくり返しであり、どちらか一方だけではありえないのだ。ア このような事情はなにも写真に限ったことではない。表現芸術のすべてについていいうることなのである。

たとえば、今日、われわれの生きている世界の激しい動きと、その中から生れてきた鮮烈な変革の思想と、その挫折《ざせつ》という起伏を前にして写真になにが可能かと考えた時には、われわれは無力感に陥らざるを得ない。政治と芸術を一元化しているわけではなく、われわれが生きていることのなかに両方ともかかわってくるから、このような無力感も当然なのである。しかし、この無力感の中で「写真にはなにもできない」といい切ったところでどうなるものか。しかしその無力感も、少なくとも写真にまつわるさまざまな既成の価値を破砕し、未知の世界の中に自分を位置づける上では有効である。いわばイ 写真にかぶせられた擬制——リアリズムもこのうちに入る——虚構をひとつひとつはがしておのれの意識と肉体が露出するところまで下降する根源的な思考が欠落したところに、どのような透徹した精神のリアリズムもありえない。

だが写真がわれわれに衝撃を与える機会は、いまでも明らかに存在する。多くの人が記憶しているだろう一つの例をあげてみよう。われわれはベトナム戦争について多くのことを知識として知っている。しかしAPのある報道写真家がとった「路上の処刑」という写真ほど、ベトナムの意味を理解させるものはない。それは南ベトナムの国警長官をしていたロアンという男が、捕えた解放軍の兵士を路上で射殺する場面をとった二枚の写真である。一人の男がもう一人の男にピストルを向け、次の瞬間にはイモ虫のように兵士がころがっている。この男の死は、二つのショットの不連続のあいだに消失してしまい、この死の消失には胸の悪くなるようなものがある。ウ美しさも悲しみもないゼロの世界がそこに現われている。この世界の現前は多くの示唆を含んでいる。

この醜悪さが、もはや言葉でも意識でも捉えられないわれわれの存在の深いところに衝撃を与えるのである。しかもこの写真家は戦争を告発する意図によって撮っていたのではない。その写真、あるいは瞬間の写真が継起するあいだに消失した世界は、もはや彼の思想とか意識とかいわゆる主体を越えてしまって、何ものかになってしまっているのである。この写真はなにを記録したのであろうか。われわれは死に立ち会ったというより、死のゼロ化に立ち会ったのである。この痛みはなかなか消えない。

この問題をもう少し広げてみると、写真には、こうした世界の不気味さをとりだす能力がある、ということになる。たまたまそこに居あわせたからということもあろうし、また別の目的でとった写真の場合も少なくない。写真が生れてから百数十年にわたってとられ、残されてきた写真の群れをふりかえってみると、このような無数の人々の無数の偶然によって、全体としてたしかなものも、不気味なものも含めて人間の歴史の膨大な地質を構成しているようにみえる。

そう考えれば、改めて写真と、写真家の意味を問い直すことにつながってくる。写真家は不要なのか。それとも写真家はジャーナリズムの写真ページを構成するプロフェッショナルなのか。

主体の意識を考えた時、写真は不便なものである。エ自分の内部に思想があってそれを写真に表現するという俗流の考え方は、いつも写真によって裏切られるだろう。だが一方言葉で、たとえばアラン・ロブ=グリエやミシェル・ビュトールらがいかに外的な世界を描写しようと、それは時間の中を動いている意識にすぎないのに比して、写真は無媒介に世界を目の前に現わすわけである。写真と言葉とは異質の系に属しているし、世界をつかむ方法が違っている。今日の文明の変質をとらえて、それは活字文化から映像文化への移行だといわれてきたことにもいくらかの真実が含まれているわけである。読むよりも見る方が「わかりやすい」とか説得的だとかいわれることは、その現前性、直接の機能の一面をすくいとっているだけである。

おそらく写真家は、あらゆる表現者のうちでもっとも不自由な人間かもしれない。心のうちなる世界をあらわそうとしても、うつるのは外にある対象である。だが、そのような世界とのずれた関係が、実は、私をひきつけるのだ。写真家は、世界が自己をこえていること、そこには不気味なものもあることをもっとも明確に見出《みいだ》した最初の人間であるかもしれない。世界とは、人間そのものではなく、人間の意識によって構成されるものでもない。世界は存在し、かつ人間も存在している。世界とは反人間的な、あるいは超人間な構造と人間という生《な》まの具体性とが織りあげる全体化のなかにある。

（多木浩二『写真論集成』）

〔注〕○ＡＰ――アメリカの通信社。
○アラン・ロブ=グリエ――Alain Robbe-Grillet（一九二二〜）　フランスの小説家。
○ミシェル・ビュトール――Michel Butor（一九二六〜）　フランスの小説家。

設問

㈠「このような事情」（傍線部ア）とあるが、どういうことか、説明せよ。 解答欄：一三・五㎝×二行

㈡「写真にかぶせられた擬制」（傍線部イ）とあるが、どういうことか、説明せよ。 解答欄：一三・五㎝×二行

㈢「美しさも悲しみもないゼロの世界がそこに現われている」（傍線部ウ）とあるが、どういうことか、説明せよ。 解答欄：一三・五㎝×二行

㈣「自分の内部に思想があってそれを写真に表現するという俗流の考え方は、いつも写真によって裏切られるだろう」（傍線部エ）とあるが、どういうことか、わかりやすく説明せよ。 解答欄：一三・五㎝×二行

二〇〇三年度　文理共通

第一問

次の文章を読んで、後の設問に答えよ。なお、本文には、一部省略した箇所がある。

民俗宗教において、祟《たた》りの信仰は大きな比重を占めている。それは人びとが他人の、神の、動物の怨念を、妬みや恨みを恐れていることを意味している。さらにいえば、それは広い意味での「世間の目」「霊の目」に対する恐怖・配慮の象徴的表現ともいえるかもしれない。殺されたり、人生半ばでこの世を去った人びとに対して、格別の思いを抱いてきたのが日本人であった。人びとは殺した者の呪い・祟りを恐れた。この怨霊を封じ込めるために祀《まつ》りもおこなった。しかし、それだけでなく、家族や親族、共同体のために犠牲になった者に対しても「負い目」「後ろめたさ」を感じ、その者の心境を思いやり、その霊を慰め、そのために祠《ほこら》を建て、神に祀り上げることさえした。「慰霊」という行為は、怨霊を鎮めるというだけでなく、もっと広い意味での鎮め、霊に対する生者の心の内部に発生する「後ろめたさ」「負い目」を浄化する行為であった。言いかえれば、[ア]生きている日本人は、生きているというだけで、霊に対して弱い立場に置かれていたのである。生きている人は「霊の目」を、「先祖の霊の目」「殺した者の霊の目」「堕《お》ろした子供の霊の目」「身代わりになって死んだ者の霊の目」「怨霊の目」等々を、つねに無意識のうちに気にしているのである。その「霊の目」が、怒りに満ちたものではなく、あるいはこの世に[a]ミレンを残し続けることなく、安らかなものになるように、と祀りをおこない、供養その他の「慰霊」行為をおこない続ける。それが「祝い祀り」の本質であった。

私の体験談を書いておこう。二五年ほど前からミクロネシア連邦チューク（旧トラック）州で人類学の調査を断続的におこなっている。ここは、第一次大戦後から第二次大戦終了まで国際連盟委託統治領「南洋群島」として日本が支配していたところである。チューク環礁の礁湖は大きな軍艦も[b]テイハクできたので、戦時中は、ニューギニア方面に進攻する日本の連合艦隊の重要な基地になっていた。しかし、反攻に転じた米軍の激しい空襲と艦砲射撃によって、チューク諸島にいた軍人、軍属、民間人、そして現地人の多くの命が失われたところでもある。このため、戦後五十年以上経った今でも、空襲によって沈んだ軍艦や輸送船などに残っている遺骨を拾い集める厚生省の遺骨収集団や戦没者の霊を慰める各種の慰霊団が、このチューク諸島を訪問してくる。私もこれまで何度かそうした団体と出会った。またチューク在住の親しい日本人や現地人から、慰霊団がときどきやってきていたことを聞かされた。

イ慰霊団の現地での慰霊行動は、私には十分に理解できるものである。たとえば、慰霊碑の前に花輪が飾られ、同伴してきた僧が戦没者の霊を慰め鎮めるためのお経を読み、参列した人びとが線香をあげる。あるいは、船で海上に出て、花輪や写経を捧げる。

しかしながら、次のような儀礼的光景は、それを目にしたアメリカ人や現地人には異様なもの、不思議なものを目撃してしまったという印象を与えるらしい。それは遺骨収集にまつわるものである。海底の沈船から引き上げられた遺骨を関係者が最敬礼で迎え、日章旗や海軍旗で覆って浜辺で荼毘《だび》に付し、お経を読んで供養し、翌日、その骨を拾い上げて骨壺に納める。その光景は、日本人の私には胸にジーンとくるものがある。そこに集められた遺骨は私とは縁もゆかりもない者であって、しかも、私の生まれる前に死んだ、身元さえはっきりしない人の骨にすぎない。にもかかわらず、このような場に偶然居合わせると、この遺骨になった人の非業の死を勝手に思い描き、思わず合掌してしまう。このような慰霊の仕方、遺骨の収集は、日本人ならば少しも奇妙な振る舞いではないのである。

ところが、こうした光景がアメリカ人や現地人には異様に映るらしいのだ。たまたまこれを目撃したあるアメリカ人医師は、海底に眠っていた日本兵たちが地上に突然現れたような気分になって背筋が寒くなったという。なるほど、艦船から拾い上げた骨の前で、船とともに沈んだ軍服姿の若者の写真を前に祈っている未亡人や生き残った戦友は、もうとっくに七十代を過ぎた老人である。そんな彼らがよれよれになった海軍帽をかぶって、誰ともわからないような遺骨を焼いたりそれに対して合掌したりしているのだ。日本文化のコンテキストに位置づけて解釈できない異文化の人が、その姿を見て奇妙な感じを抱くのは当然のことであろう。そして、この光景に対する「私たち日本人」と「彼ら」との受け取り方の違いに、日本文化の特徴、とりわけ日本人の「霊」への信仰の特徴が示されていると思われる。

すなわち、この年老いた元日本海軍の兵士たちは、ここで戦死した戦友の霊を「慰めている」のである。海に沈んでいた戦友の霊が誰かに怨霊となって祟りをなしているわけではない。「英霊」として「靖国神社」に祀ってくれと夢やタクセンで要求したわけでもない。そうではなく、物言わぬ「戦友の霊の目」を背に負って生きてきた戦友の「思い」が、死んだ者が可哀想だ、生き残って申し訳ないという「思い」が、慰霊行為を導き出しているのである。ある意味で、戦争によってこの年老いた元日本海軍の兵士たちの人生の時間の、ある部分が止まってしまったのだろう。そして、その後の人生はこの「霊の目」を安らかにすることを意識し続ける人生であったのだろう。私たちはここに脈々と流れる日本人の民俗的な信仰伝統を見いだす。

ところで、遺骨収集の様子を見たとき、異郷の地で命を落とした者の遺骨(＝霊魂の依《よ》り代《しろ》)を拾って故郷に帰すという習俗は、昔からの習俗であったかのような印象を与えるかもしれない。しかし、私たちは、近代以前に、異郷の地で戦死したり病死や事故死した人の遺骨を故郷に残された肉親が探し出し、拾い集めて、故郷に連れ戻してくる、といった習俗を民衆の間に見いだすことはできない。山折哲雄によれば、日本人は、古来、遺骨に対する関心は低く、遺骨を高野山に納めるといった習俗はあったが、そのような異郷の地で命を落とした者の遺骨を収集するという儀礼的行為が、広く民衆の間に定着したのは日中戦争開始以降のことであるという。当時の国家が、戦場の各地で散った戦死者たちの遺骨を戦地におもむいて集め、故郷に持ち帰ってその霊を慰め、「英霊」(＝遺骨)として靖国神社やその下部組織である地方の忠魂社＝護国神社で祀り上げることを始めたのである。これは民俗的信仰を変形させて作り出した、近代の軍国主義国家の創造物であった。

ところが、このような国家的行事を生み出し運営していた国家が敗戦によって倒れた。したがって、それによって、その国家がその国家のために命を捧げた兵士を祀るという擬似宗教的行事も廃止されるのが当然であった。とくに、兵士の遺骨を収集するなどという習俗は、昭和になるまで存在していなかったのだから、その事業主体を失って簡単に消滅しても不思議ではなかった。しかし、この遺骨収集の儀礼的行為は、わずか二十年足らずの間に日本人の心性の奥に入り込み、国家主義的儀礼の域を越えて国民的・民衆的な文化に変質しつつあったのである。いや、民衆の宗教心が戦前の国家が作り出した儀礼行為を自分たちの信仰に組み込んでしまったといった方がわかりやすいかもしれない。

戦後、独立を再び回復したとき、新生国家は遺骨の収集を開始する。これには、「靖国神社法案」に示されるように、それを政治的に利用しようという政治家や一部の戦没者遺族たちの思惑があったことは否定できない。しかし、[オ]その骨を依り代にして帰国する霊を迎えたいという「思い」は、国家だけではなく、民衆のなかにもあったとみるべきであろう。その心性は、近代国家という枠組みの成立以前から存在していた、「霊の目」を意識した「後ろめたさ」に由来するものであったのだ。実際、戦没者の慰霊行為とほぼ同質の慰霊行為を、たとえば、私たちは日航ジャンボ機の[d]ツイラク現場である御巣鷹山、あるいは阪神・淡路大地震の[e]ヒサイ地にも見いだすことができるだろう。

（小松和彦「ノロイ・タタリ・イワイ」）

〔注〕○霊魂の依り代――招き寄せられた霊魂が乗り移るもの。

設問

(一)「生きている日本人は、生きているというだけで、霊に対して弱い立場に置かれていたのである」(傍線部ア)とあるが、どういうことか説明せよ。 解答欄：一三・五㎝×二行

(二)「慰霊団の現地での慰霊行動は、私には十分に理解できるものである」(傍線部イ)とあるが、なぜ「十分に理解できる」のか、説明せよ。 解答欄：一三・五㎝×二行

(三)「戦争によってこの年老いた元日本海軍の兵士たちの人生の時間の、ある部分が止まってしまった」(傍線部ウ)とあるが、どういうことか説明せよ。 解答欄：一三・五㎝×二行

(四)「その国家がその国家のために命を捧げた兵士を祀るという擬似宗教的行事」(傍線部エ)とあるが、なぜ「擬似宗教的行事」とされるのか、説明せよ。 解答欄：一三・五㎝×二行

(五)「その骨を依り代にして帰国する霊を迎えたいという「思い」は、国家だけではなく、民衆のなかにもあったとみるべきであろう」(傍線部オ)とあるが、なぜそのように言えるのか、一〇〇字以上一二〇字以内で述べよ。(句読点も一字として数える。なお、採点に際しては、表記についても考慮する。)

(六)傍線部a・b・c・d・eのカタカナに相当する漢字を楷書で書け。

a ミレン　b テイハク　c タクセン　d ツイラク　e ヒサイ

二〇〇三年度　文科

第四問

次の文章を読んで、後の設問に答えよ。

詩作しようとする者にとっても、ある詩を味読しようとする者にとっても、当の作品の背後には、それ以前の無数の作品が控えている。それだけでも、すでに痕跡の過剰を語ることができるだろう。しかし単に、過去の作品数の多さだけが問題なのではない。過去のひとつの作品についても、あるいはその部分についても、それらは別様でありえたかもしれないという可能性を、それらの残されたありのままをはみ出る過剰として、漂わせている。引用とは、この別様でありえたかもしれない可能性をも含めた痕跡の過剰を、自らのコンテクストに引き入れつつ、実際に別様に展開してみせる作業にほかならない。

ところで、詩人が過去の詩作品より引用を行なう場合はもとより、当の引用が、そもそも引用として認知されるのを読者に要請する場合にも、当然のことながら、現在から過去へというベクトルが存在する。またその一方で、過去のものから現在の作品へと引いてこられる以上は、過去から現在へのベクトルも存在するわけだ。引用という作業において、双交通が語られうるゆえんである。しかしあくまで過去のものを引き入れるべき現在の言語表現が、それなりに独自のものでないならば、引用がよってくるはずの（ア）痕跡過剰のうちへと引きずり去られてしまう危険が、絶えずつきまとうだろう。

だからこそ、まさしく引用の技法としての本歌取の立役者だった藤原定家は、本歌からの引用を五七五七七全五句中の二句プラス数文字までとし、三句まで取ることをいましめたわけだ。また、本歌の属する時期を、ある程度（七、八〇年）以上昔のものである必要があるとしたのは、引用認定の基準を考慮したあかしとして、重要である。もっとも、前者にかかわる注意など、当の定家自身が、無視した作例を示してもいるのだが。

ともあれ、この国の近代以降の詩から、興味深い引用の見出せるものを挙げてみよう。ちなみに、日本の詩人が、引用認定の基準をクリアしようとすれば、引用の対象は十分に古くて、読者に周知のものでなければならないのだから、いきおい、おおむね江戸期以前の短詩、すなわち俳句か短歌からということになってくる。たとえば、西脇順三郎の詩集のタイトル、「Ambarvalia」がウォルター・ペイターの小説『享楽主義者マリウス』から取られたもので、さらにもとをたどれば、ウェルギリウス『農耕詩』などに使われている、「収穫祭」を意味するラテン語だといっても、それを認知できるものはほとんどいないだろうし、その詩集中の詩篇「天気」にある「(覆《くつがえ》された宝石)」という表現が、ジョン・キーツからの引用だということも、やはりほとんど気づかれぬままだろう。とはいえ、認知されない引用が、すべてだめだというつもりもない。しかし、ここでは有名な俳句を引用したものを検討しよう。まず、草野心平の「古池や蛙とびこむ水の音」(『第百階級』所収)。

音は消えてしまつた
音のあつたその一点から
寂莫の波紋が漲る

うるし色の暗闇の夜を
音のない夜を
寂莫の波紋が宇宙大に拡がる

芭蕉は芭蕉を見失つた

無限大虚無《ニヒル》の中心の一点である

芭蕉の有名な句が、すでにタイトルに掲げられており、おまけに詩中で芭蕉と名指されてもいるのだから、この場合、引用認定については、これほどみごとにクリアしたものはないほどだ。したがって読者の視線は、過去へのベクトルをもたされる。しかし、「蛙とびこむ水の音」の「音のあつたその一点」からの「波紋」を拡げていき、ついには宇宙大にまで拡げてしまう。芭蕉が芭蕉を見失うほどの拡がりだ。このように芭蕉を呑み込んでしまうほどの拡がりを措定してみせることで、詩人は、イ過去へのベクトルに拮抗しうるだけの今へのベクトルを、そこに重ねることができたといえる。

最近の例からも、ひとつ挙げておこう。南川周三の「蕪村考」(『幻月記』所収)だ。

幽明の境《さかい》を
ゆるいカーブを描いて画ごころが通った
あたりはいちめんひっそりと　音が絶えている
音が絶えれば視覚しかない
目の蕪村が
目よりも深い闇の香を嗅いだ
ものの怪《け》のようにあるかなきかの白さは
さらさらと竹をわたる京洛の夜の白さ——

花の香や嵯峨のともし火消ゆる時

ぽっつりと
灯るともしびも憂いのあかし
それならばいっそ絢爛の情が
さまよう画ごころのほとりにほしい
初夏はそういう蕪村の天地
軋み鳴る雲海が遠のいたら
そこに楊貴妃の笑みがあった――

方百里雨雲よせぬ牡丹かな

大ぶりの
花の微笑みは暮れるのにふさわしい
盃に受けたにごり酒は
微笑む燭と照り映えて渋い
渋いと臈たけた想いは消えて
蕪村はふっとうつつの世界に帰った――

月天心貧しき町を通りけり

天明の飢饉の町を

蕪村がひとり
通って行く

タイトルおよび文中に出る「蕪村」から、引用句が蕪村のものであることは容易に認定できる。一読してわかるとおり、詩人は蕪村の生きた場所と時代に身を置いている。これはきわどい操作である。なぜなら、過去向きのベクトルにあまりにも引きずられてしまいかねないからだ。しかし、この詩に漂う一種の幻想的な雰囲気（『幻月記』という詩集名も、その雰囲気を間接的に補強する）が、この過去向きのベクトルを、作者の今でおおってしまう。おまけに、蕪村自身の過去志向は、萩原朔太郎の『郷愁の詩人与謝蕪村』以来、すでによく知られているところだ。引用という操作が伴わずにはいない過去向きベクトルに、蕪村と同時代に身を置こうとする過去向きベクトル、さらには蕪村自身の過去向きベクトルを、作者はあえてその詩の今において重奏させてみせたのだ。つまり、この詩では、過去向きベクトルを重ねてみせることで、かえってウ双交通を実現させてもいるのである。

しかも、蕪村と同時代に身を置くといっても、たとえば最初の引用句「花の香や嵯峨のともし火消ゆる時」は安永年間の作であり、最後の引用句「月天心貧しき町を通りけり」は明和年間の作であるという具合に、時期が前後しており、おまけに引用句の季節がみな違うなど、特定の時点が問題とされているわけではない。

終わり近くに出てくる「天明の飢饉」とは、天明二年から七年にかけての史実であるのはもちろんだが、蕪村の没年が天明三年であるのを顧慮すれば、この詩の最終節は意味深長だろう。蕪村がその死を通り抜けて、ひとり歩いていくかのような思いに、ふととらわれるからだ。エそのまま歩き続けて作者のところにまで来るかのように。

（篠原資明『言の葉の交通論』）

設問

㈠「痕跡過剰のうちへと引きずり去られてしまう」（傍線部ア）とあるが、どういうことか、説明せよ。

解答欄：一三・四㎝×二行

㈡「過去へのベクトルに拮抗しうるだけの今へのベクトルを、そこに重ねることができた」（傍線部イ）とあるが、どういうことか、説明せよ。

解答欄：一三・四㎝×二行

㈢「双交通を実現させてもいる」（傍線部ウ）とあるが、どういうことか、「双交通」の内容が明らかになるように説明せよ。

解答欄：一三・四㎝×二行

㈣「そのまま歩き続けて作者のところにまで来るかのように」（傍線部エ）とあるが、どういうことか、説明せよ。

解答欄：一三・四㎝×二行

二〇〇二年度　文理共通

第一問

次の文章を読んで、後の設問に答えよ。

第一人称の死は、決して体験されたことのない、未知の何ものかである。論理的に知りえないものである。知りえないものに対して恐怖はどういう形を取るのか。もちろん、死への恐怖と呼ばれるもののなかには、苦しみへの恐怖、痛みへの恐怖が含まれていることはたしかである。それは死への恐怖というよりは、死に臨んだある苦痛の状態としての生への恐怖である。

死に勝る苦しみ、という表現がある。では死は苦しみの極限としてあるのか。そうではあるまい。苦しむのは生である。苦しみは生きていることの一つの証である。生の状態である。死が生の終わりなら、死は苦しみの終わりでもある。しかし、繰り返すが、私という第一人称にとって、死は、完璧な未知である。本当に死は苦しみの終わりなのかどうか、それを言うことさえ不可能なものとして、死はある。

したがって、いわゆる死への恐怖は、苦しむ生への恐怖を含んでいるにせよ、それだけではあるまい。

生への盲目的な執着が、ヒトが生物であることの明証であるとすれば、死への恐怖はヒトが人間であることの明証であると言えぬだろうか。

これを消極的な面から考えてみよう。第三人称の死は、私にとって、消滅であり、消失であった。したがって、それは、本当の意味での「死」ではない。自分の前に立ちはだかる未知の深淵としての死の何たるかを知ろうとする、空虚《むな》しい努力のための、何らの糧にもならない。自分の万年筆やハンカチや財布をいくら紛失したとしても、それで自分の死について何か感ずるところあったとは言えまい。

そして、[ア]第一人称の死、つねに未来形でしかありえないものが、現実化したとき、「私」は、誰からも手助けを受けることなく、完全な孤絶のなかで、それを体験することになる。第三人称の死が、「私」にとって消滅であるならば、第三者にとって「私」の死は同じように単なる消滅以外のものではありえないだろう。「私」にとって一度も体験したことのない「私の死」を、私は、自分以外の一切の他に対して架すべき何らの橋《きょう》堡《ほ》もないままに、絶対の孤のうちに、引き受けなければならない。

このとき、それまで[イ]陳腐だった第三人称の死の一つずつが、もしかして自分がこれから引き受けようとしている死の先達として、意味をもってくるように思われるかもしれないにせよ、もとよりそれは、[a]クウソな期待に過ぎない。

この「私」の死のもつ徹底的孤絶さのゆえに、人は、迎えるべき死への恐怖を増幅された形で感ずる。日常的世界のなかでは、つねに人間として、人どうしの間の関係性のなかで生きてきたわれわれは、たとえ絶海の孤島に独りあってさえ自然のなかに友をつくり人間的生活の回復への微《かす》かな期待を決して捨てることのないわれわれは、死において、かかる一切の人間としての関係性を喪《うしな》って、ただ一人で、死を引き受けなければならない。このことへの恐怖こそ、逆説的に、人が人間として生きてきたことへの明証となるだろう。あえて、「消極的」と呼んだのは、[ウ]この逆説性のゆえである。

他方、このような死への恐怖は、積極的な意味でも、人の人間たることの明証の一つたりうると言えよう。それには、第二人称が介在することになる。

一般に、人が自らの究極的孤絶性を肌膚に烙印《らくいん》のごとく自覚するのは、死を迎えることにおいて最も著しいが、しかしその孤絶性を知性によって理解することは、むしろたやすい。とりわけデカルト以来の西欧近代思想の洗礼を受けたものにとってはそうである。そして現実の世界における「人間」性、つまり人が人と人との間の関係性のなかで生きていることと、表層的に理解された人の孤絶性との矛盾を乗り越えるために、われわれはさまざまな方法を案出して、孤絶した人と人との間に、何らかの架橋を施さんとするのである。

しかし、知性において理解された表層的な人間の孤絶性は、むしろある立場からすれば誤っていると言えるのかもしれない。

例えば、私は「私」として、外界から隔絶されているかのように思われるが、私の身体さえ、楽器や楽弓のように、あたかも拡大されたかのように感じられることさえある。車を運転する熟達したドライヴァは、車の外壁をあたかも自らの身体と同じように感じる。他方、人間は自己によって自らの身体を支配・制御しているかのように[b]サッカクしているが、実は、自らの身体的支配はつねに他者の[c]モホウによって獲得される、という事実を忘れることはできない。高校生のとき私は鉄棒の蹴上りがどうしてもできなかった。ところがあるとき私の前に何人かの人びとが、次々に蹴上りを演じてみせた。何の気なく次に鉄棒に下った私は、それまでに演じた人びとと全く同じことをして、何ということもなく、何らの自覚もなしで、鉄棒の上に上ってしまった。このとき、[エ]「われわれ」が「私」を造りあげていた、という言い方が許されるだろう。

このような状況は、幼児においてもっとはっきりしている。幼児にとって、母親と自分との区別ははっきりしていない。ある程度の年齢に達すると母親は子供に自分を「僕」と呼ばせるようになる。年齢が早過ぎると「僕」という呼称は「僕」を指さないで終わってしまう。母親がそう呼ぶから僕は「僕」であるに過ぎない。母親さえ、ときに「僕、そんなことしちゃだめじゃない」などと言う。このとき母親と「僕」とは、まだ分離しない「われわれ」意識で連なっている。幼児は、次第にそうした言わば前個我的な状況から、母親からの反射の光によって、「僕」を僕として捉えるようになり、それと反射的に母親を第二人称的他者として捉えるようになる。前個我的「われわれ」状況は、第一人称と第二人称の他者どうしに分極化すると言ってよかろう。つまり、主体の集合体としての「われわれ」は、前個我的「われわれ」状況のある変型《ヴァージョン》として考えるべきではないか。

愛し合う二人の没我的[d]ホウヨウは、かつての自らを育てた前個我的「われわれ」状況のある形での回復を指向する、一瞬の回復ではないか。

この観点から見るとき、個我の孤絶性は、少なくとも生にある限り、むしろ、抽象的構成に近いものと言うべきである。[オ]それゆえにこそ、第一人称が迎えんとする死こそ、人間にとって極限の孤絶性、仮借なき絶望の孤在を照射する唯一つのものなのかもしれない。

（村上陽一郎『生と死への眼差し』）

設問

㈠「第一人称の死、つねに未来形でしかありえないもの」（傍線部ア）とあるが、どういうことか、説明せよ。

解答欄：一三・五㎝×二行

㈡「陳腐だった第三人称の死」（傍線部イ）とあるが、なぜ「陳腐」なのか、理由を説明せよ。

解答欄：一三・五㎝×二行

㈢「この逆説性」（傍線部ウ）とあるが、どういうことか、説明せよ。

解答欄：一三・五㎝×二行

㈣「『われわれ』が『私』を造りあげていた」（傍線部エ）とあるが、どういうことか、説明せよ。

解答欄：一三・五㎝×二行

㈤「それゆえにこそ、第一人称が迎えんとする死こそ、人間にとって極限の孤絶性、仮借なき絶望の孤在を照射する唯一つのものなのかもしれない」（傍線部オ）とあるが、なぜそう言えるのか。一〇〇字以上一二〇字以内で説明せよ。（句読点も一字として数える。なお、採点に際しては、表記についても考慮する。）

㈥　傍線部a・b・c・dのカタカナに相当する漢字を楷書で書け。

a　クウソ　　b　サッカク　　c　モホウ　　d　ホウヨウ

二〇〇二年度　文科

第四問

次の文章を読んで、後の設問に答えよ。

幸福の青い鳥を探す長い旅から帰ったとき、チルチルとミチルは、もともと家にいた鳥が青いことに気づく。チルチルとミチルの以後の人生は、その鳥がもともと青かったという前提のもとで展開していくことだろう。それは、彼らにとって間違いなく幸福なことだ。自分の生を最初から肯定できるということこそが、すべての真の幸福の根拠だからだ。だからわれわれは、そういう物語を、つまり『青い鳥』を、いつも追い求めている。だが、この物語は、同時に、それとは別のことも教えてくれる。つまり、――その鳥はほんとうにもともと青かったのだろうか？　それは歴史の偽造ではないか？　彼らはいま、鳥がもともと青かったという前提のもとで生きている。過去のさまざまな思い出、現在のさまざまな出来事は、その観点のもとで理解されるだろう。そして逆に、その理解が、鳥がもともと青かったという事実のもつ真の意味を、つまり真の幸福とは何であるかを、いっそう明確に定義することになるだろう。このとき、彼らは解釈学的な生を生きているのである。

青い鳥と共にすごした楽しい幼児期の記憶は、確かな実在性をもつ。なぜなら、それが現在の彼らの生を成り立たせているからだ。たとえ、何らかの別の視点からはそれが虚構だといえるとしても、彼ら自身にとっては、彼ら自身を成り立たせている当のものであるその記憶が虚構であるはずはない。それが虚構であるなら、自分自身の生そのものが、つまり自分自身が、虚構ということになるからだ。解釈学的探求は自分の人生を成り立たせているといま信じられているものの探求である。だから、もし彼らに自己解釈の変更が起こるとしても、それは常に記憶の変更と一体化している。ア ここでは、記憶が誤っていることは、ことの本質からして、ありえないのだ。

だが、外部の視点から見れば、記憶は後から作られたものであり、その記憶に基づく彼らの人生は虚構でありうる。その鳥はほんとうはもともと青くはなかったのかもしれない。そして、もともと青くはなかったというまさにその事実こそが、彼らの人生に、彼ら自身には気づかれない形で、実は最も決定的な影響を与えているのかもしれない。もともと青かったという記憶自体が、そして、そう信じ込んで生きる彼らの生それ自体が、ほんとうは青くなかったというその事実によって作り出されたものなのかもしれない。記憶は、真実を彼らの目から隠すための工作にすぎないのかもしれないからだ。これが、過去に対する系譜学的な視線である。系譜学は、現在の生を成り立たせていると現在信じられてはいないが、実はそうである過去を明らかにしようとする。

　時間経過というものを素朴なかたちで表象すると、いま鳥がたしかに青いとして、もともと青かったか、ある時点で青く変わったか、どちらかしかないことになるだろう。それ以外にどんな可能性があろうか？　しかし、解釈学と系譜学の対立が問題になるような場面では、そういう素朴な見方はもはや成り立たない。もともと青かったのでもなければ、ある時点で青くなったのでもなく、ある時点でもともと青かったということになったという視点を導入することが、系譜学的視点の導入なのである。それは、鳥がいつから青くなったかを探求することでも、いつから青く見えるようになったかを探求することでも、ない。そういう探求はすべて、解釈学的思考の枠内にあるからだ。それに対して系譜学は、いつから、どのようにして、鳥がもともと青かったということになったのか、を問う。それは、これまで区別されていなかった実在と解釈の間に楔《くさび》を打ち込み、解釈の成り立ちそのものを問うのであり、記憶の内容として残ってはいないが、おのれを内容としては残さなかったその記憶を成立させた当のものではあるような、そういう過去を問うのだ。だからそれは、現在の自己を自明の前提として過去を問うのではなく、現在の自己そのものを疑い、その成り立ちを問うのであり、イいまそう問う自己そのものを疑うがゆえに、それを問うのである。

　だが、「ある時点でもともと青かったということになった」という表現には、本来共存不可能なはずの二つの時間系列が強引に共存させられている。「もともと青かった」と信じている者は「ある時点で……になった」と信じる者ではありえず、

「ある時点で……になった」と信じる者は、もはや「もともと青かった」と信じる者ではない。だから、「ある時点でもともと青かったということになった」と信じる者の意識は、解釈学的意識と系譜学的認識の間に引き裂かれている。統合が可能だとすれば、それは系譜学的認識の解釈学化によってしかなされない。系譜学的探索が、新たに納得のいく自己解釈を作り出したとき、そのとき系譜学は解釈学に転じる。青くない鳥とともにすごした、チルチルとミチルの悲しい幼児期の記憶は、確かな実在性をもつにいたる。

それなら、けっして解釈学に転じないような、過去への視線はありえないのだろうか？　他人たちがただ私のためにだけ存在しているのではないように、過去もまた、ただ現在のためにだけ存在しているのではない。過去は、本来、われわれがそこから何かを学ぶために存在したのではないはずだ。それは、現在との関係ぬきに、それ自体として、存在したはずではないか？　過去を考えるとき、われわれは記憶とか歴史といった概念に頼らざるをえないが、ほんとうはそういう概念こそが、過去の過去性を殺しているのではないか？　だから、記憶されない過去、歴史とならない過去が、考えられねばならない。このとき、考古学的な視点が必要となるのである。

そのとき、鳥がもともと青かったか、ある時点で青く変わったか、という単純な時間系列が拒否されるだけではなく、どの時点でもともと青かったことにされたのか、という複合的時間系列もまた、拒否されねばならない。いま存在している視点がいつどのような事情のもとで作られたかという観点から過去を見る視線そのものが、つまり、過去がいま存在している視点との関係のなかで問題にされることそのものが、否定されねばならない。

そうなればもはや、鳥はある時点でもともと青かったことにされたとはいえ、ほんとうはもともと青くはなかった、などとはいえない。もともというなら、鳥は青くも青くなくもなかった。そんな観点はもともとはなかったのだ。そういうことを問題にする観点そのものがなかった。だがもはや、それがある時点で作られたという意味での過去が問題なのではない。ただそんな観点がなかったことだけが問題なのだ。ほんとうは幸福であったか不幸であったか（あるいは中間であったか）といった問題視点そのものがなかった。彼らはそんな生を生きてはいなかった。鳥はいたが色が意識されたことは一度もなく、したがって当時は色はなかったというべきなのである。

（永井均『転校生とブラック・ジャック』）

設問

(一)「ここでは、記憶が誤っていることは、ことの本質からして、ありえないのだ」（傍線部ア）とあるが、なぜ「ありえない」のか、その理由を説明せよ。

解答欄：一三・三㎝×二行

(二)「いまそう問う自己そのものを疑うがゆえに、それを問うのである」（傍線部イ）とあるが、どういうことか、わかりやすく説明せよ。

解答欄：一三・三㎝×二行

(三)「系譜学的認識の解釈学化」（傍線部ウ）とあるが、どういうことか、わかりやすく説明せよ。

解答欄：一三・三㎝×二行

(四)「過去がいま存在している視点との関係のなかで問題にされることそのものが、否定されねばならない」（傍線部エ）とあるが、どういうことか、説明せよ。

解答欄：一三・三㎝×二行

二〇〇一年度　文理共通

第一問

次の文章を読んで、後の設問に答えよ。なお、この文章の筆者は、アメリカ合衆国カリフォルニア州生まれの小説家で、文中の「星条旗の聞こえない部屋」および「天安門」はこの人の作品である。

なぜ、わざわざ、日本語で書いたのか。「星条旗の聞こえない部屋」を発表してからよく聞かれた。母国語の英語で書いた方が楽だろうし、その母国語が近代の歴史にもポスト近代の現在でも支配的言語なのに、という意味合いがあの質問の中にあった。

日本語は美しいから、ぼくも日本語で書きたくなった。十代の終り頃《ごろ》、言語学者が言うバイリンガルになるのに遅すぎたが、母国語がその感性を独占支配しきった「社会人」以前の状態で、はじめて耳に入った日本語の声と、目に触れた仮名混じりの文字群は、特に美しかった。しかし、実際の作品を書く時、西洋から日本に渡り、文化の「内部」への潜戸《くぐりど》としてのことばに入りこむ、いわゆる「越境」の内容を、もし英語で書いたならば、それは日本語の小説の英訳にすぎない。アだから最初から原作を書いた方がいい、という理由が大きかった。壁でもあり、潜戸にもなる、日本語そのものについて、小説を書きたかったのである。

ぼくにとっての日本語の美しさは、青年時代にイおおよその日本人が口にしていた「美しい日本語」とは似ても似つかなかった。日本人として生まれたから自らの民族の特性として日本語を共有している、というような思いこみは、ぼくの場合、許されなかった。純然たる「内部」に、自分が当然のことのようにいるという「アイデンティティー」は、最初から与えられていなかった。そしてぼくがはじめて日本に渡った昭和四十年代には、生まれた時からこのことばを共有しない者は、いくら努力してもウ一生「外」から眺めて、永久の「読み手」でありつづけることが運命づけられていた。母国語として日本語を書くか、外国語として日本語を読んで、なるべく遠くから、しかしできれば正確に、「公平」に鑑賞する。

　あの図式がはじめて変わったのは、もちろん、ぼくのように西洋出身者が日本語で書きはじめたからではない。その前に、日本の「内部」に在しながら、「日本人」という民族の特性を共有せずに日本語のもう一つ、苛酷《かこく》な「美しさ」をかち取った人たちがいたからだ。

　日本語の作家としてデビューしてまもない頃に、在日韓国人作家の李良枝《イヤンジ》から電話があった。李良枝は、『由熙《ゆひ》』の舞台にもなった、「母国」での何度目かの留学を終えて東京に戻り、ぼくがジャパノロジーの別天地を捨てて、日米往還の時代を含めて十いくつ目に移住した新宿の木造アパートと、さほど遠くない場所に移ることになった。「韓国人」の日本文学の先輩が「アメリカ人」の日本文学の新人をゲキレイ[a]してくれる、という電話だったのだが、話しが弾み、そのうちに、『由熙』の主題でもあった、日本語の感性を運命のように持ったために、「母国」の言語でありながら「母国語」にはならなかった韓国語について、ぼくがたずねてみた。

　動詞の感覚は違う、という話しになった。韓国語では、日本語と比べて、いわゆる「大和ことば」に相当するような動詞を使わないで漢字の熟語＋하다《ハダ》（する）を言うことがどれだけ多いか。ソウルの学生が交わす白熱した議論の中でたびたび問題にされる「うらぎり」にしても、それを「わざわざ」漢語の「배반《ペーバン》」つまり「背反」すると言うのは、自分の感覚とは違う、ということを李良枝が言った。

「日本人」として生まれなかった、そのために日本の「内部」において十分なハイジョ[b]の歴史を背負うことになった日本語の作家が、日本の都市から「母国」の都市に渡ったところ、そこで耳に入ることばは、漢語と、土着の、日本語風に受けとめれば「仮名」的に響く表現のバランスが、どうしても異質なものとして聞こえてしまう、と。

　あの会話をした日から一ヶ月経って、李良枝は急死した。ぼくの記憶の中で、彼女は若々しい声として残っている。[エ]「日本人」として生まれなかった、日本語の感性そのものの声を、思い出す度に、「母国語」と「外国語」とは何か、一つのことばの「美しさ」は何なのか、そのわずかの一部をかち取るために自分自身は何を裏切ったのか、今でもよく考えさせられる。

そして日本と西洋だけでは、日本語で世界を感知して日本語で世界を書いたことにはならない、という事実にも、おくればせながらあの頃気づきはじめた。

日本から、中国大陸に渡り、はじめて天安門広場を歩いたとき、あまりにも巨大な「公」の場所の中で、逆に私小説的な語りへと想像力が走ってしまった。アメリカとは異なった形で自らの言語の「[c]フヘン性」を信じてやまない多民族的大陸の都市の中を、歩けば歩くほど、一民族の特性であると執拗《しつよう》なほど主張されてきた島国の言語でその実感をつづりたくなった。まずは、血も流れた大きな敷石の踏みごたえと、そこに隣接した路地の、粘土とレンガを固めた塀と壁の質感を、どうすれば日本語で書けるか、という描写の意欲を覚えた。そのうちに、アメリカ大陸と中国大陸の二つのことばを[d]バイタイとした感情が記憶の中で響く一人の主人公の物語を、想像するようになった。

古代のロマンではなく同時代の場所としての中国大陸の感触を日本語の小説で体現するという試みは、半世紀前に、上海に渡っていた武田泰淳にも、また満州に渡っていた安部公房にもあった。一九九〇年代に日本から渡ったとき、その半世紀間に繰り返された断絶の痕跡《こんせき》としてラディカルに変えられた文字の異質性を、まず受け止めざるをえなかった。「东」や「丰」や「乡」という形体がいたるところでこちらの目に触れて、それが「배반《ペーパン》 합니다《ハムニダ》」、背反しますという声が在日作家の耳に入ったときとは、またズレの感触が違うだろう。私小説はおろか小説そのものからもっとも遠く離れた、すぐれて「公」の場所、十億単位の人を巻きこんだ歴史の場所で、その歴史に接触して[e]ホウカイした家族の記憶が頭の中で響いている。そうした一人の歩行者のストーリーを、どのように維持して、書けるのか。日本から、北京に渡り、その中心を占める巨大な空間を歩きながらそう考えたとき、母国語の英語はもはや、そのストーリーの中の記憶の一部と化していた。

北京から東京にもどった。新宿の部屋にもどった。アメリカ大陸を離れてから、六年が経っていた。新宿の部屋の中で、二つの大陸のことばで聞いた声を、次々と思いだした。「天安門」という小説を書きはじめた。

二つの大陸の声を甦《よみがえ》らせようとしているうちに、外から眺めていた「Japanese literature」すら記憶に変り、オ世界がすべて今の、日本語に混じる世界となった。

（リービ英雄「ぼくの日本語遍歴」）

〔注〕○ポスト近代——ポスト（post—）は「後の」「次の」の意味。近代が終わった後のこと、または次に来る時代。

○バイリンガル——二言語使用（bilingual）。

○アイデンティティー——本人であること、また、その自己認識（identity）。

○李良枝——文中の作品『由熙』を書いた小説家（一九五五〜一九九二）。

○ジャパノロジーの別天地——かつて筆者はアメリカで日本学（Japanology）の研究と教育に携わっていたことがある。

○武田泰淳——小説家（一九一二〜一九七六）。

○安部公房——小説家（一九二四〜一九九三）。

設問

㈠ 「だから最初から原作を書いた方がいい」（傍線部ア）とあるが、筆者が日本語で小説を書こうとした理由はどこにあると考えられるか、わかりやすく説明せよ。 解答欄：一三・六㎝×二行

㈡ 「おおよその日本人が口にしていた「美しい日本語」」（傍線部イ）とあるが、ここにいう「美しい日本語」とはどのようなものか、わかりやすく説明せよ。 解答欄：一三・六㎝×二行

㈢ 「一生「外」から眺めて、永久の「読み手」でありつづける」（傍線部ウ）とあるが、どういうことか、わかりやすく説明せよ。 解答欄：一三・六㎝×二行

㈣ 「「日本人」として生まれなかった、日本語の感性そのものの声」（傍線部エ）とあるが、ここにいう「日本語の感性」とはどのようなものか、わかりやすく説明せよ。 解答欄：一三・六㎝×二行

㈤ 「世界がすべて今の、日本語に混じる世界となった」（傍線部オ）とあるが、どういうことか、文中に述べられている筆者の体験に即し、一〇〇字以上一二〇字以内で述べよ。（句読点も一字として数える。なお、採点においては、表記についても考慮する。）

㈥ 傍線部a・b・c・d・eのカタカナに相当する漢字を楷書で書け。

a ゲキレイ　b ハイジョ　c フヘン　d バイタイ　e ホウカイ

二〇〇一年度　文科

第四問

次の文章を読んで、後の設問に答えよ。なお、本文には、一部省略した箇所がある。

最近、携帯電話を使った男女交際が流行《はや》っているらしい。雑誌に自分の携帯の電話番号を載せて「交際希望」と書いておくと、誰かから電話がかかってくる。先日テレビで、雑誌に自分の電話番号を載せた男の子に女の子から電話がかかってくる場面を映していた。まず男の子は、相手の年齢を聞き、今何をやっているかを聞く。この場合の何をやっているかは、抽象的なことではなく、今現在どんなことをしているのかということだ。

相手の女の子は、とぎれることなくしゃべりだした。さっきどういうものを食べたとか、最近気に入っている食べ物とか、嫌いなものとか、超むかつくこととか、気持ちよく感じることとか、とにかくとめどなくしゃべっている。男の子は、「へぇー」「ふうん」と相づちをうってただ聞くだけである。そういった他愛ないおしゃべりが1時間ほど続いたとテレビのナレーションは語っていた。

結局、ア この携帯を通した会話というものは独り言の掛け合いなのではないか。女の子はとにかく、自分の現在をただ叙述するのだが、その語り口のニュアンスがどうも変なのだ。変だというのは、会話の中に特に伝えたいことを強調するポイントがない。ただ自分のことをとりとめなくしゃべっているだけという印象なのである。初対面の相手に対するしゃべり方ではない、と普通なら考えるのだが、これが電話による会話というものの特徴なのかもしれない。

ここでの関係は、とにかくはかない。危険もない。相手もよくわからない。しかし、自分の繰り言をきちんと聞いてくれる互いの関係ではある。電話による若者のコミュニケーション文化は、そういう共時的了解の関係をすでに作りあげているらしい。

パソコン通信やインターネットを時々のぞくことがある。そこでは文字という形でさまざまな声が飛び交う。みんな饒《じょう》舌《ぜつ》になったものだと読みながら感心する。私は文を書くことを教えたり、実際に書くことを職業とするものだが、どうしてもこういうところに私的な文章を載せる気になれない。それは私がどこかで、文を、自分に向かって書くものと、他者への直接的な伝達という二つの種類に分類しているからで、インターネットのようなところへ載せる文章は、そのどこにも適合しないように感じるからだ。結局、ここに載せられている文はほとんど独り言に近いと私は感じるのだ。

独り言には、何かを伝えようというメッセージ性はない。かといって友人との楽しいおしゃべりといった相手の反応を確かめながらの言葉でもない。とにかく感じたことを文字にすればいいのであって、誰かが読んでくれればいいし、読んでくれなくてもそれはそれでかまわない、といった態度の文なのである。言い換えれば、文体というものがないのだ。文体とは、相手にこちらの伝え難い何かを伝える工夫である。その工夫は最初からない。とにかくしゃべってしまうこと、そういう感覚の文章なのだ。こういう文体のない文章は私には苦手なのだ。

こういう文章は、携帯電話で自分のことをとりとめなくしゃべるその言葉と基本的に同じだと思われる。独り言のやりとりといっていい。

独り言的な言葉や文の氾濫《はんらん》を目の当たりにして、私は正直とまどっている。というのは、まず、こういう独り言のやりとりに参加できないことに、何か不自由である自分を感じ取るからだ。私の文には文体がある。この文体は都合よくいえば私が他者にかかわる態度であり、私自身の伝わりにくい世界を他者に伝える方法である。私の思想とでもいってもいい。だが、それは私が私の固定した私の世界を他者に無理強いするものであり、多義的で流動的なこの現在の世界から私を閉じてしまっているものでもある。言い換えれば、イ私を不自由なものへと縛り付けているのも私の文体なのだ。時々、こういうふうにとめどなく自分のことを相手に独り言のようにおしゃべりできたらどんなにいいだろうかと思う。

電話がこんなにもコミュニケーションの文化ではなかったころ、文体を作らずに、自分のことをすべて聞いてくれるような関係を作ることは大変なことだった。他人と他人とが突然、相手の独り言を聞いてくれるような関係を作ることはあり得ないことだった。だからこそ、誰もが文体を作ろうとした。小説も詩もそのような文体の一つなのだ。それらは独り言的なニュアンスを抱え込みながら他者へかかわる一つの方法だった。だが、そんな文体なしに、自分というものの存在を丸ごと聞いてくれる関係が可能なら、文体など必要はないといわれれば、確かに必要でないと答えてしまいそうになる。これは困った。ウ文体などいらないといってしまうことは、私が私をいらないといっているようなものだからだ。

文体がもっている伝えがたいものとは何だろう。「孤独」といういい方をすればかなり当たったいい方になるだろう。われわれの文学的な言葉が抱え込む共通の価値を一言でいえというなら、それは「孤独」である。小説や詩を評価するのに、例えば「ここには孤独が感じられる」といえば誉《ほ》めたことになる。それが何よりの証拠だ。この「孤独」をどう描くかというところに、われわれの文体の一つの目的がある。他愛ない独り言の群れにこの「孤独」が伝わるのか。携帯電話のやりとりや、インターネット上の膨大なあのおしゃべり群は実に「孤独」である。一方的な女の子のおしゃべりをただうなずいて聞いていた男の子は、女の子の独り言の「孤独」を聞いていたと私は感じた。エ文体という抽象力をもたないが故にその「孤独」は、より生々しく現実的である。しかも、社会的である。

（岡部隆志『言葉の重力』）

設問

㈠「この携帯を通した会話というものは独り言の掛け合いなのではないか」（傍線部ア）とあるが、筆者はどうしてそのように判断したのか、説明せよ。

解答欄：一三・六㎝×二行

㈡「私を不自由なものへと縛り付けているのも私の文体なのだ」（傍線部イ）とあるが、なぜそう言えるのか、説明せよ。

解答欄：一三・六㎝×二行

㈢「文体などいらないといってしまうことは、私が私をいらないといっているようなものだ」（傍線部ウ）とあるが、なぜそう言えるのか、説明せよ。

解答欄：一三・六㎝×二行

㈣「文体という抽象力をもたないが故にその「孤独」は、より生々しく現実的である」（傍線部エ）とあるが、どういうことか、説明せよ。

解答欄：一三・六㎝×二行

二〇〇〇年度　文理共通

第一問

次の文章を読んで、後の設問に答えよ。

環境問題を取り上げる場合、環境を保護することの妥当性はしばしば自明のこととして前提されている。しかし、「環境の保護」が何を意味するかはそれほど明らかではない。これを唱える人々のすべてがこの表現によって同じことを意味しているわけでもない。そして、このような問題においては、表現におけるビミョウ[a]な意味の差異が実践上の重大な差異になりうる。

その上、この問題の論議にあたっては、保護されるべき対象として、「環境」だけではなく、「自然」と「生態系」がよく挙げられる。この三者がほとんど同一の意味で用いられることはあるにしても、これら相互間にはニュアンスの違いがあり、場合によってはその違いが重要になる。これらの概念について簡単な分析を試みよう。

まず自然は、近代の自然科学的な見方からいえば、それ自体としては価値や目的を含まず、因果的・機械論的に把握される世界である。人間ももちろん自然の一部であるから、人為と自然の対立はない。人間が自然にどのような人為を加えても、それは自然に反するものではなく、人間による自然破壊というようなことはありえないであろう。自然のある状態とかある段階に特に価値があるとする理由もない。[ア]すべての事象は等しく自然的である。

だから、「自然を守れ」というスローガンに実質的意味を与えるためには、このような広義の自然の内部において人為だけを特別のものとして位置づけ、この人為による改変をどれだけ受けているかによって自然の価値評価をすることが必要である。これのもっとも極端な立場によれば、人為的改変をまったく受けない自然が最善であるということになろう。このような立場の承認は、人類の文明の歴史を堕落または退化の過程とみなすことをともなう。しかし、いうまでもなく、例外的な状況を除けば、人間は自然に人為を加えることなしには生存できない。人跡未踏の原野や原生林を保存する努力が貴重であるのは、それがキョクチ的なものにとどまるからである。このような努力を自然全体に及ぼすことは不可能に近く、万一それが実現するならば、大部分の人間は生存できないであろう。人間の生存を可能にするのは、ある程度の人為の加わった自然である。だから、人類が自らの生存を否定するのでないかぎりは、人間の守るべき自然は、手つかずの自然ではなく、人為が加えられて人間が生存しやすくなった自然であるということになる。

自然は、以上に見てきたように元来は没価値的な概念であり、人間との関連づけによって初めて守るべき価値を付与されると考えられる。では、生態系という概念についてはどうであろうか。

生態系《エコシステム》はごく単純には、「ある地域に生息する生物群集と、その生物群集に影響を与える気象、土壌、地形などの非生物的環境を包括した系」と定義される。そして、「食物連鎖が平衡状態に保たれていれば、生物群集の個体数もほぼ変わらず、そのエコシステムは安定している。しかし、人為によりエコシステムに過度の干渉が行われると、生物種を絶滅させたり、さらには生物が生存できないような環境を作り出してしまう」。また、一般に生物種が少ない生態系ほど生態学的安定度が低いから、生物種の多様性を保つことが重要であるとされる。

この生態系の概念には、機械論的に把握された自然の概念とは違って、価値が含まれており、この価値が倫理規範を根拠づける、という考え方がある。生態系は生物共同体であり、その安定が乱されるならば、多くの種の存続がオビヤかされる。だから、共同体の構成員としての人間にはこの安定をイジするよう努める義務がある、というのである。アルド・レオポルドによれば、生物共同体の統合、安定、美を保つ傾向にあるものは正しく、反対の傾向にあるものは不正である。このような、生態系または生物共同体の概念からの倫理規範の導出は妥当であろうか。

この点に関連して第一に注意すべきは、生物共同体が人間だけを構成員とする道徳共同体と重要なところで異なっていることである。生物共同体を構成する他の生物たちには権利や義務の意識はない。だから、いずれかの種が生態系の安定を乱すとしても、そのことについてその種の責任を問うことはできない。人間という種は、生態系を他の種よりも大きく乱す可能性をもつという点で特異であろうが、それについて反省し責任を感ずる能力を有するという点でも特異である。

第二に、生態系の安定によって守られるのは種であって、種に属する個体ではない。種の存続のためにしばしば個のeギセイが要求される。生態系を形づくっているのは種のレベルで巨視的に見れば共存関係であるにしても、個のレベルではほとんどが弱肉強食の関係である。生態系の安定と平衡は、構成員の平和的共存によってではなく、弱肉強食を主体とする食物連鎖によって成立しているのである。だから、生態系の中で人間がどう生きるべきかを指示する倫理が、人間の共同体における倫理との類比によって簡単に導出されるわけではない。ウ個人の生命の尊重という人間社会の倫理を動物の個体に適用することが、かえってその動物種の破滅を招くというようなことも起こりうるのである。

以上の考察は、生態系そのものに価値があるということを必ずしも含意しない。エ生態系の概念には、機械論的に把握された自然の概念よりも豊かな内容が含まれているといえるであろう。しかし、それに価値が内在しており、その価値が生態系を守るべしという人間の義務を根拠づけている、と断定するのは難しい。その理由の一つは、生態系の安定が望ましいとされるが、その安定した状態がただ一つではなく多くありうる、ということにある。ある生態系における甲という安定が乱されても、やがては乙という新しい安定が生じるであろう。その場合、甲のほうが乙よりも望ましいとする根拠はない。また、生態系の安定にとって、一般的には生物種の多様性が望ましいとされる。だが、比較的少数の生物種から構成される生態系もあり、これが多数の生物種から成る生態系よりも価値において劣ると断定する理由もない。だから、生態系そのものにとっては、ある安定の状態に特に価値があるという判断は成立しない。しかし、人間にとってはそうではない。どのような安定でもよいのではなく、自らが快適に生存できる安定の状態こそが貴重である。だから、人間が「生態系を守れ」と叫ぶときの生態系とは、実は人間の生存にとって好都合な、生態系の特定の状態にほかならないのである。

環境という概念は、自然や生態系とは異なり、ある主体を前提する。いうまでもなく、いま問われているのは人間という主体にとっての環境である。保護されるべきは人間が健康に生存することができる環境である。だから、環境保護は第一義的に人間のためのものである。

以上の考察が正しいとするならば、「地球を救え」とか「自然にやさしく」といった環境保護運動のスローガンは不適切であることになる。このような表現は、人類が自らのためではなく地球や自然のために利他的に努力する、というニュアンスを含むからである。人類が滅びても、地球や自然はなんらかの形で存続しうるであろう。われわれが守らなければならないのは、人類の生存を可能にしている地球環境条件である。だから、オわれわれの努力を根本的に動機づけるのは人類の利己主義であり、そのことの自覚がまず必要である。

（加茂直樹『社会哲学の現代的展開』）

〔注〕 ○アルド・レオポルド——Aldo Leopold（一八八七～一九四八）。アメリカの生態学者。

設問

㈠「すべての事象は等しく自然的である」（傍線部ア）とはどういうことか、説明せよ。

解答欄：一三・六㎝×二行

㈡「元来は没価値的な概念であり、人間との関連づけによって初めて守るべき価値を付与される」（傍線部イ）とあるが、どういうことか、説明せよ。

解答欄：一三・六㎝×二行

㈢「個人の生命の尊重という人間社会の倫理を動物の個体に適用することが、かえってその動物種の破滅を招くというようなことも起こりうる」（傍線部ウ）とあるが、それはなぜか、説明せよ。

解答欄：一三・六㎝×二行

㈣「生態系の概念には、機械論的に把握された自然の概念よりも豊かな内容が含まれているといえるであろう」（傍線部エ）とあるが、どういうことか、説明せよ。

解答欄：一三・六㎝×二行

㈤「われわれの努力を根本的に動機づけるのは人類の利己主義であり、そのことの自覚がまず必要である」（傍線部オ）と筆者が述べるのはなぜか、この文章の論旨をふまえて、一〇〇字以上一二〇字以内で述べよ。（句読点も一字として数える。なお、採点に関しては、表記についても考慮する。）

㈥　傍線部a・b・c・d・eのカタカナに相当する漢字を楷書で書け。

a　ビミョウ　　b　キョクチ　　c　オビヤかされる　　d　イジ　　e　ギセイ

二〇〇〇年度　文科　第四問

次の文章を読んで、後の設問に答えよ。

早朝、目覚めて窓をあける。光をあびて緑がけむっている。あちこちの庭木も屋根も、おりた夜露を吐きだしている。そのむこうに視界をさえぎる丘があって、それも今はもりあがる新緑におおわれている。

この数年、この丘をながめながら仕事をしている。四季が幾巡かしたので、この丘の変化はだいたいわかったつもりでいるが、それでも見おとしたものを発見したり、知っているものでもやはり感銘をおぼえたりする。

今年の春、まだ丘の枯林が、けものの背の毛のように赤くそそけだって見えているころ、一本だけ白い花を咲かせている小さな木が、その中に埋まっているのに気づき、おどろいた。だれか画家が描いていたのを見たような姿だ、とは思ったが、実際に出会うとまた別の新鮮な感情がわき出てくるのだった。

また今年は緑が深く厚くなっていく過程をおもしろくながめた。この時期ほど遠目にも木々の様子が細密画のようにはっきりしていることはなく、その変化していくさまは、夏の後期に見る丘の鈍重さとはまったくちがう、めりはりのあるものであった。それは、育っていくものの活力のせいにちがいない。

そして梅雨前の今、丘は安定した厚い緑におおわれているが、一か所だけ、丘の背に小さな孔《あな》があいているところがある。わたしは、そのピンホールのような孔からむこうの空を、ときどきうかがったりしている。

去年、わたしは自分にしては長い時間をかけた小説を発表した。それはこの窓のある場所へ来る前から書き出して、ここで季節が二めぐりほどして書き終ったものである。その体験はまだわたしの中で鐘の余韻のように尾を曳《ひ》いているが、今わたしは次の、時間のかかる小説に着手しようとしている。それは、わたし自身がすこし変化している、と感じるからである。

他人が見てどうであるかはともかく、自分をからめとるような世界をともあれひとつ自分なりに書いてしまう。そのときには、これが自分のみえたぎりぎりの世界であると思ったから発表することが出来たわけだが、いざそうしてしまうと、すぐ次に同じような試みをする理由を失う。素材をちがえ構成をちがえ文章のスタイルをちがえたところで、列車は同じレールの上を走り出すだけである。ア自分によって書かれた言葉は、その行手行手で心得顔に到着を待っていて、〈おまちどおさま〉と皮肉をいうばかりだ。自分のつくった網から出ることはむずかしいのである。

わたしはだから待っているよりなかった。わたしは、そもそもおぼつかない手付きで言葉をかきあつめて、掘立小屋をひとつ建てたにすぎない。それはもう一度ちりぢりにしてもとへもどしてしまう。借りて来たものは返してしまって、しばらく知らぬふりをしている。

それにしても、言葉というものをわたしは信じすぎる。いや、わたしたちといってもいいかもしれない。言葉になっている、文字に書かれている、口から語られるということに信頼を置きすぎる。わたしたちは言葉を現実ととりちがえる。あるいは言葉を現実を完全に把握しているものと思いこんでいる。少なくともわたしはそう思っている。しかし、現実のわたしなりあなたなりは、いうまでもなく言葉以上の知覚体である。そしてまた言葉はその限界性ゆえに表現や認識の媒体たり得る。

原子と呼ばれるものにも実はかなりの隙間《すきま》があると聞いた。言葉と言葉のあいだにも大きな隙間がある。いってみれば、言葉と言葉は、ポイントしか示さないデジタル表示の時刻と次の時刻との関係といってもいいかもしれない。それになぞらえていえばやや平板化のそしりはまぬがれないが、現実はアナログ表示の、ステップしない、電気時計式の秒針の動きということになる。もっともイこの秒針が、デジタルで表示されるポイントと次のポイントのあいだを均質に動く保証はまったくない。

自分のつくった掘立小屋におさまっているうちは、わたしは、そのデジタル時計の表示が、アナログ時計の表示のように見えてしまっていた、ということである。それは言葉で擬似現実をつくり出すというトリックの呪縛《じゅばく》に他ならぬ当人がひっかかってしまっている、ということに他ならない。しかし、今のわたしはそこから脱しつつある。言葉と言葉のあいだにひろがっている闇がしだいに深さを増しつつある。それはまだあるべきものにまではかなり遠い、といわざるを得ないが、それでも言葉の背後の領土をもういちどつかみなおしてみたい、という気持がおこってきていることはたしかである。

振りかえってみると、いつもわたしは自分が変化することをねがっていたと思う。それも自分にとって自然なかたちで、自然にそうなりたいと思っていた。それはわたしなりの現実への尊敬のしかたなのだと思う。わたしが変れば、現実はもっともっと深いものを見せてくれると思っている、ということなのだから。

この五月でわたしはまたひとつ年齢を重ねた。これからさらに意外性ある未知の視角を体験する可能性も失われていないという予感もある。これからどう変化していくのか。活力あふれる初夏の丘の変化をながめながら、そんなことを思ったりする。

（三木卓『海辺の博物誌』）

設　問

㈠「自分によって書かれた言葉は、その行手行手で心得顔に到着を待っていて、〈おまちどおさま〉と皮肉をいうばかりだ」（傍線部ア）とあるが、どういうことか、説明せよ。

解答欄：一三・六㎝×二行

㈡「この秒針が、デジタルで表示されるポイントと次のポイントのあいだを均質に動く保証はまったくない」（傍線部イ）とあるが、どういうことか、説明せよ。

解答欄：一三・六㎝×二行

㈢「わたしなりの現実への尊敬のしかた」（傍線部ウ）とはどういうことか、説明せよ。

解答欄：一三・六㎝×二行

㈣「活力あふれる初夏の丘の変化をながめながら、そんなことを思ったりする」（傍線部エ）とあるが、ここには筆者のどのような気持がこめられているか、説明せよ。

解答欄：一三・六㎝×二行

一九九九年度　文理共通

第一問

次の文章を読んで、後の設問に答えよ。

身体（からだ）は、ひとつの物質体であることはまちがいがないが、それにしては他の物質体とはあまりにも異質な現われ方をする。

たとえば、身体はそれが正常に機能しているばあいには、ほとんど現われない。歩くとき、脚の存在はほとんど意識されることはなく、脚の動きを意識すれば逆に脚がもつれてしまう。話すときの口唇や舌の動き、見るときの眼についても、同じことが言える。呼吸するときの肺、食べるときの胃や膵臓《すいぞう》となれば、これらはほとんど存在しないにひとしい。つまり、わたしたちにとって身体は、ふつうは素通りされる透明なものであって、その存在はいわば消えている。が、その同じ身体が、たとえばわたしが疲れきっているとき、あるいは病の床に臥《ふ》しているときには、にわかに、不透明なものとして、あるいは腫《は》れぼったい厚みをもったものとして、わたしたちの日々の経験のなかに浮上してくる。そしてわたしの経験に一定のバイヤスをかけてくる。あるいは、わたしの経験をこれまでとは別の色でaソめ上げる。ときには、わたしと世界とのあいだにまるで壁のように立ちはだかる。アわたしがなじんでいたこの身体は、よそよそしい異物として迫ってきさえするのである。

あるときは、わたしたちの行為を支えながらわたしたちの視野からは消え、あるときは、わたしたちがなそうとしている行為を押しとどめようとわたしたちの前に立ちはだかる、こうした身体の奇妙な現われ方は、さらに別の局面でも見いだされる。それはたとえば、わたしたちがなにかをじぶんのものとして「もつ」（所有する）という局面だ。なにかを所有するというのは、なにかをじぶんのものとして、意のままにできるということである。そのとき身体は、ものを捕る、摑《つか》む、持つというかたちで、イ所有という行為の媒体として働いている。つまり身体は、わたしが随意に使用しうる「器官」である。

が、その身体をわたしは自由にすることができない。痛みが身体のそこかしこを突然[b]オソうこと、あるいは身体にも《倦《けん》怠《たい》》が訪れることに、だれも抗《あらが》うことはできない。このことを、『存在と所有』の著者G・マルセルは次のような逆説としてとらえる。つまり、「わたしが事物を意のままにすることを可能にしてくれるその当のものが、現実にはわたしの意のままにならない」という逆説のなかに、かれは「不随意性〔意のままにならないこと〕ということの形而上学的な神秘」を見てとるのである。

　こういう「神秘」は、身体一般のなかには見いだされない。身体一般というのは医学研究者にとっては存在しても、ひとりひとりの個人には存在しない。身体はわたしたちにとっていつも「だれかの身体」なのだ。痛みひとつをとっても、それはつねにわたしの痛みであって、その痛みをだれか任意の他人に代わってもらうなどということはありえない。そのとき、痛みはわたしの痛みというより、わたしそのものとなっており、わたしの存在と痛みの経験とを区別するのはむずかしい。[ウ]身体にはたしかに「わたしは身体をもつ」と言うのが相応《ふさわ》しい局面があるにはあるが、同時に「わたしは身体である」と言ったほうがぴったりとくる局面もあるのである。人称としてのわたしと身体との関係は、対立や齟齬《そご》といった乖離《かいり》状態にあるときもあれば、一方が他方に密着したり[c]マイボツしたりするときもあるというふうに、どうも極端に可塑的なものであるらしい。

　身体は皮膚に包まれているこの肉の塊のことだ、と、これもだれもが[d]ジメイのことのように言う。が、これもどうもあやしい。たとえば怪我をして、一時期杖をついて歩かなければならなくなったとき、持ちなれぬ杖の把手《とって》の感触がはじめは気になってしようがない。が、持ちなれてくると、掌の感覚は掌と把手との接触点から杖の先に延びて、杖の先で地面の形状や固さを触知している。[エ]感覚の起こる場所が掌から杖の先まで延びたのだ。同じようにわたしたちの足裏の感覚は、それがじかに接触している靴の内底においてではなく、地面と接触している靴の裏面で起こる。わたしたちは靴の裏で、道が泥濘《でいねい》かアスファルトか砂利道かを即座に感知するのである。身体の占める空間はさらに、わたしのテリトリーにまで拡張される。見ず知らずのひとが、じぶんの家族なら抵抗がない至近距離に入ってきたとき、皮膚がじかに接触しているのでなくても不快な密着感に苦しくなる。いつも座っているじぶんの座席に、ある日別の人間が座っていると、それがたとえ公共的な場所（たとえば図書館）であっても苛立《いらだ》たしい気分になる。あるいはさらにもっと遠く、たとえばテレビで船やヘリコプターからの中継を見ているとき、まるで酔ったような気分になることすらある。このようにわたしたちの身体の限界は、その物体としての身体の表面にあるわけではない。わたしたちの身体は、その皮膚を超えて伸びたり縮んだりする。わたしたちの気分が縮こまっているときには、わたしたちの身体的存在はぐっと収縮し、じぶんの肌ですら外部のように感じられる。身体空間は物体としての身体が占めるのと同じ空間を構成するわけではないのだ。

（鷲田清一『普通をだれも教えてくれない』）

〔注〕○バイヤスをかける――うけとめ方に特定の片寄りを生じさせること。bias（英）。
○G・マルセル――Gabriel Marcel　一八八九～一九七三年。フランスの哲学者。

設問

㈠「わたしがなじんでいたこの身体は、よそよそしい異物として迫ってきさえする」（傍線部ア）とあるが、このようなことがおこるのはなぜか、その理由を説明せよ。

解答欄：一三・六㎝×二行

㈡「所有という行為の媒体として働いている」（傍線部イ）とあるが、どういう意味か、説明せよ。

解答欄：一三・六㎝×二行

㈢「身体にはたしかに『わたしは身体をもつ』と言うのが相応《ふさわ》しい局面があるにはあるが、同時に『わたしは身体である』と言ったほうがぴったりとくる局面もある」（傍線部ウ）とあるが、「わたしは身体をもつ」ということと、「わたしは身体である」ということとのちがいを、筆者の論旨にしたがって説明せよ。

解答欄：一三・六㎝×二行

㈣「感覚の起こる場所が掌から杖の先まで延びたのだ」（傍線部エ）とあるが、このようなことが生ずるのはなぜか、その理由を、筆者の論旨にしたがって説明せよ。

解答欄：一三・六㎝×二行

㈤傍線部a・b・c・dのカタカナに相当する漢字を楷書で書け。

a　ソめ上げる　b　オソう　c　マイボツ　d　ジメイ

一九九九年度　文科　第五問

次の文章を読んで、後の設問に答えよ。

俳句や短歌は不思議な詩型である。短い言葉のなかに、長い言葉よりも広い世界を表現することができる。長い詩型が言葉によってすべてを限定するのに対し、短い詩型は、読むひとのイマジネーションに頼る部分が大きくなるために、ア表出される世界が広がるのであろう。

短歌では、小さいものを詠《うた》うのはやさしいが、大きいものを詠うのはむずかしいとされる。たとえば、海に浮かぶ小舟を詠うことはできるが、ただ広い海だけを詠うことはむずかしい。

これは人間の神経系の構造や機能と関係のあることであろうと私は考えている。漠然としたあいまいな言葉をあたえるのではなく、鮮明なイメージをもつ言葉をあたえることによって、特定の神経細胞が興奮するのではなかろうか。その結果、その言葉に関連するイメージを記憶している神経細胞が同時に興奮して、そこに広々とした世界が開けてくる。

ちる花は数かぎりなしことごとく光をひきて谷にゆくかも

上田三四二のこの歌は、イ桜の花びらという小さいものの視覚イメージを印象づけることによって谷の深さまでも表現している。

人間の心はまた、自然に対して敏感に反応するものである。これはおそらく、生命の歴史と深くかかわりをもつことなのであろう。自然に触れることで心身は解放され、安らぎを得る。そのような意味で、自然を詠った歌の方が、ひとびとの心に訴える可能性が高い。

小さな花のたたずまいや月の白じろとした光の流れは、ひとびとの心のなかに豊かなイメージを膨らませるが、テレビやビルディングのような人工物は、イメージ喚起力が弱い。古来、花鳥風月が歌に詠《よ》まれることが多かったのも、人間の神経系の要求の結果ではなかろうか。

時代が進むと、そのような歌に飽き足りないひとびとがでてくる。そのような歌人の一人に土屋文明がいる。彼は「お互いに平凡な生活をくりかえしていながら、その中に自分の一つの生活を見つけてゆくというのが作歌の意味ではなかろうか」と述べている。「自分の生活に直面して、そこを足場として深くも広くも進もうとすること」ともいう。

生活を詠うといっても、単に日常の雑事を歌にすればよいというのではない。「他人の心に深く訴える」ようなものでなければならない。人間の生理、心理とはかけ離れたところから出発して、なおかつ感動をあたえようというのである。

文明も最初からこのようなことを目指したのではない。初期の歌には、

白砂に清き水引き植えならぶわさび茂りて春ふけにけり

のような自然詠もある。ところが、

地下道を上がり来たりて雨のふる薄明の街に時の感じなし

というような硬質な歌に作風が変わっていく。この歌は、地下道や街というイメージ喚起力の弱い言葉に「時の感じなし」と突き放したような結句がつづく。しかし、一見、ぶっきらぼうのようなこの歌の底にはいい知れぬ寂しさがただようのである。

昼間のように明々と電灯に照らされた地下道から急に地上にでると、そこには夕闇が迫り、細い雨が降っていた。アスファルトの道の湿る匂い。一瞬の時間感覚の落差に自己の存在感がぐらりと揺らぐ。――時が消えた――人生のエア・ポケットに落ち込んだような底知れぬ寂寥感《せきりょうかん》。都市の雑踏のなかでさえ、この寂しさから救われることはない。

その感情が、「時の感じなし」という、突き放したような言葉で表現されるとき、そこには無骨な「男の寂しさ」をも感じさせる。

文明は人間の神経系の働きに反する方法で、なおかつ人の心に訴えることに成功した数少ない歌人のように思える。成功

の陰には、徹底した自然の写生詠の積み重ねがあったのであろう。また、何がひとを動かすかを直観的に悟る能力ももっていたと思われる。

彼は、それまでの自然観照を主とする短歌の世界から離れて、人間の生活を通して人間そのものを詠おうとした。そこには、生と死、人間であることの寂しさ、孤独が通奏低音として流れている。

（柳澤桂子『生と死が創るもの』）

〔注〕○上田三四二――歌人。一九二三～一九八九。○土屋文明――歌人。一八九〇～一九九〇。

設問

㈠ 傍線部ア「表出される世界が広がる」とあるが、それはどのようにして可能になるのか。文中の語句を用いながら説明せよ。 解答欄：一三・七㎝×二行

㈡ 傍線部イ「桜の花びらという小さいものの視覚イメージを印象づけることによって谷の深さまでも表現している」とあるが、具体的にはどういうことか、歌に即して説明せよ。 解答欄：一三・七㎝×二行

㈢ 傍線部ウ「時の感じなし」という結句の果たす役割について、この文章の筆者はどのように考えているか。簡潔に説明せよ。 解答欄：一三・七㎝×二行

■『東大の現代文』出典一覧■

文理共通

年度	大問番号	類別	出典	著者
2023	1	評論	仮面と身体	吉田憲司
2022	1	評論	ナショナリズム、その〈彼方〉への隘路	鵜飼　哲
2021	1	評論	ケアと共同性	松嶋　健
2020	1	評論	神の亡霊	小坂井敏晶
2019	1	評論	科学と非科学のはざまで	中屋敷　均
2018	1	評論	歴史を哲学する	野家啓一
2017	1	評論	芸術家たちの精神史	伊藤　徹
2016	1	評論	反知性主義者たちの肖像	内田　樹
2015	1	評論	傍らにあること	池上哲司
2014	1	評論	落語の国の精神分析	藤山直樹
2013	1	評論	ランボーの詩の翻訳について	湯浅博雄
2012	1	評論	意識は実在しない	河野哲也
2011	1	評論	風景のなかの環境哲学	桑子敏雄
2010	1	評論	ポスト・プライバシー	阪本俊生
2009	1	評論	白	原　研哉
2008	1	評論	反歴史論	宇野邦一
2007	1	評論	読書について	浅沼圭司
2006	1	評論	死と宗教	宇都宮輝夫
2005	1	評論	哲学入門	三木　清
2004	1	評論	柳宗悦　手としての人間	伊藤　徹
2003	1	評論	ノロイ・タタリ・イワイ	小松和彦
2002	1	評論	生と死への眼差し	村上陽一郎
2001	1	随筆	ぼくの日本語遍歴	リービ英雄
2000	1	評論	社会哲学の現代的展開	加茂直樹
1999	1	評論	普通をだれも教えてくれない	鷲田清一

文　科

年度	大問番号	類別	出　　典	著　者
2023	4	随筆	詩人であること	長田　弘
2022	4	随筆	影絵《ワヤン・クリット》の鏡	武満　徹
2021	4	随筆	子規の画	夏目漱石
2020	4	随筆	詩を考える	谷川俊太郎
2019	4	随筆	ヌガー	是枝裕和
2018	4	随筆	緑の色鉛筆	串田孫一
2017	4	随筆	藤	幸田　文
2016	4	随筆	青空の中和のあとで	堀江敏幸
2015	4	随筆	ある風来猫の短い生涯について	藤原新也
2014	4	随筆	馬の歯	蜂飼　耳
2013	4	評論	深さ、記号	前田英樹
2012	4	随筆	ひとり遊び	河野裕子
2011	4	評論	風聞の身体	今福龍太
2010	4	評論	想像力	小野十三郎
2009	4	随筆	山羊小母たちの時間	馬場あき子
2008	4	評論	思想する「からだ」	竹内敏晴
2007	4	随筆	手の変幻	清岡卓行
2006	4	評論	学校を糾弾するまえに	宮澤康人
2005	4	随筆	背・背なか・背後	小池昌代
2004	4	評論	写真論集成	多木浩二
2003	4	評論	言の葉の交通論	篠原資明
2002	4	評論	転校生とブラック・ジャック	永井　均
2001	4	評論	言葉の重力	岡部隆志
2000	4	随筆	海辺の博物誌	三木　卓
1999	5	随筆	生と死が創るもの	柳澤桂子

■解答欄の例■

●一三・五cm×二行

(一)

●一〇〇字以上一二〇字以内

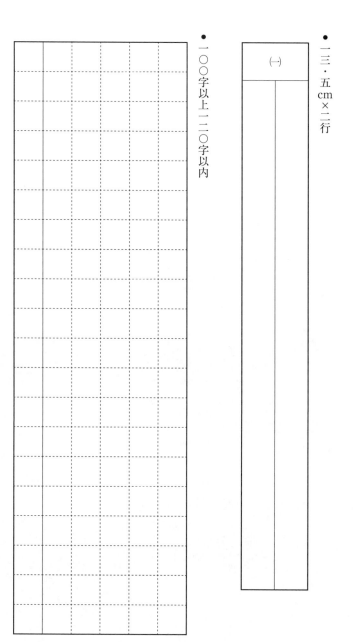

MEMO

MEMO

MEMO